Le Français Vivant

Le Français Vivant

Second Edition

Terrence L. Hansen
Ernest J. Wilkins
Jon G. Enos

REVISED BY

Julian Kaplow
MONROE COMMUNITY COLLEGE

John Wiley & Sons, Inc.
NEW YORK   SANTA BARBARA   CHICHESTER   BRISBANE   TORONTO

Photo Research by Kate Lewin and Marjorie Graham

Photo Editor, Stella Kupferberg

Production Supervised by Debra Schwartz

Library of Congress Cataloging in Publication Data:

Hansen, Terence Leslie.

   Le français vivant.

   Earlier ed. published in 1972 under title:
Le français vif.
   Includes index.
   1. French language—Grammar—1950-
I. Wilkins, Ernest J., joint author. II. Enos,
Jon G., joint author. III. Title.

PC2112.H3 1978   448'.2'421   77-27029
ISBN 0-471-01782-5

Printed in the United States of America

10 9 8 7 6 5 4 3 2 1

Preface

Le Français Vivant, Second Edition, is a new program for first-year college French. Designed to help students achieve a wide range of learning objectives, the program places special emphasis on developing the ability to speak and understand the language in meaningful contemporary situations. Basic structures of the language are taught in the context of dialogues and exercises concerned with culturally significant events. Rather than studying grammar for its own sake, students find themselves acquiring particular structures in order to answer real-life questions and communicate their own ideas and feelings. Some grammatical intricacies are held for the last two chapters, which instructors may choose to teach or defer until the second year.

Supporting the textbook are a workbook, a laboratory set of audio tapes, and an instructor's manual with suggestions for implementing the materials and evaluating progress.

The textbook begins with a preliminary chapter introducing the sound and writing systems of French. The 22 chapters which follow each begin with a short dialogue and cultural notes explaining the cultural implications of certain words, behavior, and situations. Pronunciation exercises in the first 12 chapters are coordinated with the workbook pronunciation explanations and taped pronunciation drills. The grammar explanations in the text are succinctly worded and followed immediately by practical, lively implementation exercises. Reading selections are concerned with cultural topics and career orientation. The *Prenons le large* section offers students an opportunity to push off from the environment of cued exercises into real, creative communication. Each chapter ends with a vocabulary list of active words introduced in the chapter, which will be used without further explanation in the chapters to come.

The workbook contains writing exercises and answer sheets for use in connection with the laboratory tapes. It also presents full pronunciation explanations with contrastive analyses, listening discrimination exercises, and speaking drills.

The tapes record all the dialogues and recordable drills from the text plus pronunciation, listening comprehension, and dictation materials from the workbook.

The authors believe that the humanistic, balanced-skills approach of this program will help instructors make first-year French a meaningful, useful, and truly live learning experience for the students in their class.

J. K.
G. H.
E. J. W.

Contents

Quatrième Leçon 63

Les Études

REMARQUES CULTURELLES

PRONONCIATION: [y], [ɔ], [ø]

EXPLICATIONS
1. The present indicative of **commencer**
2. The present indicative of **aimer**
3. The present indicative of **prendre**
4. **Apprendre** et **comprendre**
5. The pronoun **y**
6. Les Jours de la semaine
7. The present indicative of **dormir**
8. The present indicative of **lire**
9. The present indicative of **dire**
10. **Il y a**
11. The present indicative of **connaître**
12. **Savoir** et **connaître**
13. Direct object pronouns
14. Direct object pronouns after **aller** + infinitive and **vouloir** + infinitive

PRENONS LE LARGE

LECTURE CULTURELLE
Lieux de Rencontre

VOCABULAIRE

Septième Leçon   117

La Nourriture

Huitième Leçon   135

«Un bonheur ne vient jamais seul.»

EXPLICATIONS
1. **Tout**
2. The *passé composé*: agreement of past participles
3. The *passé composé* of **avoir**
4. The *passé composé* of **être**
5. The *passé composé* of **faire**
6. Two idioms with **avoir**: **avoir l'air** + adjective, **avoir besoin de**
7. The pronoun **en**

PRENONS LE LARGE

LECTURE CULTURELLE
L'Hôtesse de l'air: un métier qui a de l'éclat

VOCABULAIRE

Le Transport

REMARQUES CULTURELLES

PRONONCIATION: [l], [ɲ]

EXPLICATIONS
1. The *passé composé* with **être**
2. The *passé composé* of reflexive verbs
3. The *passé composé* of **se lever**
4. **Payer**
5. Object pronouns: summary and word order
6. **Recevoir**

PRENONS LE LARGE

LECTURE CULTURELLE
La Secrétaire bilingue: un métier plein de responsabilités

VOCABULAIRE

Dixième Leçon 167

Les Vêtements

REMARQUES CULTURELLES

PRONONCIATION: [a], [œ], [b], [p]

EXPLICATIONS
1. Demonstrative adjectives
2. **Mettre**
3. **Aller bien** + indirect object
4. **Penser de**
5. L'Impératif
6. The imperative with object pronouns
7. The imperative with reflexive verbs
8. The imperative: three irregular verbs
9. The imperative with **y** and **en**

PRENONS LE LARGE

LECTURE CULTURELLE
Amis et Connaissances

VOCABULAIRE

Onzième Leçon 185

Les Sports

REMARQUES CULTURELLES

PRONONCIATION: [g], [k], [m]

EXPLICATIONS
1. **Il y a...que** and **depuis**
2. Formation of adverbs
3. **Rire** and **sourire**
4. **Croire**
5. The present participle
6. Comparisons of equality

PRENONS LE LARGE

LECTURE CULTURELLE
Les Sports

VOCABULAIRE

Dix-huitième Leçon

Le Magasin de disques

REMARQUES CULTURELLES

EXPLICATIONS
1. Le Pronom interrogatif **lequel**
2. Le Pronom interrogatif **quoi**
3. **Et...et**
4. **Ou...ou**
5. **Ne...ni...ni**
6. The conditional in requests
7. Les Pronoms relatifs **ce qui** et **ce que**

PRENONS LE LARGE

LECTURE CULTURELLE
Une Chanson française

VOCABULAIRE

Dix-neuvième Leçon

Un Embouteillage

REMARQUES CULTURELLES

EXPLICATIONS
1. The irregular verb **conduire**
2. The irregular verb **courir**
3. Cardinal numbers (100 to 1,000,000,000)
4. Le Subjonctif
5. The subjunctive after verbs of will, desire, and preference
6. The subjunctive after expressions of emotion
7. The subjunctive after certain impersonal expressions
8. Three irregular verbs: **aller, avoir, être**

PRENONS LE LARGE

LECTURE CULTURELLE
L'Agent de Tourisme: un métier très agréable

VOCABULAIRE

Le Français Vivant

En route!

Leçon Préliminaire

French and English do not have the same sounds. Learning to pronounce French must be one of your main objectives in the course. Carefully imitate your instructor and the voices on the laboratory tapes. Try to hear specific French sounds clearly and note what is different about them. Pronunciation will be of concern all year long; the following summary of sounds is included for later reference.

1. Table of French sounds

INTERNATIONAL PHONETIC ALPHABET (IPA)	FRENCH WORD	IPA EQUIVALENT
[a]	là	[la]
	lac	[lak]
[ɑ]	pas	[pɑ]
	âge	[ɑʒ]
[i]	Paris	[pari]
	difficile	[difisil]
[e]	les	[le]
	parler	[parle]
	née	[ne]
[ɛ]	même	[mɛm]
	belle	[bɛl]
[ə]	le	[lə]
	premier	[prəmje]
	grenade	[grənad]
[u]	vous	[vu]
	tout	[tu]

[o]	gros	[gro]
	beau	[bo]
	gauche	[goʃ]
	rose	[roz]
[ɔ]	police	[pɔlis]
	voler	[vɔle]
	Paul	[pɔl]
[y]	tube	[tyb]
	volume	[vɔlym]
	usage	[yzaʒ]
[ø]	deux	[dø]
	délicieux	[delisjø]
[œ]	faveur	[favœr]
	neuf	[nœf]
	sœur	[sœr]
[ã]	défendre	[defãdr]
	dimanche	[dimãʃ]
[ɔ̃]	mon	[mɔ̃]
	oncle	[ɔ̃kl]
[ɛ̃]	faim	[fɛ̃]
	vingt	[vɛ̃]
	vin	[vɛ̃]
[œ̃]	un	[œ̃]
	parfum	[parfœ̃]
[j]	bien	[bjɛ̃]
	fille	[fij]
[ɥ]	huit	[ɥit]
[w]	oui	[wi]
	moi	[mwa]
	bonsoir	[bɔ̃swar]
[p]	après	[aprɛ]
	Paris	[pari]
[b]	bateau	[bato]
	bon	[bɔ̃]
[t]	train	[trɛ̃]
	théâtre	[teatr]
[d]	addition	[adisjɔ̃]
	deux	[dø]
[k]	quatre	[katr]
	beaucoup	[boku]
[g]	garder	[garde]
	guerre	[ger]
	garçon	[garsɔ̃]
[f]	fable	[fɑbl]
	physique	[fizik]
	français	[frɑ̃sɛ]

[v]	**v**oir	[vwar]
	arri**v**er	[arive]
[s]	cla**ss**e	[klas]
	cela	[səla]
	di**x**	[dis]
[z]	mademoi**s**elle	[madmwazɛl]
	zéro	[zero]
[ʃ]	**ch**arme	[ʃarm]
	chaud	[ʃo]
[ʒ]	â**g**e	[aʒ]
	man**g**er	[mãʒe]
[m]	fe**mm**e	[fam]
	ma**m**an	[mamã]
[n]	**n**euf	[nœf]
	non	[nɔ̃]
	bo**nn**e	[bɔn]
[ɲ]	bai**gn**er	[bɛɲe]
	monta**gn**e	[mɔ̃taɲ]
[r]	a**rr**iver	[arive]
	Pa**r**is	[pari]
[l]	inte**ll**igence	[ɛ̃tɛliʒãs]

2. Stress and Intonation

The rhythmic pattern of French calls for a fairly even stress pattern, but with the strongest stress on the last pronounced syllable (vowel) of a word or group of words.

constitu<u>tion</u>   **Comment allez-<u>vous</u>?**
énergique<u>ment</u>   **Je ne sais <u>pas</u>.**

In French, stress falls on the last syllable of a breath group. The usual breath group is about five to eight syllables. If the breath group does not complete an idea, it will usually have a rising intonation; if it does complete an idea, it will usually have a falling intonation on the last syllables.

S'il fait beau, j'irai à la pêche.

Ce que l'on conçoit bien, s'énonce clairement.

Alex demeurait pensif, le front baissé, le dos voûté,

indifférent à ce qui l'entourait.

3. Linking

Spoken French places more importance on the breath group than on individual words. Therefore, many word boundaries may sound unnatural to the native speaker of English. It is important, from the beginning, to practice pronouncing complete utterances without pauses.

(*a*) A final consonant is linked with an initial vowel.

> **Ils ont.**
> **les élèves**
> **Attend-il?**[1]

(*b*) A final vowel is eliminated to allow contraction with an initial vowel.

> je **m**'appelle
> **l**'étudiant
> **j**'ai

(*c*) A consonant is added to allow linking between two vowels.

> A-**t**-il?
> ou **l**'on mange
> Comment s'appelle-**t**-elle?

4. The French alphabet

French and English are written with the same 26 letters. Letter names—what we say when someone asks us to spell a word—are very different in the two languages, and so are the sounds which the letters represent.

FRENCH LETTER	LETTER NAME	FRENCH LETTER	LETTER NAME	FRENCH LETTER	LETTER NAME
a	a	**j**	ji	**s**	esse
b	bé	**k**	ka	**t**	té
c	cé	**l**	elle	**u**	u
d	dé	**m**	emme	**v**	vé
e	e	**n**	enne	**w**	double vé
f	effe	**o**	o	**x**	icse
g	gé	**p**	pé	**y**	i grec
h	ache	**q**	qu	**z**	zède
i	i	**r**	erre		

---

[1] A final **d** is pronounced like **t** when linked with a vowel.

5. Diacritical marks

1. *L'accent aigu* (´) occurs only over the letter **e** and changes its pronunciation from [ə] to [e].

> **te** [tə]   **té** [te]
> **de** [də]   **dé** [de]

2. *L'accent grave* (`) may occur over the letters **e**, **a**, and **u**. It changes the pronunciation of **e** from [ə] to [ɛ], but does not change the pronunciation of **a** or **u**. It is used to distinguish homonyms.

> **la** *the*   **ou** *or*   **des** [de] *some*
> **là** *there*   **où** *where*   **dès** [dɛ] *as soon as*

3. *L'accent circonflexe* (^) may occur over the letters **a**, **e**, **i**, **o**, and **u**. It indicates that a letter (usually **s**) has been omitted from the modern spelling of a word.

> **hôtel** ← **hostel**

4. *Le tréma* (¨) is used to indicate that two vowels occurring together are pronounced separately.

> **Noël** [nɔɛl]
> **Raphaël** [rafaɛl]

5. *La cédille* (¸) occurs under the letter **c** and changes the pronunciation from [k] to [s].

> **garçon**
> **français**

6. Syllabification

The ability to divide words into syllables helps to develop an awareness of the syllabic rhythm of the language. A French syllable will always have only one vowel sound. The syllable may take one of the following forms.

(*a*) A vowel sound by itself

> **a**-mer, **é**-lite

(*b*) A vowel sound preceded by a consonant or consonant cluster.[1]

> **ba**-teau, **cra**-yon

open syllables

---

[1] This is the most common arrangement.

(*c*) A vowel sound followed by a consonant or consonant cluster

    ab-sent, **ob-**jet

(*d*) A vowel sound both preceded and followed by a consonant or consonant cluster

    riche, même

} closed syllables

French gives the dominant position to the vowel and to the open syllable. This is in contrast to English, which slides from consonant to consonant, producing many diphthongs.

7. Punctuation

French punctuation is similar to English punctuation, but with a few differences.

(*a*) Quotation marks («...») are used at the beginning and end of written dialogue. A dash is used to separate speakers' parts. Narrative words may follow or be inserted in the middle of a speaker's part without additional quotation marks being used.

> Les jeunes gens n'étaient pas d'accord.
> «Allons au cinéma, disait Robert.
> —Non! Allons à la plage, disait Gérard.
> —Puisque c'est comme ça, dit Jean, je retourne chez moi.»

(*b*) In writing Arabic numerals, the comma and decimal are the opposite in French of what they are in English.

FRENCH	ENGLISH
1.000.000	1,000,000
3,5	3.5

(*c*) Capitalization is not as common in French as it is in English. Adjectives indicating nationality are not capitalized.

> une ville **française**
> la société **américaine**

When used as nouns, words referring to nationalities are capitalized.

C'est un **Français**.

Names of languages are not capitalized.

Parlez **français**.

The days of the week and the names of months and seasons are not capitalized.

C'est **lundi**, le quatre **mai**.

8. Useful words and phrases

1. Common classroom expressions

bonjour	*hello, good morning, good afternoon*
au revoir	*good-bye*
à demain	*until tomorrow*
pour demain	*for tomorrow*
un examen	*an exam*
écoutez	*listen*
répétez	*repeat*
répondez	*answer*
prononcez	*pronounce*
après moi	*after me*
en français	*in French*
en anglais	*in English*
s'il vous plaît	*please*
merci	*thank you*
de rien	*you're welcome*
Pardon?	*Pardon?*
écrivez	*write*
lisez	*read*
ouvrez vos livres	*open your books*
fermez votre livre	*close your book*

2. Numbers 1–10

1	**un**	6	**six**
2	**deux**	7	**sept**
3	**trois**	8	**huit**
4	**quatre**	9	**neuf**
5	**cinq**	10	**dix**

9. Similarity between French and English

Although the French and English sound systems are very different, the two languages are close cousins in vocabulary. You have a good head start on French vocabulary if you speak English. Countless words are either exactly the same in both languages (such as **intelligent, important, restaurant, orange**) or so close as to be readily understood (such as **université, intellectuelle, tomates**). To gain a little confidence at the outset, look over the paragraph below and answer the questions that follow.

Roger est un Américain intelligent. Il voyage en Europe en automobile. Il visite la France, la Suisse et l'Italie. Il adore les restaurants français. Il entre dans un restaurant à Paris et commande un bifteck, une salade de tomates, un café et des fruits (une orange et une pêche). Il retourne en Amérique en septembre.

1. What is Roger's nationality?
2. What kind of person is he?
3. Where does he travel?
4. By what means?
5. Name three countries which he visits.
6. What does he like very much?
7. What does he do in Paris?
8. What does he order for dinner?
9. When does he go back home?
10. Where is home?

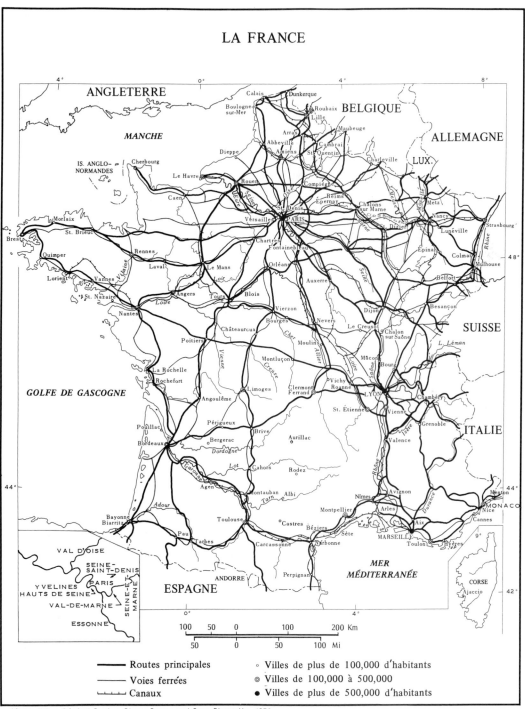

LA FRANCE

ANGLETERRE

MANCHE

BELGIQUE

ALLEMAGNE

LUX.

IS. ANGLO-NORMANDES

SUISSE

ITALIE

GOLFE DE GASCOGNE

ESPAGNE

ANDORRE

MER MÉDITERRANÉE

CORSE

Calais · Dunkerque · Boulogne-sur-Mer · Roubaix · Lille · Arras · Maubeuge · Cambrai · St.Quentin · Abbeville · Amiens · Dieppe · Charleville · Cherbourg · Le Havre · Rouen · Compiègne · Reims · Épernay · Chalons sur Marne · Metz · Nancy · Strasbourg · Morlaix · St. Brieuc · Caen · St. Denis · Versailles · PARIS · Dizier · Lunéville · Brest · Quimper · Rennes · Chartres · Fontainebleau · Épinal · Colmar · Lorient · Vannes · Laval · Le Mans · Orléans · Auxerre · Belfort · Mulhouse · St. Nazaire · Angers · Tours · Blois · Dijon · Besançon · Nantes · Vierzon · Bourges · Nevers · L. Léman · Châteaurcux · Moulins · Le Creusot · Chalon sur Saône · Poitiers · Montluçon · Mâcon · Bourg · La Rochelle · Limoges · Vichy · Roanne · Chambéry · Rochefort · Clermont Ferrand · LYON · Angoulême · St. Étienne · Vienne · Grenoble · Périgueux · Brive · Aurillac · Valence · Pouillac · Bergerac · Bordeaux · Cahors · Rodez · Agen · Montauban · Albi · Bayonne · Biarritz · Toulouse · Castres · Nîmes · Avignon · Menton · MONACO · Nice · Pau · Tarbes · Carcassonne · Béziers · Sète · Aix · Cannes · Narbonne · MARSEILLE · Toulon · Hyères · Perpignan · Ajaccio · Montpellier · Arles

VAL D'OISE
SEINE-SAINT-DENIS
YVELINES
HAUTS DE SEINE
PARIS
VAL-DE-MARNE
SEINE-ET-MARNE
ESSONNE

100 50 0   100   200 Km
50   0   50   100 Mi

——— Routes principales   ○ Villes de plus de 100,000 d'habitants
——— Voies ferrées   ◎ Villes de 100,000 à 500,000
⊢⊢⊣ Canaux   ● Villes de plus de 500,000 d'habitants

After: *Atlas Général Bordas*, Pierre Serryn and Rene Blasselle, 1970

From Aubrey Diem, *Western Europe: A Geographical Analysis*, John Wiley, 1978. Cartography by Alan Hildebrand.

Première Leçon

Salutations

1

MONSIEUR MARTIN Bonjour, Madame Lenoir. Comment allez-vous?
MADAME LENOIR Très bien, merci, et vous?

2

MARCEL Salut, Jean! Ça va?
JEAN Ça va, merci, et toi?

3

ANDRÉ Bonsoir, Michèle. Comment vas-tu?
MICHÈLE Comme ci comme ça.

4

LE PROFESSEUR Bonjour, Mademoiselle. Comment allez-vous
aujourd'hui?
L'ÉTUDIANTE[a] Pas mal, merci.   [a] *student* (feminine)

5

MONSIEUR DURAND Comment vous appelez-vous?
L'ÉTUDIANT[b] Je m'appelle Gérard Boutin, Monsieur.   [b] *student* (masculine)
MONSIEUR DURAND Enchanté.
L'ÉTUDIANT Moi de même.

6

LISE Bonjour. Je suis Lise Dubois.
FRANÇOIS François Dupont, très heureux.

7

ANNIE Au revoir. À bientôt.
GISÈLE Oui, à demain. Bien des choses à ta famille.

Questions sur le dialogue[1]

1. Comment allez-vous?   3. Comment vas-tu?
2. Ça va?   4. Comment vous appelez-vous?

[1] Find a phrase or sentence in the dialogue which answers the question.

Greetings

[a] Literally, *How are you going?*	MR. MARTIN	Good morning,[1] Mrs. Lenoir. How are you?[a]
	MRS. LENOIR	Very well, thank you. And you?
	MARCEL	Hi, Jean! How is it going?
	JEAN	Fine, thanks. And you?
	ANDRÉ	Good evening, Michèle. How are you?
	MICHÈLE	So-so.
	PROFESSOR	Good afternoon,[1] miss. How are you today?
	STUDENT	Not bad, thank you.
[b] Literally, *How do you call yourself?*	MR. DURAND	What is your name?[b]
	STUDENT	My name is Gérard Boutin, sir.
[c] *Charmed*	MR. DURAND	Pleased to meet you.[c]
[d] Literally, *Me the same*	STUDENT	Likewise.[d]
	LISE	Hello.[1] I'm Lise Dubois.
[e] *Very happy*	FRANÇOIS	François Dupont. Pleased to meet you.[e]
	ANNIE	Good-bye. See you soon.
[f] *Many (good) things to your family.*	GISÈLE	Yes, until tomorrow. Regards to your family.[f]

REMARQUES CULTURELLES

1. *Greetings.* The French are generally more formal than Americans in the way they greet and address each other. Store clerks, for instance, never address customers with anything like the English words *dear*, *honey*, or *Mac*. They address the customer as **Monsieur**, **Madame**, or **Mademoiselle**, unless they are speaking to a young child, in which case they sometimes say the equivalent of *my little one*: **mon petit** to a boy, **ma petite** to a girl.

The French may go on greeting their next-door neighbors with great formality for years. This does not imply coolness; it is simply the custom.

When people do make the transition from being mere acquaintances to being close personal friends, there is usually a period of time during which their relationship is somewhat uncertain; then they become accustomed to being on a first-name basis and begin using **tu** (*you*, familiar) instead of **vous** (*you*, formal).

2. **La poignée de main** (*The handshake*). Among acquaintances and friends the handshake is a must, both when meeting and when taking leave. If you say goodbye and shake hands, and then continue with the conversation for a while, it is proper to shake hands again as

---

[1] Literally, *Good day*. French uses **Bonjour** where English uses *Hello*, *Good morning*, and *Good afternoon*.

a final gesture. In fact, this may occur several times. One does not offer to shake hands when someone is carrying packages or eating a meal.

3. **Bonjour**, **bonsoir**. **Bonjour** is said as a greeting from the moment one wakes up until about 6 P.M., after which time **bonsoir** is used.

4. **Ça va.** One of the most common greetings between persons who know each other well is **Ça va?** (*How goes it?*). The usual answer is **Ça va**, with an infinite variety of intonations, which really tell if **ça va** or not!

PRONONCIATION [1]

French [u]

ou, fou, pou, vous, nous, tout, jour

> Comment allez-**vous**?
> **Bonjour**, Madame.
> **Nous** allons bien, merci.

French [a]

ça va, mal, ta, la, madame

> Bonjour, **Madame** Lenoir.
> **Ça va**, merci.
> Bien des choses **à ta famille**.

EXPLICATIONS

1. Subject pronouns

je	*I*		**nous**	*we*
tu	*you* (familiar singular)		**vous**	*you* (familiar plural, formal singular and plural)
il	*he, it* (masculine)		**ils**	*they* (masculine or mixed)
elle	*she, it* (feminine)		**elles**	*they* (feminine)

Note: Before a vowel or silent **h, je** usually becomes **j'**.[2]

---

[1] The formation of sounds is discussed in the Laboratory Workbook.

[2] The letters **e** and **a** in the following words are replaced by an apostrophe before a vowel sound: **ce, de, je, le, la, me, ne, se, te**; also, the **i** in **si** before **il**: **s'il vous plaît.**

2. **Tu** or **vous**

The equivalent of *you* (singular), when only one person is addressed, can be **tu** or **vous**. **Tu** is used to address family members, children, close friends, or those bound together in a common venture, such as the military or school. **Vous** is used in all other relationships. **Vous** is considered more formal, but it is always safe to use it when in doubt. The equivalent of *you* (plural), when two or more people are addressed, can only be **vous**, whether in formal or intimate relationships.

3. The present indicative of **aller** *to go*[1]

je **vais**	nous **allons**
tu **vas**	vous **allez**
il, elle **va**	ils, elles **vont**

LE PROFESSEUR	L'ÉTUDIANT(E)
A. Je vais (très) bien. Et vous? *Répondez.*	Je vais (très) bien, merci.
Et elle?	Elle va bien.
Et Gérard?	Il va bien.
Et vous (*pluriel*)?	Nous allons bien, merci.
Et Marie et Louise?	Elles vont bien.
B. Comment allez-vous? *Répondez.*	Je vais bien, merci.
Comment va Robert?	Il va bien.
Comment vas-tu?	Je vais bien, merci.
Comment vont Roger et Philippe?	Ils vont bien.
Ça va?	Ça va!

4. Sentence structure

SIMPLE DECLARATIVE SENTENCE	Tu vas bien.↘
NEGATIVE	Tu **ne** vas **pas** bien.↘
INTERROGATIVE	
Inflection only	Tu vas bien?↗
	Tu **ne** vas **pas** bien?↗
Est-ce que	**Est-ce que** tu vas bien?↗
Inversion	Vas-tu bien?↗

A. Je ne vais pas bien. Et vous? *Répondez.*	Je ne vais pas bien.
Et Annie et Gisèle?	Elles ne vont pas bien.
Et le professeur?	Il ne va pas bien.
Et vous (*pluriel*)?	Nous n'allons pas bien.
Et moi?	Vous n'allez pas bien.

---

[1] See **Deuxième leçon**, page 28, for a fuller explanation of the present tense. (Since the differences between singular and plural pronouns cannot always be heard, the person leading a drill will indicate with a sign or extra word when a plural reponse is desired.)

B. Tu vas bien? *Répétez.*　　　　　　Tu vas bien?
　 Jean va bien?　　　　　　　　　　Jean va bien?
　 L'étudiante va bien?　　　　　　　L'étudiante va bien?
　 Le professeur ne va pas bien?　　　Le professeur ne va pas bien?
　 Françoise et Marcel vont bien?　　 Françoise et Marcel vont
　　　　　　　　　　　　　　　　　　　bien?

C. Est-ce que tu vas bien? *Répétez.*　Est-ce que tu vas bien?
　　　　　Norbert　　　　　　　　　　Est-ce que Norbert va bien?
　　　　　vous　　　　　　　　　　　 Est-ce que vous allez bien?
　　　　　Josette et Marie　　　　　　Est-ce que Josette et Marie
　　　　　　　　　　　　　　　　　　　vont bien?

D. Comment allez-vous? *Répétez.*　　Comment allez-vous?
　　　　　-tu?　　　　　　　　　　　 Comment vas-tu?
　　　　　　ta famille?　　　　　　　 Comment va ta famille?
　　　　　　l'étudiante?　　　　　　　Comment va l'étudiante?
　　　　　-ils?　　　　　　　　　　　 Comment vont-ils?

5. The present indicative of **être** *to be*

je **suis**　　　　　　　　　　　nous **sommes**
tu **es**　　　　　　　　　　　　vous **êtes**
il, elle **est**　　　　　　　　　ils, elles **sont**

A. Êtes-vous Charles? *Répondez.*　　Oui, je suis Charles.
　 Êtes-vous Louise?　　　　　　　　Oui, je suis Louise.
　 Est-ce que je suis le professeur?　Oui, vous êtes le professeur.
　 Es-tu Roger?　　　　　　　　　　Oui, je suis Roger.

B. Êtes-vous Charles? *Répondez négativement.*　Non, je ne suis pas Charles.
　 Êtes-vous Louise?　　　　　　　　Non, je ne suis pas Louise.
　 Est-ce que je suis Marcel?　　　　Non, vous n'êtes pas Marcel.
　 Es-tu Gérard Dupont?　　　　　　Non, je ne suis pas Gérard
　　　　　　　　　　　　　　　　　　　Dupont.

C. Bonjour, je suis _____.[1]　　 Bonjour, je suis _____.

6. The present indicative of **s'appeler** *to be called, be named*

je **m'appelle**　　　　　　　　nous **nous appelons**
tu **t'appelles**　　　　　　　　vous **vous appelez**
il, elle **s'appelle**　　　　　　ils, elles **s'appellent**

[1] The instructor and each student in turn give their own names.

A. Comment vous appelez-vous? *Répétez.*   Comment vous appelez-vous?
                   -ils?   Comment s'appellent-ils?
                   -tu?   Comment t'appelles-tu?
              le professeur?   Comment s'appelle le professeur?
                  -elles?   Comment s'appellent-elles?

B. Comment vous appelez-vous? *Répondez.*   Je m'appelle _____.
    Comment s'appelle-t-il?   Il s'appelle _____.
    Comment t'appelles-tu?   Je m'appelle _____.
    Comment s'appelle-t-elle?   Elle s'appelle _____.

7. Gender and plural of nouns[1]

	SINGULAR	PLURAL
MASCULINE	**le garçon**	**les garçons**
	l'étudiant	**les étudiants**
	le taxi	**les taxis**
FEMININE	**la fille**	**les filles**
	l'étudiante	**les étudiantes**
	l'automobile	**les automobiles**

MASCULINE OR FEMININE

1. Every French noun is either masculine or feminine.
2. Nouns referring to people, such as **étudiant** and **étudiante**, are naturally masculine or feminine.
3. The grammatical gender of nouns referring to objects or ideas must be learned individually.

SINGULAR OR PLURAL

1. Most nouns add **-s** to form the plural: **professeur, professeurs.**
2. Nouns that end in **-s** in the singular do not change in the plural: **le repas, les repas.**
3. Family names do not add **-s**: **les Dupont** (*the Duponts*).
4. Normally the **s** of the plural noun is not pronounced. But the **s** of **les** is pronounced as a "z" sound when it precedes a word beginning with a vowel or a silent **h**: **les étudiants.**

---

[1] In vocabulary listings in this book the definite article is listed with each noun. When the article is **l'** the abbreviation *m* or *f* will be added to show the gender of the noun.

8. The definite article

1. The masculine definite article (English *the*) is **le** (singular), **les** (plural).
2. The feminine definite article is **la** (singular), **les** (plural).
3. Before most nouns beginning with a vowel, **le** and **la** become **l'**.

A. le professeur   *Répétez.*   **le** professeur
    taxi   **le** taxi
    étudiant   **l'**étudiant
    automobile   **l'**automobile
    famille   **la** famille
    leçon   **la** leçon

B. le professeur   *Mettez au pluriel.*   **les** professeurs
    le repas   **les** repas
    l'étudiante   **les** étudiantes
    la leçon   **les** leçons
    le taxi   **les** taxis
    l'automobile   **les** automobiles

9. Use of the definite article

1. The definite article in French, contrary to English, is used with a title when speaking *about* a person.

> **Le** professeur Delattre est en classe.
> **Le** docteur Marceau est français.

2. As in English, the definite article in French is omitted when speaking directly *to* a person.

> Bonjour, **professeur Delattre**.
> **Docteur Marceau**, comment allez-vous?

[a] *Let's "take off," put out to sea, set sail*

PRENONS LE LARGE[a]

Comment s'appelle le jeune homme*[1]?   *What's the name of the young man?*
        la jeune fille*?   *young lady?*
        la dame*?   *lady?*
        le monsieur*?   *gentleman?*
        le garçon?   *boy?*
        la fille*?   *girl?*

[1] An asterisk after words in this section of each lesson indicates active vocabulary, included in the lesson **Vocabulaire**.

Interrogatoire[a]

[a] *Interrogation*

Comment s'appelle le garçon? *Répondez.*	Il s'appelle Robert.
la fille?	Elle s'appelle Marie.
le monsieur?	Il s'appelle Albert Roussel.
la dame?	Elle s'appelle Nadia Boulanger.
la jeune fille?	Elle s'appelle Diane.
le jeune homme?	Il s'appelle Ernest.

Le Souffleur[1]

1. Josette est...
2. La jeune fille...
3. Bien des choses...

4. Comment s'appelle...
5. Le jeune homme...

Quelle est la question?[b]

[b] *What is the question?*

Say **Pardon?** *and formulate questions for which the following sentences could be answers.*

LE PROFESSEUR   Il s'appelle Robert.
L'ÉTUDIANT(E)   Pardon? Comment s'appelle le garçon?

1. Oui, le professeur est en classe.
2. Nous allons bien, merci.
3. Je m'appelle Jean.

4. Les jeunes filles vont bien.
5. Ça va bien, merci.
6. Oui, je suis Paul.

Petites causeries[c]

[c] *Little chats*

LE PROFESSEUR   Robert, demandez* à Jean comment il va.
ROBERT   Jean, comment vas-tu?
JEAN   Je vais bien, merci.
Demandez à _____ si* elle va bien.
        s'il va bien.
        comment va la famille.
        comment il s'appelle.
        comment s'appelle le professeur?

Parlons de vous[d]

[d] *Let's talk about you*

1. Comment allez-vous?
2. Comment va la famille?
3. Ça va?
4. Il s'appelle Robert. Et toi?
5. Comment s'appelle le professeur?

6. Comment t'appelles-tu?
7. Êtes-vous Charles?
8. Êtes-vous le professeur?
9. Comment va papa?
10. Comment va maman?

[1] *Prompter* (theater). Complete the sentences.

^a *Extemporization, Improvisation*

Improvisation^a

Salutations

VOCABULARY | bonjour, bonsoir, enchanté, au revoir, va, moi de même, bien des choses, salut

TOPIC IDEAS
1. Bonjour, Madame.
2. Bonjour—Au revoir.
3. Le professeur

QUESTIONS
1. Comment s'appelle-t-il?
2. Salut, Robert! Comment ça va?
3. Comment va la famille?
4. Est-ce qu'il va bien?

^b *Investigations*

Enquêtes^b

Find out from another student the information below.

1. How he or she is
2. The professor's name
3. If the professor is in class
4. If Robert is in class
5. How Claudine is

^c *Skit*

Saynète^c

It is 4:00 P.M. You meet a friend on the street. Give an appropriate greeting, find out how your friend is, ask about the family. Then say good-bye and send regards to the family.

^d *Stock phrases*

Expressions consacrées^d

Ça commence bien!   *We're off to a good start!*
Je l'ai sur le bout de la langue.   *It's on the tip of my tongue.*
C'est la vie!   *That's life!*

VOCABULAIRE

à	to
À bientôt.	*See you soon.*
À demain.	*Until tomorrow.*
aller	*to go*
s'appeler	*to be named*
aujourd'hui	*today*
au revoir	*good-bye*
aussi	*also*
l'automobile *f*	*automobile*
bien	*well*
bien des choses	*best regards*
bonjour	*hello, good morning, good afternoon*
bonsoir	*good evening*
Ça va?	*How is it going?*
Ça va.	*It's going well.*
la classe	*class*
en classe	*in class*
comme ci comme ça	*so-so*
comment	*how*
la dame	*lady*
Demandez (à Jean)	*Ask (John).*
le dialogue	*dialogue*
enchanté(e)	*pleased to meet you*
et	*and*
être	*to be*
l'étudiant *m*	*student*
l'étudiante *f*	*student*
la famille	*family*
la fille	*girl*

le garçon	*boy*
je	*I*
la jeune fille	*young lady*
le jeune homme	*young man*
Madame	*Mrs.*
Mademoiselle	*Miss*
merci	*thank you*
moi	*me, I*
moi de même	*likewise*
Monsieur	*Mr., sir*
le monsieur	*gentleman*
négativement	*negatively*
non	*no*
oui	*yes*
pas mal	*not bad*
le professeur	*professor*
la question	*question*
le repas	*meal*
Répétez.	*Repeat.*
Répondez.	*Answer.*
Salut!	*Hi!*
la salutation	*greeting*
si	*if*
sur	*on*
ta	*your*
le taxi	*taxi*
toi	*you*
très	*very*
très heureux	*pleased to meet you*
vous	*you*

Deuxième Leçon

Les Nationalités

1

GÉRARD Quand finit le cours de japonais?

SERGE Dans cinq minutes. Qui attends-tu?

GÉRARD J'attends mon amie Simone Langer.

SERGE Ah, oui. La jolie petite Belge....

2

GÉRARD Elle n'est pas belge, elle est canadienne.

SERGE Tiens! Je trouve qu'elle parle avec l'accent belge.

3

GÉRARD C'est logique. Tu trouves que ma chemise bleue est verte.

SERGE Absolument!

GÉRARD Bon, d'accord. En tout cas Simone est très sympathique et intelligente.

4

SERGE Oui, si elle étudie le japonais.... Où est-ce qu'elle habite?

GÉRARD Elle habite chez les Martin pour l'année scolaire.

SERGE Et au Canada?

GÉRARD Elle demeure à Québec.

5

SERGE Ah! La voilà avec ses livres.

GÉRARD Bon. Au revoir. À la prochaine.

Questions sur le dialogue

1. Quand finit le cours de japonais?
2. Comment s'appelle l'amie de Gérard?
3. Simone est belge?
4. Est-ce que Simone étudie le japonais?
5. Où est-ce que Simone habite?
6. Où est-ce que Simone demeure au Canada?

Nationalities

GÉRARD   When does the Japanese course end?
SERGE   In five minutes. Whom are you waiting for?
GÉRARD   I'm waiting for my friend Simone Langer.
SERGE   Oh, yes. The pretty little Belgian....
GÉRARD   She's not Belgian; she's Canadian.
SERGE   You don't say![a] It seems to me[b] that she speaks with a Belgian accent.
GÉRARD   That's logical. You think[c] that my blue shirt is green.
SERGE   Absolutely!
GÉRARD   O.K., O.K.[d] In any case, Simone is very nice[e] and very intelligent.
SERGE   Yes, if she studies Japanese.... Where does she live?
GÉRARD   She is living with the Martins for the school year.
SERGE   And in Canada?
GÉRARD   She lives in Quebec City.
SERGE   Ah! There she is with her books.
GÉRARD   Good. Good-bye. Until next time.

[a] Literally, *Hold!*
[b] Literally, *I find*

[c] Literally, *You find*

[d] Literally, *Good, agreed*
[e] *likable*

REMARQUES CULTURELLES

French-speaking nations and regions. France, with its more than 52,000,000 people, is not the only country where French is spoken. In Europe four other countries have French as one of their official languages. About 40 percent (some 4,000,000) of the Belgians speak French. Approximately 18 percent (1,200,000) of the Swiss are native speakers of French. French is the language of the small but famous principality of Monaco. It is also an official language in Luxembourg. So in Europe about 57,000,000 people speak French.

In the Americas, French is of importance in seven areas. Québec, with about 6,000,000 inhabitants, is the largest and most populous. It is also within fairly easy reach of any travel-minded American. In the Caribbean, Haiti is an independent French-speaking country, with about 5,000,000 inhabitants. Guadeloupe and Martinique, in the West Indies, and French Guiana, in South America, are **départements** (important administrative subdivisions) of France. St. Pierre and Miquelon, located off the coast of Newfoundland, form a French overseas territory. French is being revived in Louisiana, where it is now required curriculum in the elementary schools. In all, about 12,000,000 people in the Americas consider French their native tongue.

France has four territories in the Pacific: French Polynesia (which includes Tahiti), New Caledonia, Wallis and Futuna Islands,

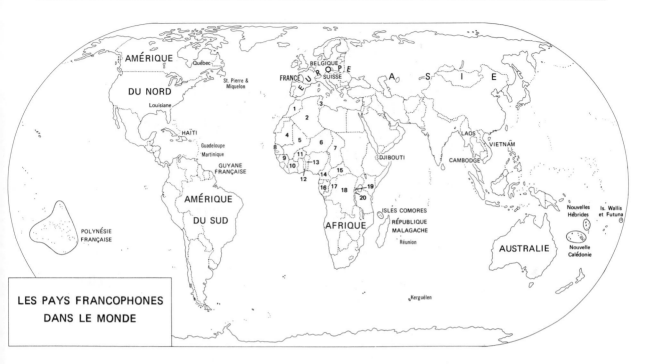

LES PAYS FRANCOPHONES
DANS LE MONDE

and New Hebrides (shared with Britain). These French-speaking areas have about 325,000 inhabitants.

French is of very great importance in Africa. Some twenty nations and territories use French as an official language. Although most of the 82,000,000 people in these lands use a variety of African languages in their daily life, a knowledge of French is essential to any serious student of African life today.

1 MAROC
2 ALGÉRIE
3 TUNISIE
4 MAURITANIE
5 MALI
6 NIGER
7 TCHAD
8 SÉNÉGAL
9 GUINÉE
10 CÔTE-D'IVOIRE
11 HAUTE-VOLTA
12 TOGO
13 BENIN
14 CAMEROUN
15 EMPIRE CENTRAFRICAINE
16 GABON
17 RÉPUBLIQUE DU CONGO
18 ZAÏRE
19 RWANDA
20 BURUNDI

PRONONCIATION

French [i]

finit, joli, qui, petit, si, chemise, Gigi

French [ə]

je, le, me, te, ne, de, chemise, au revoir

French [ɛ]

très, Michèle, belge, elle, mademoiselle, avec, Québec, même

EXPLICATIONS

1. French verbs

1. The basic form of French verbs is the infinitive.

parler *to speak*   **finir** *to finish*   **attendre** *to wait*

2. French verbs consist of a stem plus an ending.

STEM   ENDING
parler: parl + er

3. A French verb changes its ending and sometimes its stem according to (*a*) the person and number of the subject, (*b*) tense, and (*c*) mood.

   (*a*) The written ending usually shows whether the subject is *first* person (**je, nous**), *second* person (**tu, vous**), or *third* person (**il, elle; ils, elles**). The ending also shows whether the subject is *singular* (**je, tu, il, elle**), or *plural* (**nous, vous, ils, elles**).

   (*b*) Verb forms also change according to *tense*, or the time when the action they refer to took place. Verbs may be in the present tense, the past tense, the future tense, and so on.

   (*c*) Verb forms change to show *mood*—the attitude of the speaker toward whatever he or she is reporting. The indicative mood, by far the most important, is used for straightforward statements or questions of fact. The subjunctive and other moods will be studied later in the book.

4. Many of the verb form changes that occur in the written language are not reflected in the spoken language.

2. The present indicative of -er verbs

parler *to speak*

je parle	*I speak, am speaking*
tu parl**es**	*you speak, are speaking*
il, elle parle	*he, she speaks, is speaking*
nous parl**ons**	*we speak, are speaking*
vous parl**ez**	*you speak, are speaking*
ils, elles parl**ent**	*they speak, are speaking*

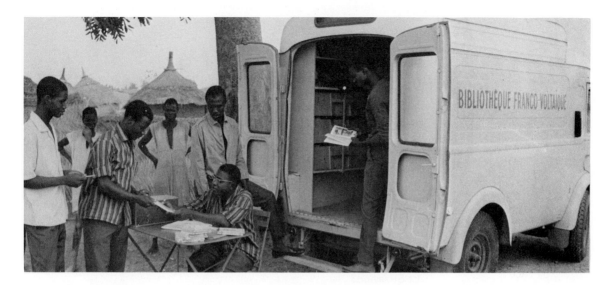

Haute-Volta. (Observez les toits de chaume.)[a]
[a] *Note the thatched roofs.*

1. Verbs whose infinitive ends in **-er** form the present indicative by adding the endings **-e, -es, -e, -ons, -ez, -ent** to their stem.
2. Other **-er** verbs in this lesson are **habiter, demeurer, trouver,** and **étudier.** They add endings exactly like **parler.**
3. The endings **-e, -es, -ent** are silent,[1] so that four of the six present tense forms are pronounced alike.
4. By far the largest number of verbs fall into this group. When new verbs are added to the language, they usually come into this group.

A. Je parle français en classe. *Répétez.*   Je parle français en classe.
    Paul, Ils, Vous, Nous, Tu

B. Je ne parle pas japonais. Et vous?   Non, je ne parle pas japonais.
    Et Marcel?
    Et moi?
    Et les étudiantes?
    Et vous (*pluriel*)?

C. Étudiez-vous le français[2]? *Répondez.*
    Et mon amie Simone?
    Et Gérard?
    Et l'étudiante?
    Et M. Martin?

---

[1] Except in liaison, explained in the **Leçon préliminaire.**
[2] The name of a language is usually preceded by **le** (**le français**). **Le** is omitted after **de** (**Quand finit le cours de japonais?**) and directly after a form of **parler** (**Parlez-vous français?**).

3. The present indicative of **-ir** verbs

finir *to finish*

je fin**is**	*I finish, am finishing, etc.*
tu fin**is**	
il, elle fin**it**	
nous fin**issons**	
vous fin**issez**	
ils, elles fin**issent**	

1. Verbs whose infinitive ends in **-ir** form their present indicative by adding the endings **-is, -is, -it, -issons, -issez, -issent** to the stem.
2. The singular forms of the present tense are all pronounced alike.

A. Jean finit le livre. *Répétez.*
   Tu, Elle, Je, Nous, Les garçons
B. Finissez-vous le livre? *Répondez négativement.*
   Et Suzanne?
   Et les jeunes filles?
   Et moi?
   Et vous (*pluriel*)?

4. The present indicative of **-re** verbs

attendre *to wait, wait for*

j'attend**s**	*I wait, am waiting, etc.*
tu attend**s**	
il, elle attend	
nous attend**ons**	
vous attend**ez**	
ils, elles attend**ent**	

1. Verbs whose infinitive ends in **-re** form the present indicative by adding the endings **-s, -s, —, -ons, -ez, -ent** to the stem.
2. The singular forms are all pronounced alike.
3. The plural endings are the same as those for **-er** verbs.

A. J'attends la petite Belge. *Répétez.*
   Nous, Tu, Le jeune homme, Le professeur, Les Martin

B. Attends-tu le professeur? *Répondez.*
             la Canadienne?
             les étudiants?
             le petit Français?
             Simone?

5. Position of adjectives

Magasin moderne en
Algérie.

1. Adjectives usually follow the noun they modify.

>l'année **scolaire**
>le garçon **belge**

2. A few adjectives, however, usually come before the noun.

>le **petit** Français
>le **bon** livre
>le **long** poème
>la **jolie** fille

A. LE PROFESSEUR   Étudiez-vous le livre? (joli)
>L'ÉTUDIANT(E)   Oui, j'étudie le joli livre.

Étudiez-vous le livre? (vert)
>(long)
>(japonais)
>(petit)
>(bon)
>(français)
>(bleu)
>(joli)

6. Agreement of adjectives

1. When an adjective modifies a noun, it agrees in gender (masculine or feminine) and number (singular or plural) with the noun.

	SINGULAR	PLURAL
MASCULINE	le garçon **intelligent**	les garçons **intelligents**
	le **petit** étudiant	les **petits** étudiants
	le garçon **belge**	les garçons **belges**
FEMININE	la fille **intelligente**	les filles **intelligentes**
	la **petite** étudiante	les **petites** étudiantes
	la fille **belge**	les filles **belges**

2. Most feminine adjectives are formed by adding **-e** to the masculine form.

3. Adjectives ending in **-e** in the masculine do not change in the feminine.

> un garçon **sympathique**
> une fille **sympathique**

4. Masculine adjectives ending in **-ien** double the final **n** and add **-e** to form the feminine.

> un livre **italien**
> une automobile **italienne**

5. The feminine form of some adjectives is irregular.

MASCULINE	FEMININE
bon	**bonne**
long	**longue**

6. The plural of most adjectives is formed by adding **-s** to the singular.[1]

A. L'étudiant est intelligent. *Répétez.*
Les étudiants

Le livre est long.
Les livres

Maria est italienne.
Maria et Sophia

---

[1] Other patterns of forming the feminine and plural of adjectives will be noted as they occur.

B.   LE PROFESSEUR   Voilà le professeur américain.
     L'ÉTUDIANT(E)   Et voilà l'étudiante américaine.

    Voilà le bon professeur
         le professeur logique.
         le professeur patient.
         le petit professeur.
         le professeur intelligent.

C.   *Faites votre choix.*[a]   [a] *Make your choice*
     LE PROFESSEUR   Est-ce que Paul est anglais ou français?
     L'ÉTUDIANT(E)   Paul est français.
     LE PROFESSEUR   Et Jeanne?
     L'ÉTUDIANT(E)   Jeanne est française aussi.

    Est-ce que Mario est canadien ou italien?
    Et Gina?

    Est-ce que Roger est canadien ou américain?
    Et Barbara?

    Est-ce que le professeur est américain ou japonais?
    Et Madame Smith?

    Est-ce que Marcel est espagnol ou suisse?
    Et Liliane et Rose?

    Est-ce que le professeur est intelligent ou stupide?
    Et les étudiantes?

7. The indefinite article

1. The indefinite article (English *a, an*) is **un** before a masculine singular noun, and **une** before a feminine singular noun.

MASCULINE	FEMININE
un garçon	**une** dame
un livre	**une** classe

2. The plural form of the indefinite article is **des** (English *some*).

des garçons	*(some) boys*
des classes	*(some) classes*

A. LE PROFESSEUR　　le garçon
　　L'ÉTUDIANT(E)　　un garçon

      le cours
      l'amie
      la Belge
      la chemise
      l'étudiante
      le professeur
      la salutation
      la dame

B. LE PROFESSEUR　　les garçons
　　L'ÉTUDIANT(E)　　desgarçons

      les cours
      les amis
      les Belges
      les chemises
      les étudiantes
      les professeurs
      les dames

8. Use of the indefinite article

1. The indefinite article is not used before an unmodified noun denoting nationality, religion, or profession.

> Elle est **suisse**.
> Il est **protestant**.
> Je suis **professeur**.

2. When such a noun is modified, however, the indefinite article is used.

> Jean est **un professeur américain**.

A. Il est américain. *Répétez*.
      français.
      professeur.

   Elle est belge.
        professeur.
        anglaise.

   Ils sont japonais.
        professeurs.
        catholiques.

B. LE PROFESSEUR　　Jean est professeur.
  L'ÉTUDIANT(E)　　Jean est un professeur français.

   Marie est catholique.
   Roger est étudiant.
   Paul est docteur.

9. Prepositions before geographical names

1. *Cities*: **à**

> J'habite **à** Paris.
> Tu habites **à** Bruxelles.

2. *Countries and States*
   (*a*) Masculine (beginning with a consonant): **au**

> Ils habitent **au** Portugal.
> Elles habitent **au** Canada.

   (*b*) Masculine (beginning with a vowel or mute *h*): **en**

> Elle habite **en** Iran.
> Nous habitons **en** Ohio.

   (*c*) Feminine: **en**

> Ils habitent **en** France.
> Habitez-vous **en** Italie?

   (*d*) Plural: **aux**

> Nous habitons **aux** États-Unis.
> Elle habite **aux** Antilles?

3. *Continents*: **en**[1]

> Elle demeure **en** Europe.
> Ils demeurent **en** Asie.
> Il demeure **en** Afrique.

4. Names of countries and states ending in **-e** are generally feminine.
   Le Mexique is one exception.

> **La France**
> **La Suisse**

A. Elle demeure à Marseille. *Répétez.*
> France.
> Canada.
> Suisse.
> Afrique.
> États-Unis.
> Mexique.
> Rochester.

---

[1] Continents used with modifiers normally take **dans: dans l'Afrique du Nord, dans l'Amérique du Sud.**

B. LE PROFESSEUR   Où habitez-vous ? (la France)
    L'ÉTUDIANT(E)   J'habite en France.

Où habite Maria ? (le Portugal)
Où habite Ivan ? (Moscou)
Où habitez-vous ? (les États-Unis)
Où habite le président ? (Washington)
Où habitent les Français ? (la France)
Où habitent les Japonais ? (le Japon)
Où habitent les Parisiennes ? (Paris)
Où habitent les Européens ? (l'Europe)

A l'UNESCO ils parlent....

PRENONS LE LARGE

À l'UNESCO ils parlent français.	*At l'UNESCO they speak French.*
anglais*.	*English.*
espagnol*.	*Spanish.*
allemand*.	*German.*
italien*.	*Italian.*
chinois.	*Chinese.*
russe.	*Russian.*

Elle habite en Russie.	*She lives in Russia.*
au Sénégal.	*Senegal.*
en Amérique.	*America.*
au Japon.	*Japan.*
en Chine.	*China.*
en Angleterre.	*England.*
en Italie.	*Italy.*
en Espagne.	*Spain.*
au Brésil.	*Brazil.*

Complétez la phrase[a]

LE PROFESSEUR   On parle français...
L'ÉTUDIANT(E)   On parle français en France.

On parle chinois...
On parle anglais...
On parle russe...
On parle espagnol...
On parle japonais...
On parle portugais...
On parle français...
On parle italien...

[a] *Complete the sentence.*

Le Souffleur

1. En classe nous...
2. Quand finit...?
3. Cette année scolaire elle...
4. Pierre est un garçon...
5. Monique est une fille...

Quelle est la question?

1. Non, nous ne parlons pas allemand en classe.
2. J'attends Jean.
3. Oui, le professeur est très sympathique.
4. Oui, nous sommes américains.
5. Oui, on parle français au Sénégal.

Petites causeries

Demandez à _____ si nous parlons français en classe.
si elle est américaine ou française.
si les étudiants sont intelligents.
si on parle français au Japon?
si on parle anglais à l'UNESCO?
si la classe est très longue.
si la classe est intéressante.

Parlons de vous

1. Parlez-vous français?
2. Êtes-vous américain(e)?
3. Parlons-nous espagnol en classe?
4. Êtes-vous étudiant(e)?
5. Êtes-vous un bon[1] étudiant (une bonne étudiante)?
6. Est-ce que le professeur est français?
7. Est-il patient?
8. Où habites-tu?
9. Qui attends-tu?
10. Quand finit le cours de français?
11. Trouvez-vous que le professeur parle bien le[2] français?
12. Est-ce que les étudiantes sont sympathiques?
13. Et le professeur?
14. Trouvez-vous la classe intéressante?
15. Est-ce que tu demeures à Québec? Où?

---

[1] Before a vowel, the **n** of **bon** (as well as **mon, son, ton,** etc.) is pronounced and there is no nasalization of **-on.**

[2] When the verb parler is modified, **le** is *not* omitted before the name of a language: **Le professeur parle bien le français.**

Improvisations

1. **Les Amis**

VOCABULARY   habiter, sympathique, français, belge, suisse, parler

TOPIC IDEAS   1. Ils habitent à Paris.
                      2. Elle parle français.
                      3. Gérard et Serge sont des amis.

QUESTIONS   1. Habites-tu avec Liliane?
                      2. Est-elle belge ou suisse?
                      3. Parlent-ils français?
                      4. Est-il sympathique?

Tours. Vieux quartier.[a]
«. . .voilà mon ami Serge. . .
il est de Tours.»
[a] *old section*

2. La Classe

VOCABULARY   le professeur, les étudiants, parler, intelligent, un Français, français, dans, on

TOPIC IDEAS
1. Les jeunes filles sont sympathiques.
2. Les garçons sont intelligents.
3. Le français est intéressant.

QUESTIONS
1. Est-ce que vous parlez anglais?
2. Est-ce que les étudiants sont intelligents?
3. Est-ce qu'il parle français?
4. Est-ce que le professeur est Français?

Enquêtes

1. *Find out from another student his or her name and native language, and where he or she lives. Then introduce the student to the group, telling what you have found out.*
2. *Find out from another student all you can about her girl friend. Is she nice (likable), what language does she speak, what is her name, where does she live?*

Expressions consacrées

C'est comme si je parlais au mur!   *It's like talking to the wall!*
N'en jetez plus, la cour est pleine.   *Don't throw out any more, the yard is full.*
Jamais de la vie!   *Not on your life!*

Lecture culturelle[a]

Les Accents

     Bonjour! Je m'appelle Gérard Boutin, et voilà mon ami Serge. Je suis de Paris, et il est de Tours[1]. Il dit que je parle avec l'accent parisien. Mais mon amie Simone Langer est canadienne, et il trouve qu'elle a[b] l'accent belge... Alors[c], il n'est pas très bon juge d'accents!

Quelle est votre réponse?[d]

1. Comment s'appelle le garçon de Paris?
2. Et le garçon de Tours?
3. Est-ce qu'on parle bien le français à Tours?
4. Est-ce que Simone est parisienne?
5. Est-ce que Serge est bon juge d'accents?
6. Est-ce que Serge est français ou canadien?

[a] *Cultural reading*
[b] *she has*
[c] *So*
[d] *What is your answer?*

[1] City on the Loire River. The French spoken in this region is considered to have the most standard or "correct" accent.

VOCABULAIRE

À la prochaine.	*Until next time.*
absolument	*absolutely*
l'accent *m*	*accent*
allemand(e)	*German*
l'amie *f*	*(girl) friend*
anglais(e)	*English*
l'année scolaire *f*	*school year*
attendre	*to wait, wait for*
avec	*with*
belge	*Belgian*
Belge *m, f*	*Belgian person*
bleu(e)	*blue*
bon (bonne)	*good*
le Canada	*Canada*
canadien(ne)	*Canadian*
c'est	*it is*
changez	*change*
la chemise	*shirt*
chez	*at the home of*
cinq	*five*
le cours	*course, class*
d'accord	*O.K.*
dans	*in, within*
de	*of, from*
demeurer	*to live*
en tout cas	*in any case*
espagnol(e)	*Spanish*

étudier	*to study*
finir	*to finish*
français(e)	*French*
habiter	*to live*
intelligent(e)	*intelligent*
intéressant(e)	*interesting*
italien(ne)	*Italian*
japonais(e)	*Japanese*
joli(e)	*pretty*
le livre	*book*
logique	*logical*
la minute	*minute*
mon	*my*
la nationalité	*nationality*
on (parle)	*one (speaks), they (speak)*
où	*where*
parler	*to speak*
petit(e)	*little*
quand	*when*
qui	*who*
sympathique	*nice, likable*
Tiens!	*You don't say!*
trouver	*to find*
vert(e)	*green*
voilà	*there is, there are*
La voilà.	*There she (it) is.*

Troisième Leçon 3

La Famille

1

GEORGES Où vas-tu, Colette?

COLETTE En ville. Veux-tu venir?

GEORGES Quoi faire?

COLETTE Je vais faire des courses.

GEORGES D'accord. Qu'est-ce que tu vas acheter?

COLETTE Un cadeau pour maman. C'est demain la Fête des Mères.

2

PIERRE Je veux acheter une pièce pour ma moto.

LOUISE Mais elle est neuve, ta moto!

PIERRE Avec mes petits frères à la maison...tu sais!

LOUISE Tes frères? Combien de frères as-tu?

PIERRE J'ai trois frères et deux sœurs.

LOUISE Quelle famille nombreuse!

PIERRE Est-ce que tu es fille unique?

LOUISE Oui.

3

ANNETTE Voici l'autobus.

MARIE Quelle heure est-il?

ANNETTE Il est trois heures juste.

MARIE Bon, nous avons le temps de trouver un cadeau pour papa.

ANNETTE Ah, oui, c'est bientôt la Fête des Pères.

Questions sur le dialogue

1. Où va Colette?
2. Colette va acheter un cadeau. Oui ou non?
3. Pour papa ou pour maman?
4. C'est demain la Fête des Pères?
5. Pierre veut acheter une pièce pour sa moto?
6. Pierre a combien de frères et de sœurs?
7. Est-ce que Louise est fille unique?
8. Quelle heure est-il?

The Family

GEORGES Where are you going, Colette?
COLETTE Downtown. Do you want to come?
GEORGES What for?
COLETTE I'm going to go shopping.
GEORGES O.K. What are you going to buy?
COLETTE A present for Mom. Tomorrow is Mother's Day.

PIERRE I want to buy a part for my motorcycle.
LOUISE But your motorcycle is brand new.[a]
PIERRE With my little brothers at home...you know!
LOUISE Your brothers? How many brothers do you have?
PIERRE I have three brothers and two sisters.
LOUISE What a large family!
PIERRE Are you an only child?[b]
LOUISE Yes.

ANNETTE Here's the bus.
MARIE What time is it?
ANNETTE It's exactly three o'clock.
MARIE Good, we have time to find a gift for Dad.
ANNETTE Oh, yes, pretty soon it's Father's Day.

[a] Literally, *But it is new, your motorcycle!*

[b] *an only daughter*

REMARQUES CULTURELLES

1. **Famille nombreuse** *vs.* **grande famille**. In France, when one says that one has une **grande famille**, one is referring to a lot of aunts, uncles, cousins, in-laws, and so on. But **famille nombreuse** refers to the number of children in a family group. In France, one may say that he or she comes from a **famille nombreuse** when there are three or more children.

2. *Dating*. Young people in France who are not ready to be serious about marriage usually avoid formal dating. They might go out casually in the daytime with someone they know well. A common practice is to go out in groups where they can have fun and get acquainted without making any commitments. Generally, young men in France prefer to have their military service completed and be prepared to earn a living before considering marriage. For this reason, men are usually in their twenties, and women in their late teens, before they begin serious dating.

3. *Marriage*. Since church weddings are not legally recognized in France, all couples getting married must first go to the mayor for the

civil ceremony. It is quite common to see the wedding party gather at the mayor's office for the civil wedding and then go to the church in a procession for the religious ceremony. After the wedding, a common custom is to hold a banquet and dance which may last all night.

«Quelle grande famille!»

PRONONCIATION

French [e]

et, les, mes, j'ai, allez, répondez, acheter

Distinguishing between [e] and [ɛ]

enchanté, Michèle, même, répondez, allez, belge, mes, elle

French [o]

bientôt, au, cadeau, choses, aux, rose

EXPLICATIONS

1. The present indicative of **avoir** *to have*

j'**ai**	nous **avons**
tu **as**	vous **avez**
il, elle **a**	iles, elles **ont**

A. J'ai un frère. Et vous? *Répondez.*
     Et nous?
     Et elles?
     Et Pierre?
     Et vous (*pluriel*)?
     Et moi?

B. Je n'ai pas de sœurs. Et vous? *Répondez.*
     Et l'amie de Régine?
     Et les petites filles?
     Et nous?
     Et toi?
     Et moi?

C. Est-ce que le professeur a un frère? *Répondez.*
     As-tu une sœur?
     Est-ce que Georges a une famille nombreuse?
     Avez-vous des frères et des sœurs?
     Combien de frères et de sœurs as-tu?

2. The present indicative of **savoir** *to know*

je **sais**	nous **savons**
tu **sais**	vous **savez**
il, elle **sait**	ils, elles **savent**

A. Sais-tu la leçon? *Répétez.*
     -vous
     -il
     -elles
     -elle
     -nous

B. Savez-vous si Georges a un frère? *Répondez.*   Oui, je sais que Georges a un frère.
     Savez-vous si Paul a une sœur?
     Savez-vous combien de sœurs il a?
     Savez-vous si Anne a une famille nombreuse?
     Savez-vous si la Française a une mère?
     Savez-vous combien de frères elle a?

3. The present indicative of **venir** *to come*

je **viens**	nous **venons**
tu **viens**	vous **venez**
il, elle **vient**	iles, elles **viennent**

Also conjugated like **venir**: **revenir**   *to come back*

A. Je viens avec Georges.
   Et vous? *Répondez.*
   Et elle?
   Et nous?
   Et Jean et Roger?
   Et vous (*pluriel*)?
   Et les filles?

B. Je ne viens pas demain.
   Et vous? *Répondez.*
   Et Estelle?
   Et le professeur?
   Et Robert?
   Et Henri et Rose?
   Et nous?

C. Est-ce que le professeur revient demain? *Répondez.*
   Revenez-vous demain?
   Qui revient demain?
   Est-ce que les étudiants reviennent demain?
   Est-ce que la famille revient demain?

4. The present indicative of **vouloir** *to wish, to want*[1]

je **veux**	nous **voulons**
tu **veux**	vous **voulez**
il, elle **veut**	ils, elles **veulent**

Vouloir (as well as **pouvoir** below) is followed directly by an infinitive:
Je veux venir.

A. Non, merci, je ne veux pas venir. Et le professeur? *Répondez.*
                                     Et vous?
                                     Et elles?
                                     Et nous?
                                     Et ma sœur?
                                     Et Jean et Simon?

B. Veux-tu aller en France? *Répondez.*
     -elle
     -vous
     -il
     -ils

---

[1] **Vouloir** is also used in an important construction, **vouloir dire** (*to mean*); see
Lesson 16, 5.

5. The present indicative of **pouvoir** *to be able*

je **peux**	nous **pouvons**
tu **peux**	vous **pouvez**
il, elle **peut**	ils, elles **peuvent**

Note that **pouvoir** is conjugated just like **vouloir**.

A. Je ne peux pas aller en ville. *Répétez.*
   Ils, Marie, Nous, Tu, Elles

B. Pouvez-vous venir avec moi? *Répondez.*
   Est-ce que Roger peut venir avec moi?
          les jeunes filles
          le garçon
          Rose et Marie
          tu

6. The present indicative of **faire** *to do, to make*

je **fais**	nous **faisons**
tu **fais**	vous **faites**
il, elle **fait**	ils, elles **font**

A. Que fais-tu? *Répétez.*
       -vous?
       -il?
        Georges et André?
       -elles?

B. Est-ce que Georges fait des courses? *Répondez.*
   Et toi?
   Et la dame?
   Et Jeanne et Virginie?
   Et le professeur?

7. The present indicative of **acheter** *to buy*

j'**achète**	nous **achetons**
tu **achètes**	vous **achetez**
il, elle **achète**	ils, elles **achètent**

Note: A change in pronunciation and spelling occurs in the stem. The endings are regular **-er** endings.

A. Colette achète un cadeau. *Répétez.*
   Ma mère, Je, Tu, Ils, Les filles

B. LE PROFESSEUR   Qu'est-ce que Marie achète? (un piano)
   L'ÉTUDIANT(E)   Elle achète un piano.

Qu'est-ce que vous achetez? (un livre)
Qu'est-ce qu'il achète? (un cadeau)
Qu'est-ce qu'elle achète? (une moto)
Qu'est-ce que tu achètes? (une maison)
Qu'est-ce que j'achète, moi? (une chemise)

Paris. Boul' Mich[1], près de la Sorbonne.

[1] Popular name for Boulevard Saint-Michel, principal street of the Latin Quarter. Scene is near the Sorbonne.

8. Aller + infinitive

The present tense of **aller** followed by an infinitive indicates an action which is going to take place in the near future.

Je **vais faire** des courses.   *I'm going to go shopping.*
Il **va acheter** un cadeau.   *He's going to buy a present.*
Nous **allons parler** français.   *We're going to speak French.*

A. Colette va acheter un cadeau. *Répétez.*
  Je, Ils, Nous, Tu, Vous, Il

B. LE PROFESSEUR   Parlez-vous français?
    L'ÉTUDIANT(E)   Non, je vais parler français demain.

1. Achetez-vous un cadeau?
2. Faites-vous des courses?
3. Finissez-vous la leçon?
4. Attendez-vous l'ami de Jean?
5. Reviens-tu aujourd'hui?
6. Est-ce que tu étudies?

The above exercise may be repeated, using other subjects: **Est-ce qu'il parle français?, Est-ce que les garçons reviennent aujourd'hui?,** *etc.*

9. Contraction of **à** with the definite article

à + le → au
à + les → aux
à + la → à la
à + l' → à l'

Je vais **au** cours.   *I'm going* to the *class.*
Ils vont **aux** États-Unis.   *They're going* to the *United States.*
Nous allons **à la** maison.   *We're going home* (to the *house*).
Elle va **à l'**université.   *She goes* to the *university.*

Note: **à la** and **à l'** do not change.

A. LE PROFESSEUR   Où allez-vous? (1)
    L'ÉTUDIANT(E)   Je vais à la classe.

1. la classe
2. l'université
3. les États-Unis
4. le cours
5. la maison
6. la porte
7. le parc

B. Allez-vous à l'hôpital? *Répondez.*
    Est-ce que les étudiants vont à la classe de français?
    Vas-tu à la maison?
    Est-ce que le professeur va à l'université?
    Qui va au cours?
    Allez-vous au parc?

10. Contraction of **de** with the definite article

de + le → **du**
de + les → **des**
de + la → **de la**
de + l' → **de l'**

Elle vient **du** parc.   *She's coming from the park.*
Il vient **des** États-Unis.   *He's coming from the United States.*
Nous venons **de la** maison.   *We're coming from home (from the house).*
Elles viennent **de l'**université.   *They're coming from the university.*

A. LE PROFESSEUR   D'où venez-vous? (1)
   L'ÉTUDIANT(E)   Je viens de la classe.

   1. la classe   5. l'université
   2. le parc   6. les États-Unis
   3. la maison   7. le cours
   4. les classes

11. Use of **de** to show possession

In English, possession is usually indicated by *'s*. In French it is expressed, as shown below, by placing **de** before the person to whom something belongs.

le livre **de** Marcel   *Marcel's book (the book of Marcel)*
la famille **de** l'étudiant   *the student's family (the family of the student)*
le cours **du** professeur   *the professor's course (the course of the professor)*

A. Voici le livre de Georges. *Répétez.*
            de l'étudiant.
            du professeur.
            de la Canadienne.
            de M. Martin.
            des étudiants.

B. LE PROFESSEUR   Où est le cadeau du professeur?
   L'ÉTUDIANT(E)   Je ne sais pas où est le cadeau du professeur.

   Où est la mère du garçon?
            le cours de M. Boulanger?
            l'ami de Pierre?
            la maison des Martin?
            le livre de l'étudiante?

Mariage civil.

12. **De** before geographical names

1. *Cities*: **de**

> Il vient **de** Rome.

2. *Countries and States*
   (*a*) Masculine, beginning with a consonant: **du**

> Elle est **du** Mexique.

   (*b*) Feminine: **de**

> Je viens **de** Suisse.

   (*c*) Masculine and feminine, beginning with a vowel: **d'**

> Nous sommes **d'**Espagne.
> Vous êtes **d'**Arizona?

   (*d*) Plural: **des**

> Ils sont **des** États-Unis.

3. *Continents*: **d'**
> Il revient **d'**Europe.

A. LE PROFESSEUR   D'où venez-vous? (4)
   L'ÉTUDIANT(E)   Je viens du Mexique.

1. Montréal   5. Belgique
2. Afrique   6. France
3. États-Unis   7. Canada
4. Mexique   8. New York

B. *Répondez négativement.*
   Venez-vous d'Israël?
                d'Italie?
                de Québec?
                de Paris?
                du Sénégal?

13. Possessive adjectives

J'attends **mon** frère.	*I'm waiting for* **my** *brother.*
J'attends **mon** amie.	*I'm waiting for* **my** *girl friend.*
J'attends **ma** sœur.	*I'm waiting for* **my** *sister.*
J'attends **mes** frères et **mes** sœurs.	*I'm waiting for* **my** *brothers and* **my** *sisters.*

POSSESSOR	BEFORE SINGULAR NOUN		BEFORE PLURAL NOUN	ENGLISH EQUIVALENT
je	**mon**	**ma** *feminine*	**mes**	*my*
tu	**ton**	**ta** *beginning*	**tes**	*your*
il, elle	**son**	**sa** *with a*	**ses**	*his, her, its*
nous	**notre**	*consonant*	**nos**	*our*
vous	**votre**	*all other cases*	**vos**	*your*
ils, elles	**leur**		**leurs**	*their*

1. Possessive adjectives precede the noun they modify.
2. Possessive adjectives agree in gender and number with the noun they modify, *not* with the possessor.

> (Georges) Voilà **mon frère**. Voilà **ma sœur**.
> (Colette) Voilà **mon frère**. Voilà **ma sœur**.
> (Colette et Georges) Voilà **notre sœur**. Voilà **nos sœurs**.

3. **Ma**, **ta**, and **sa** are used before feminine singular nouns that start with a consonant.

> Voilà **ta famille**.

4. **Mon**, **ton**, and **son** are used before all other singular nouns (feminine nouns beginning with a vowel sound, and all masculine nouns).

> Voici **ton ami**. Voici **ton amie**.
> C'est **son hôpital**.

5. **Notre**, **votre**, and **leur** are used before all singular nouns.

> Voici **notre frère**. Voici **notre sœur**.

6. The plural forms of all possessive adjectives are the same for both genders.

> Voilà **leurs frères**. Voilà **leurs sœurs**.
> Voici **vos amis**. Voici **vos amies**.

A.[1] Je finis mon livre. *Répétez.*
Elle finit _____ livre.
Nous finissons _____ livre.
Les étudiants finissent _____ livre.
Tu finis _____ livre.

---

[1] In this and the next two exercises, use the possessive adjective that corresponds to the verb's subject: *I* finish *my* book, *She* finishes *her* book, etc.

B. Je ne veux pas aller à ma classe. *Répétez.*
   Il ne veut pas aller à _____ classe.
   Les étudiants ne veulent pas aller à _____ classe.
   Le professeur ne veut pas aller à _____ classe.
   Nous ne voulons pas aller à _____ classe.
   Vous ne voulez pas aller à _____ classe.

C. Elles ont leurs amis. *Répétez.*   D. J'attends ma sœur.
   Tu as _____ amis.   famille.
   J'ai _____ amis.   parents.
   Les garçons ont _____ amis.   automobile.
   Les jeunes filles ont _____ amis.   étudiante.
   Vous avez _____ amis.   frère.

E. Où est la famille de Georges? *Répondez.*   Voici sa famille.

   des étudiants?   de Marguerite?
   du professeur?   des jeunes filles?
   de la petite Belge?

14. Cardinal numbers (1 to 60)

0	**zéro**	12	**douze**	30	**trente**
1	**un**	13	**treize**	31	**trente et un**
2	**deux**	14	**quatorze**	32	**trente-deux**
3	**trois**	15	**quinze**	40	**quarante**
4	**quatre**	16	**seize**	41	**quarante et un**
5	**cinq**	17	**dix-sept**	42	**quarante-deux**
6	**six**	18	**dix-huit**	50	**cinquante**
7	**sept**	19	**dix-neuf**	51	**cinquante et un**
8	**huit**	20	**vingt**	52	**cinquante-deux**
9	**neuf**	21	**vingt et un**	60	**soixante**
10	**dix**	22	**vingt-deux**		
11	**onze**	23	**vingt-trois**		

15. Telling time

Quelle heure est-il?   **Quelle heure est-il?**

Il est une heure.   **Il est deux heures juste.**
                               (*It's two sharp.*)

Quelle heure est-il?

Il est trois heures vingt-cinq.

Quelle heure est-il?

Il est trois heures moins
vingt-cinq.

Quelle heure est-il?

Il est sept heures moins
le quart.

Quelle heure est-il?

Il est sept heures et quart.

Quelle heure est-il?

Il est dix heures et demie.

Quelle heure est-il?

Il est midi (ou minuit) et demi.

1. From the hour to half past the hour, one names the hour plus so
   many minutes. After the half hour, one gives the next hour minus
   so many minutes.
2. The adjective phrase **et demi(e)** has the final **-e** when its antecedent
   is feminine (**heures**), but not when its antecedent is masculine
   (**midi, minuit**). It does not add the plural marker **-s.**
3. A.M. is expressed by **du matin.**

   Il est dix heures **du matin.**

   P.M. is expressed by **de l'après-midi** (*afternoon*) or **du soir**
   (*evening*).

   Il est trois heures **de l'après midi.**
   Il est dix heures **du soir.**

(A)

(B)

(C)

(D)

(E)

(F)

A. LE PROFESSEUR   Quelle heure est-il? (1)
   L'ÉTUDIANT(E)   Il est cinq heures.

1. 5:00
2. 5:45
3. 1:00 P.M.
4. 3:10
5. 12:00 (*noon*)

6. 8:40 P.M.
7. 4:00 P.M.
8. 11:30
9. 9:00 sharp
10. 12:15 P.M.

B. LE PROFESSEUR   À quelle heure allez-vous au cours? (**a**)
   L'ÉTUDIANT(E)   Je vais au cours à huit heures du matin.

1. **a**
2. **c**
3. **d**
4. **b**
5. **f**
6. **c**

7. **e**
8. **b**
9. **d**
10. **f**
11. **a**
12. **e**

16. Official or 24-hour time

1. In France, official time is based on a twenty-four-hour schedule. Railroads, buses, theatres, stores, and so on use this system.
2. The hours from midnight through noon (**0 h 01** through **12 h 00**) correspond to the American A.M. hours.

   10 h 30   10:30 A.M.

3. The hours from noon through midnight (**12 h 01** through **24 h 00**) correspond to the American P.M. hours. To determine the American equivalent, subtract 12.

   16 h 15   4:15 P.M.

LE PROFESSEUR   Que dit l'horaire?[1] (1)
L'ÉTUDIANT(E)   Notre train part à 14 heures.

1. 2 P.M.
2. 4 P.M.
3. 11 A.M.
4. 1 A.M.
5. 5 P.M.

6. 8:10 P.M.
7. 9:20 A.M.
8. 11 P.M.
9. 5:45 A.M.
10. 9 P.M.

[1] Answer using official time.

PRENONS LE LARGE

Ma mère* est à la maison le matin*.   *My mother is at home in the morning.*
                  l'après-midi*.   *in the afternoon.*
                  le soir*.   *in the evening.*
                  ce soir*.   *this evening.*

Mon père* est à la maison.   *My father is at home.*
    mari*   *husband*
    fils*   *son*
    grand-père*   *grandfather*
    oncle*   *uncle*
    cousin*   *cousin*
  Ma femme*   *wife*
    fille*   *daughter*
    grand-mère*   *grandmother*
    tante*   *aunt*
    cousine*   *cousin*
  Le bébé   *baby*
   L'enfant   *child*

A. *Complétez la phrase.*
1. Le frère de mon père est mon _____.
2. La fille de ma mère est ma _____.
3. La fille de mon oncle est ma _____.
4. La mère de mes enfants est ma _____.
5. Le fils de mon grand-père est mon _____.
6. Le père de ma mère est mon _____.
7. Le père de mon bébé est mon _____.
8. Je suis le _____ de ma mère.
9. Les filles de ma tante son mes _____.
10. Mes frères et mes sœurs sont les _____ de mes parents.

B. *Quelle est la question?*
1. Mon grand-père est à la maison.
2. Nous allons à la maison à huit heures.
3. Je suis en classe le matin.
4. Oui, j'ai cinq cousins.
5. J'étudie ma leçon le soir.

Le Souffleur

1. Le soir je...
2. Combien de...?
3. L'après-midi elle...
4. Le matin nous...
5. Savez-vous où demeure...?
6. Mon frère...
7. J'attends mes...

Petites causeries

Demandez à _____ où est sa grand-mère.
combien de frères il a.
si elle sait la leçon aujourd'hui.
quelle heure il est.
où va l'ami de Raymond.
si elle va acheter un cadeau.
s'il est fils unique.
si elle a le temps d'aller en ville.

Parlons de vous

1. Avez-vous une famille nombreuse?
2. Avez-vous une grande famille?
3. Avez-vous des cousins en France?
4. Quelle heure est-il?
5. À quelle heure allez-vous à la maison?
6. Comment va ta mère?
7. Sais-tu la leçon de français?
8. Combien de tantes as-tu?
9. Quand êtes-vous à la maison?
10. Et en classe?
11. Pouvez-vous aller en ville demain?
12. Qu'est-ce que tu vas faire demain?
13. D'où êtes-vous?
14. D'où sont vos parents?
15. Est-ce que le frère de votre père est votre oncle ou votre cousin?

Improvisations

1. La Famille

VOCABULARY	la mère, le père, le fils, la fille, unique, le grand-père, la grand-mère, la famille, nombreuse
TOPIC IDEAS	1. Je suis fils (fille) unique. 2. Une famille nombreuse 3. Mon grand-père est sympathique.
QUESTIONS	1. As-tu une grande famille? 2. Combien de sœurs as-tu? 3. Est-ce que ta famille est nombreuse? 4. Où est ton père?

2. Les Courses

VOCABULARY	en ville, l'autobus, l'heure, acheter, le cadeau, venir, savoir, demain, ce soir, des courses
TOPIC IDEAS	1. Je vais acheter un cadeau. 2. Ma mère achète beaucoup quand elle va en ville. 3. Demain je vais en ville.
QUESTIONS	1. À quelle heure vas-tu en ville? 2. Qu'est-ce que tu achètes? 3. Sais-tu à quelle heure vient l'autobus? 4. Quand vas-tu faire des courses?

Enquêtes

1. *Give the numbers below, with correct pronunciation and without referring to any written materials.*
   - (*a*) 0 to 10
   - (*b*) 11 to 21
   - (*c*) 20, 21, 30, 31, 40, 41, 50, 51, 60
2. *Find out from another student where he or she is from, if the student's family is large, how many brothers and sisters there are.*
3. *Find out from another student when he or she is going shopping, where, and what the student is shopping for.*

Expressions Consacrées

Je suis fauché comme les blés.	*I'm broke* (literally *mown like wheat*).
Un sou c'est un sou.	*A penny saved is a penny earned.*
Les petits cadeaux entretiennent l'amitié.	*Little gifts maintain friendship.*

 in order to travel
 be part of the team

Lecture culturelle

L'astronaute: une profession extraordinaire

Je suis astronaute, explorateur de l'espace interstellaire. J'étudie l'astronautique; je parle anglais et j'étudie le russe pour voyager[a] dans l'espace avec les cosmonautes. Je vais faire partie de l'équipe[b] du Sky Lab—le laboratoire futur de l'espace. Je m'appelle John et j'habite à Houston. Je suis américain.

Quelle est votre réponse?

1. Qui parle?
2. Est-ce qu'il parle russe?
3. Comment s'appelle-t-il?[1]
4. Où habite-t-il?
5. Qu'est-ce qu'il étudie?
6. Quelle sorte de profession a-t-il?
7. Voulez-vous être astronaute?
8. Parlez-vous russe?
9. Allez-vous étudier l'astronautique?
10. Est-ce que le professeur a une profession extraordinaire?

---

[1] In an inverted question (as here, and in 4 and 6), when the verb ends in a vowel and the subject begins with a vowel, the letter **-t-** is inserted to prevent both words from running together.

VOCABULAIRE

	acheter	*to buy*	
l'	après-midi *m*	*afternoon, in the afternoon*	
l'	autobus *m*	*bus*	
	avoir	*to have*	
le	bébé	*baby (m, f)*	
	bientôt	*soon*	
le	cadeau	*present, gift*	
	combien	*how much, how many*	
le	cousin	*cousin*	
la	cousine	*cousin*	
	demain	*tomorrow*	
l'	enfant *m, f*	*child*	
	faire	*to do; to make*	
	faire des courses	*to go shopping*	
la	famille	*family*	
	une grande famille	*a large family (aunts, uncles, etc.)*	
la	femme	*woman, wife*	
la	Fête des Mères (Pères)	*Mother's (Father's) Day*	
la	fille	*girl, daughter*	
le	fils	*son*	
le	frère	*brother*	
la	grand-mère	*grandmother*	
le	grand-père	*grandfather*	
l'	heure *f*	*hour*	
	Quelle heure est-il?	*What time is it?*	
	juste	*exactly*	
	ma	*my (f)*	
	mais	*but*	
la	maison	*house*	
	á la maison	*home, at home*	
la	maman	*mother, Mom*	
le	mari	*husband*	
le	matin	*morning, in the morning*	
la	mère	*mother*	
	mes	*my (pl)*	
	mon, ma, mes	*my*	

la	moto	*motorcycle*	
	neuf (neuve)	*brand new*	
	nombreux (nombreuse)	*numerous*	
	une famille nombreuse	*a large family (parents and children)*	
	nos	*our (pl)*	
	notre, nos	*our*	
l'	oncle *m*	*uncle*	
le	papa	*father, Dad*	
le	père	*father*	
la	pièce	*part (machinery)*	
	pour	*for*	
	pouvoir	*to be able*	
	quel (quelle)	*which, what*	
	Quelle famille nombreuse!	*What a large family!*	
	Qu'est-ce que (tu fais)?	*What (are you doing)?*	
	Quoi faire?	*What for?*	
	sa	*his, her, its (f)*	
	savoir	*to know, to know how*	
	ses	*his, her, its (pl)*	
la	sœur	*sister*	
le	soir	*evening, in the evening*	
	ce soir	*this evening*	
	son, sa, ses	*his, her, its*	
la	tante	*aunt*	
le	temps	*time, enough time*	
	tes	*your (pl)*	
	ton, ta, tes	*your*	
	unique	*only*	
	fille unique	*an only child (daughter)*	
	venir	*to come*	
la	ville	*city*	
	en ville	*downtown*	
	voici	*here is, here are*	
	vos	*your (pl)*	
	votre, vos	*your*	
	vouloir	*to want*	

Quatrième Leçon 4

Les Études

1

PIERRE   Salut! Qu'est-ce que tu lis?

ANNE   Oh, rien d'important...la leçon d'anglais.

PIERRE   Pourquoi? Tu as un examen?

ANNE   Non, j'apprends le vocabulaire.

PIERRE   Il est difficile?

ANNE   Non, facile.

2

PIERRE   Comment trouves-tu le professeur?

ANNE   Pas mal. Je ne le connais pas très bien.

PIERRE   Dis donc! Tu veux prendre un café?

ANNE   Je veux bien. Je suis libre cet après-midi.

3   (*En route*)

ANNE   Tu as des cours tous les jours?

PIERRE   Non, pas le mercredi ni le vendredi.

ANNE   Ah, je te connais. Tu aimes dormir tard, n'est-ce pas?

PIERRE   Penses-tu! Je vais au travail ces jours-là. Je commence à sept heures du matin.

4

ANNE   Où travailles-tu?

PIERRE   Dans le petit restaurant de mon père près d'ici.

ANNE   Pas possible! Après tout je ne te connais pas si bien.

PIERRE   Tu veux me connaître mieux?

Questions sur le dialogue

1. Qu'est-ce qu'Anne lit?
2. Elle apprend le vocabulaire?
3. Comment est-ce qu'Anne trouve le professeur?
4. Elle veut prendre un café?
5. Anne est libre cet après-midi?
6. Pierre a des cours tous les jours?
7. Pierre va au travail le mercredi et le vendredi?
8. Il commence à quelle heure?

Studies

PIERRE	Hi! What are you reading?
ANNE	Oh, nothing important...the English lesson.
PIERRE	Why? Do you have an exam?
ANNE	No, I'm learning the vocabulary.
PIERRE	It's difficult?
ANNE	No, easy.

^a *How do you find?*

PIERRE	What do you think of[a] the professor?
ANNE	Not bad. I don't know him very well.
PIERRE	Say, you want to have[1] a coffee?

^b Literally, *I want to*

ANNE	I don't mind.[b] I'm free this afternoon.

(On the way)

ANNE	Do you have classes every day?
PIERRE	No, not on Wednesdays or Fridays.
ANNE	Ah, I know you. You like to sleep late, don't you?[2]
PIERRE	That's what you think! I go to work on those days. I begin at 7:00 A.M.
ANNE	Where do you work?
PIERRE	In my father's little restaurant near here.

^c Literally, *Not possible!*

ANNE	No kidding![c] After all, I don't know you so well.
PIERRE	You want to know me better?

---

[1] Literally, *to take*. When used with food, **prendre** is the equivalent of English *to have*.
[2] Literally, *is it not?* This useful expression makes a question out of the preceding statement and has countless equivalents. For example: **Il parle français, n'est-ce pas?** (*He speaks French, doesn't he?*); **Tu es Canadienne, n'est-ce pas?** (*You're Canadian aren't you?*).

REMARQUES CULTURELLES

Body language. Many times in French the spoken word may be made more expressive by an accompanying body movement.

1. **Ah! là là.** An exclamation of either surprise or delight depending on intonation, this expression is accompanied by a rapid hand motion. Hold the fingers and thumb of either hand separated, the whole hand turned parallel to the front of the body. (The wrist is bent at a 90° angle.) Rapidly shake the hand up and down.

2. **Non.** The index finger, held up in front of you, is moved from left to right. This may be accompanied by a «tss, tss» sound made with the tongue and teeth.

3. **Excellent.** Touching the tips of your fingers and thumb together, hold them to your lips. Then, giving a quick, light kiss, move the hand upward and outward while spreading the hand open.

4. **L'argent** (*money*). With the palm up, rub the tips of the thumb and fingers together.

5. *Let's eat.* With the fingertips together and the palm toward you, move the hand back and forth in front of the mouth.

6. **Je ne sais pas.** Shrug the shoulders with the hands held out wide and the palms up. Make a hissing-like noise by sucking in air through nearly closed lips.

7. **Oh! Que je suis bête!** (*I'm so stupid!*) When you suddenly remember something that you had forgotten, strike the forehead lightly with the plam of the hand.

8. **C'est barbant! (c'est rasoir!)** (*How boring!*) Run the back of the hand up and down your face as though shaving.[1]

[1] **Barbant** is related to **barbier**, the word for *barber*. Apparently, the verbosity of barbers goes back very far, as is shown in this old anecdote: The royal barber arrived to give the king a haircut. "How would you like your hair cut, sire?" he asked. "In silence," replied the king.

PRONONCIATION

French [y]

bu, du, jus, lu, pu, tu, tulipe

Distinguishing between [u] and [y]

tout	**tu**	**boue**	**bu**	**loue**	**lu**
vous	**vu**	**doux**	**du**	**sou**	**su**

French [ɔ]

bonne, votre, joli, espagnol, important, comment, professeur, dormir, d'accord

French [ø]

bleu, deux, heureux, veux, peux

EXPLICATIONS

1. The present indicative of **commencer** *to begin*

je **commence**	nous **commençons**[1]
tu **commences**	vous **commencez**
il, elle **commence**	ils, elles **commencent**

A. À quelle heure commence la leçon? *Répondez.*
    le travail?
    le cours?
    le professeur?
    ta grand-mère?
    ton oncle?

B. Tu commences à travailler[2], n'est-ce pas? *Répondez.*
    Et moi?
    Et ta mère?
    Et nous?
    Et ton amie?
    Et ton ami Paul?

---

[1] Note the **cédille** (,) in **commençons**. It is added before the letters **a, o**, and **u** in order to retain the [s] pronunciation.
[2] **commencer + à +** infinitive.

2. The present indicative of **aimer** *to like, love*[1]

Il **aime** dormir[2] tard.   *He likes to sleep late.*
J'**aime** ma fille.   *I love my daughter.*

The object which one likes (or dislikes) is preceded by the definite article.

Elle aime **les** motos.   *She likes motorcycles.*
Elle n'aime pas **le** café.   *She doesn't like coffee.*

A. J'aime le français. *Répétez.*   B. Il n'aime pas travailler. Et vous?
    les livres.   Et les étudiants?
    le café.   Et les professeurs?
    les filles.   Et votre père?
    les garçons.   Et le bébé?
    les professeurs.   Et votre sœur?
    le Coca-Cola.

[a] *You're the detective!*

C. **Vous êtes le détective!**[a]
    Qui aime les motos? *Répondez.*
        les filles?
        les garçons?
        les bébés?
        dormir tard?
        faire des courses?
        prendre un café?
        le professeur?
        le français?

3. The present indicative of **prendre** *to take, to have (food)*

je **prends**   nous **prenons**
tu **prends**   vous **prenez**
il, elle **prend**   ils, elles **prennent**

A. Je prends un café. *Répétez.*
    Mon frère, Ma grand-mère, Mes tantes, Les étudiants, Nous, Tu

---

[1] From now on, regular **-er**, **-ir**, and **-re** verbs will not be conjugated.
[2] **Aimer** is followed directly by an infinitive, without a preposition.

B. LE PROFESSEUR   Prends-tu l'autobus?
   L'ÉTUDIANT(E)   Non, je prends la moto.

Est-ce que ton ami prend l'autobus?
> le professeur
> ta grand-mère
> ton grand-père
> tes cousines
> les garçons

4. **Apprendre** and **comprendre**

The present indicative of **apprendre** (*to learn*) and **comprendre** (*to understand*) is formed exactly like that of **prendre**.

A. LE PROFESSEUR   Qu'est-ce que vous apprenez? (1)
   L'ÉTUDIANT(E)   J'apprends ma leçon.

1. ma leçon
2. le français
3. le japonais
4. l'italien
5. l'anglais
6. la grammaire

B. J'apprends à parler[1] français. Et vous?
Et Roger?
Et les étudiants?
Et votre frère?
Et vos amis?

C. Il comprend la leçon. Et elle?
Et toi?
Et moi?
Et tes amis?
Et les Américains?
Et nous?

D. Comprenez-vous l'anglais? *Répondez négativement.*
> le français?
> l'espagnol?
> le russe?
> l'italien?

---

[1] **apprendre** + **à** + infinitive.

5. The pronoun y

Y replaces a phrase indicating location or direction toward a location. This phrase begins with a preposition such as **à**, **dans**, **en**, or **chez**. **Y** usually corresponds to English *there*.[1] It always directly precedes the verb.

Je vais **à Paris**.	Elle va **chez sa tante**.
J'**y** vais.	Elle **y** va.
Il est **dans la classe**.	
Il **y** est.	

A. LE PROFESSEUR   Nous allons à la maison.
   L'ÉTUDIANT(E)   Nous y allons.

   Nous allons au restaurant.
              en classe
              chez mon oncle.
              à Paris.
              aux cours.

B. LE PROFESSEUR   Elle n'est pas à la maison.
   L'ÉTUDIANT(E)   Elle n'y est pas.

   Elle n'est pas à la maison.
              au Canada.
              à Bruxelles.
              en classe.
              chez ses parents.
              dans le taxi.

6. Les Jours de la semaine *Days of the week*

lundi	**mardi**	**mercredi**	**jeudi**
Monday	*Tuesday*	*Wednesday*	*Thursday*

vendredi	**samedi**	**dimanche**
Friday	*Saturday*	*Sunday*

Days of the week are not capitalized in French. Before a day of the week, **le** corresponds to English *every*.

Je vais en ville **lundi**.	*I'm going downtown (this) Monday.*
Il va au cours **le lundi**.	*He goes to class every Monday.*

[1] **Y** sometimes corresponds to *in it, into it*: **Elle y entre.** (*She goes into it.*); **Il y met son argent.** (*He puts his money in it.*)

A. Je vais au cours de français le lundi. *Répétez.*

                         le mercredi.

                         le vendredi.

B. Je n'y vais pas le mardi. *Répétez.*

                le jeudi.

                le samedi.

                le dimanche.

7. The present indicative of **dormir** *to sleep*

je **dors**	nous **dormons**
tu **dors**	vous **dormez**
il, elle **dort**	ils, elles **dorment**

A. Vous dormez tard, n'est-ce pas? *Répondez.*
   Et les garçons?
   Et votre mère?
   Et votre ami Philippe?
   Et les bébés?

B. *Complétez la phrase.*
   EXEMPLE   Je dors très tard _____.
                  Je dors très tard le samedi.

   1. Il dort très tard _____.
   2. Je dors très tard _____.
   3. Les étudiants dorment très tard _____.
   4. Les étudiants ne dorment pas très tard _____.
   5. Les bébés dorment tard _____.
   6. Est-ce que tu dors tard _____?
   7. Dormez-vous très tard _____, Frère Jacques?

8. The present indicative of **lire** *to read*

je **lis**	nous **lisons**
tu **lis**	vous **lisez**
il, elle **lit**	ils, elles **lisent**

A. Je lis un bon livre. *Répétez.*
   Mon père, Ma sœur, Les étudiants, Tu, Ils, Nous

B. LE PROFESSEUR   Lisez-vous les livres anglais?
   L'ÉTUDIANT(E)   Oui, j'aime lire les livres anglais.

Lisez-vous les livres français?   chinois?
                  espagnols?   japonais?
                  allemands?   anglais?
                  italiens?

Paris. Bibliothèque au
Musée Pompidou.
«Qu'est-ce que tu lis?»

9.　The present indicative of **dire**[1] *to say, tell*

je **dis**	nous **disons**
tu **dis**	vous **dites**
il, elle **dit**	ils, elles **disent**

A.　Yvette dit bonjour au professeur, n'est-ce pas? *Répondez.*
　　Et vous?
　　Et Marcel?
　　Et Hélène?
　　Et les garçons?

B.　Dites-vous au revoir? *Répondez.*
　　　　salut?
　　　　bonsoir?
　　　　bonjour?
　　　　enchanté?
　　　　à bientôt?
　　　　à demain?

C.　*Faites votre choix* (**dire** *ou* **lire**).
　　1. Le matin je (dis/lis) bonjour.
　　2. Il (dit/lit) un bon livre.
　　3. Nous (disons/lisons) au revoir au professeur.
　　4. Les garçons (disent/lisent) salut à leurs amis.
　　5. J'aime (dire/lire) les poèmes.
　　6. Est-ce que vous (dites/lisez) le magazine?
　　7. Elle (dit/lit) une lettre de son cousin.

[1] Note that **lire** and **dire** are almost identical in the present, except for the **vous** forms.

10. Il y a

Il y a corresponds to English *there is, there are.*

Il y a un examen demain.	*There is an exam tomorrow.*
Est-ce qu'**il y** a du travail?	*Is there any work?*
Y a-t-**il** des livres?	*Are there any books?*

The negative of **il y a** is **il n'y a pas.** The negative form of **un, une,** and **des** is **de.**

Il y a **des** taxis.	*There are taxis.*
Il **n'**y a **pas de** taxis.	*There are no taxis.*

A. Il y a quatre filles dans ma famille. *Répétez.*
      une mère
      un père
      cinq oncles
      trois tantes
      une grand-mère
      dix cousins

B. Y a-t-il des Français en France? *Répondez.*
      des Espagnols en Espagne?
      des Japonais au Japon?
      des Américains aux États-Unis?
      des Parisiens à Paris?

C. Il n'y a pas de taxis. *Répétez.*
      café.
      motos.
      garçons.
      chemises.
      autobus.

11. The present indicative of **connaître** *to know,* (*people or places*)

je **connais**	nous **connaissons**
tu **connais**	vous **connaissez**
il, elle **connaît**	ils, elles **connaissent**

A. Simone connaît son frère. Et vous? *Répondez.*
      Et Jean?
      Et elles?
      Et vous (*pluriel*)?
      Et votre sœur?

Meude (Lozère).
«Mais comment le
savez-vous?»

B. Connaissez-vous la France? *Répondez négativement.*
      la Suisse?
      l'Afrique?
      l'Asie?
      Toronto?
      le Mexique?

12. **Savoir** et **connaître**

Savoir means *to know facts*. It cannot be used with persons. When used with an infinitive it means *to know how.*

Je **sais** ma leçon.	*I know my lesson.*
Sais-tu quelle heure il est?	*Do you know what time it is?*
Elle **sait** parler russe.	*She knows how to speak Russian.*

Connaître means *to be acquainted with* (persons or places).

Je **connais** les Dupont.	*I know the Duponts.*
Il **connaît** la France.	*He knows France.*
Connais-tu Paris?	*Do you know Paris?*

Faites votre choix (**Connaissez-vous** *ou* **savez-vous**).
_____ votre leçon?
_____ parler français?
_____ l'Allemagne?
_____ quelle heure il est?
_____ ma tante?
_____ les enfants?
_____ les Leblanc?

13. Direct object pronouns

me	*me*		**nous**	*us*
te	*you*		**vous**	*you*
le	*him, it (m)*		**les**	*them*
la	*her, it (f)*			

1. **Le** and **la** contract to **l'** before a word beginning with a vowel.

   La leçon? Je l'étudie.   *The lesson? I'm studying it.*

2. *Sentence structure.* The direct object pronoun precedes the verb.[1] In verb + infinitive constructions, it usually precedes the infinitive.

[1] Verb command forms are an exception which will be studied later.

Sentence with direct object noun

　　Il commence **la leçon**.

Sentence with direct object pronoun

AFFIRMATIVE	Il **la** commence.
NEGATIVE	Il ne **la** commence pas.
INTERROGATIVE	
Est-ce que	Est-ce qu'il **la** commence?
Inversion	**La** commence-t-il?
VERB + INFINITIVE	Je vais **la** commencer.

A. LE PROFESSEUR　Connaissez-vous Madame Lenoir?
　　L'ÉTUDIANT(E)　Oui, je la connais.

　　Connaissez-vous M. Dupont?
　　　　　　　　　les enfants?
　　　　　　　　　la France?
　　　　　　　　　le Mexique?
　　　　　　　　　les Américains?
　　　　　　　　　l'oncle de Marie?

B. *Répondez; employez des pronoms.*
　　Est-ce qu'il connaît le garçon?
　　Est-ce que vous me connaissez?
　　Est-ce qu'il te connaît?
　　Est-ce qu'il nous connaît?
　　Est-ce qu'il les connaît?

C. LE PROFESSEUR　Savez-vous la leçon?
　　L'ÉTUDIANT(E)　Non, je ne la sais pas.

　　Savez-vous le russe?
　　　　　　　　le français?
　　　　　　　　la grammaire française?
　　　　　　　　la leçon de français?
　　　　　　　　les verbes français?
　　　　　　　　l'anglais?

D. LE PROFESSEUR　Aimez-vous le café?
　　L'ÉTUDIANT(E)　Oui, je l'aime.

　　Aimez-vous le français?
　　　　　　　les motos?
　　　　　　　les autobus?
　　　　　　　la télévision?
　　　　　　　le cinéma?
　　　　　　　la radio?

14. Direct object pronouns **after** aller + infinitive and **vouloir** + infinitive

Il **le lit** en classe.   *He reads it in class.*
Il **va le lire** à la maison.   *He's going to read it at home.*
Il **veut le lire** à la maison.   *He wants to read it at home.*

Changez selon les exemples.
1. Je le fais en classe.
2. Je les commence en classe.
3. Je l'apprends en classe.
4. Je le lis en classe.
5. Je le dis en classe.
6. Je les attends en classe.
7. Je la finis en classe.

PRENONS LE LARGE

Interrogatoire

Où étudiez-vous le français?   *Where do you study French?*
Quand   *When*
Comment   *How*
Avec qui   *With whom*
Pourquoi   *Why*
Dans quel* cours   *In which course*

Où parlez-vous français?
　　Où parlez-vous anglais?
Quand parlez-vous français?
　　Quand parlez-vous anglais?
Comment parlez-vous français? Avec difficulté?
　　Comment parlez-vous anglais? Sans difficulté?
Avec qui parlez-vous français?
　　Avec qui parlez-vous anglais?
Chez qui parlez-vous français?
　　Chez qui parlez-vous anglais?
Pourquoi parlez-vous français?
　　Pourquoi parlez-vous anglais?
Dans quel cours parlez-vous français?
　　Dans quel cours parlez-vous anglais?

Le Souffleur

1. Mes cours...
2. Le samedi...
3. Je dors...
4. Tu veux prendre...?
5. Tous les jours...

Quelle est la question?

1. Je dors très tard le samedi.
2. Non, je n'étudie pas tous les jours.
3. Je suis libre demain.
4. Il y a vingt étudiants dans la classe.
5. Oui, nous y allons.

Petites causeries

Demandez à _____ s'il étudie tous les soirs.
                     s'il lit beaucoup.
                     si elle vous connaît bien.
                     si elle aime travailler.
                     s'il dort tard tous les jours.
                     s'il va en classe le samedi.

Parlons de vous

1. Où allez-vous demain?
2. Quand étudiez-vous le français?
3. Est-ce que les étudiants dorment en classe?
4. Et le professeur?
5. Quand allez-vous au travail?
6. C'est aujourd'hui dimanche, n'est-ce pas?
7. Quels cours aimez-vous?
8. Dites-vous que le professeur est intelligent?
9. À qui dites-vous que le professeur est intelligent?
10. À quelle heure commence cette classe?
11. Aimez-vous prendre un café?
12. Qu'est-ce qu'on apprend à faire dans la classe de français?
13. Savez-vous parler espagnol?
14. Me connais-tu?
15. Es-tu libre samedi soir?

Improvisations

La Semaine

VOCABULARY   les jours de la semaine, en ville, le magasin, la classe, la maison, le cinéma, aller, étudier, travailler

TOPIC IDEAS
1. Le dimanche
2. Le samedi je vais au cinéma avec mon fiancé (ma fiancée).
3. J'étudie tous les jours.

QUESTIONS
1. Quels jours vas-tu au travail?
2. Quels jours vas-tu aux cours?
3. Quels jours vas-tu en ville?

Enquêtes

1. *Find out from a classmate what his or her daily work and class schedule is and give your own.*
2. *Find out from a classmate his or her favorite course, then tell about yours.*

Expressions consacrées

Je connais Paris comme ma poche.   *I know Paris like the palm of my hand (like my pocket).*

Cela va sans dire.   *That goes without saying.*

Mieux vaut tard que jamais.   *Better late than never.*

Lecture culturelle

Lieux de Rencontre

[a] *meet each other*
[b] *places*
[c] *dances*
[d] *squares*
[e] *main streets*
[f] *most of the time*
[g] *sidewalk café*
[h] *gather*
[i] *records*
[j] *to drink*
[k] *ice cream*
[l] *pay them compliments*
[m] *whistle*
[n] *give each other*
[o] *we'll see each other*

En France les jeunes se rencontrent[a] dans divers endroits[b]: clubs, bals[c], écoles, places[d], rues principales[e]. Un des lieux de rencontre les plus fréquentés est le café, qui est la plupart du temps[f] un café à terrasse[g]. Les jeunes ont leur café favori où ils se réunissent[h] pour écouter des disques[i] au «jukebox», boire[j] un soda ou manger une glace[k] à la terrasse. Lorsque des jeunes filles passent, les garçons leur lancent des compliments[l] ou sifflent[m] admirativement.

Les jeunes Français sortent en groupes la plupart du temps. Garçons et filles se donnent[n] souvent rendez-vous au café avant d'aller au cinéma: «On se verra[o] à six heures, au Globe.»

Quelle est votre réponse?

1. Dans quels endroits se recontrent les jeunes Français?
2. Quel est l'un des lieux de rencontre les plus fréquentés?
3. Que font les jeunes gens lorsqu'ils se réunissent?
4. Que font les garçons lorsque des jeunes filles passent?
5. Qu'est-ce qu'un café à terrasse?
6. Les jeunes Français sortent-ils par couples la plupart du temps?
7. Où se donnent-ils rendez-vous?

«Un des lieux de rencontre est le café à terrasse.»

VOCABULAIRE

aimer	to like, love	mardi	Tuesday
apprendre	to learn	me	me
après	after	mercredi	Wednesday
le café	coffee	mieux adv	better
ces	these, those	n'est-ce pas?	isn't that so?
cet	this, that (m) (before vowel)	nous	us
		pas mal	not bad
commencer	to begin	pas…ni	not…nor
comprendre	to understand	Pas possible!	No kidding!
connaître	to know	penser	to think
la difficulté	difficulty	Penses-tu!	That's what you think!
le détective	detective	pourquoi	why
difficile	difficult	prendre	to take; to have (with food or drink)
dimanche	Sunday		
dire	to say, tell	près	near
Dis donc!	Say!	près d'ici	near here
dormir	to sleep	quel (quelle)	which
l'examen m	examination	le restaurant	restaurant
l'exemple m	example	rien	nothing
facile	easy	la route	way
la grammaire	grammar	en route	on the way
il y a	there is, there are	samedi	Saturday
important(e)	important	sans	without
rien d'important	nothing important	selon	according to
jeudi	Thursday	la semaine	week
le jour	day	tard	late
ces jours-là	those days	te	you
tous les jours	every day	tout, tous	all
la	her, it (f)	le travail	work
le	him, it (m)	travailler	to work
la leçon	lesson	vendredi	Friday
les	them	le vocabulaire	vocabulary
libre	free	y	there, in that place
lire	to read		
lundi	Monday		

Première Révision

a *Change to the plural.*

c *Replace the nouns with direct-object pronouns.*

A. *Mettez au pluriel.*a

EXEMPLE   Il va bien.
Ils vont bien.

1. Il connaît les Dupont.
2. Tu dis bonjour.
3. Je lis un poème intéressant.
4. Elle dort très tard le dimanche.
5. Il aime faire des courses.

b *Change to the singular.*

B. *Mettez au singulier.*b

1. Ils comprennent l'espagnol.
2. Nous apprenons à parler français.
3. Vous pouvez venir demain?
4. Elles veulent acheter un cadeau.
5. Nous avons deux frères.

C. Savoir ou **connaître**

Gisèle _____ le professeur.
quelle heure il est.
sa leçon.
Paris.
parler anglais.
ma sœur.
les Martin.
lire le français.

D. *Remplacez les noms par des pronoms d'objet direct.*c

EXEMPLE   Je connais *les Dupont.*
Je **les** connais.

1. Nous connaissons *Mme Durand.*
2. Il achète *le cadeau* pour son père.
3. Je veux *un café.*
4. Je veux prendre *un café.*
5. Elle n'aime pas *les automobiles.*
6. Ils finissent *la leçon.*
7. Parlez-vous *français?*
8. J'attends *les amis de mon frère.*
9. Nous ne savons pas *les leçons.*
10. Connaissez-vous *la France?*

E. **Le possessif** (*The possessive*)

EXEMPLE Martine a un livre.
Martine a **son** livre.

1. Roger a une moto.
2. Louise a des amis.
3. Nous avons une famille.
4. Ils ont un restaurant.
5. Vous avez un examen.
6. J'ai des cousins.
7. Tu as un oncle et une tante.
8. Elle a un mari.
9. Nous avons des enfants.
10. J'ai une maison.

F. **À** + l'article défini (**À** + *definite article*)

EXEMPLE (le parc) Je vais **au** parc.

1. la maison
2. l'université
3. Les États-Unis
4. la classe
5. les cours
6. le parc

G. **De** + l'article défini

EXEMPLE (le parc) Il vient **du** parc.

1. la maison
2. l'université
3. les États-Unis
4. la classe
5. le cours
6. le parc

H. *Using the information in the pictures, answer these questions in complete French sentences.*

1. Que fait l'homme?
2. Que fait la femme?
3. Que font Anne et Pierre?
4. Que fait Gisèle?
5. Que font les étudiants?
6. Où vont les filles?
7. À quelle heure commence la classe?
8. À quelle heure finit la classe?
9. Où vont les Martin?
10. Combien d'enfants y a-t-il?

Cinquième Leçon

5

Le Temps

Yvonne, qui demeure à Marseille[1], rend visite à son amie Rolande, qui habite à Strasbourg[2].

1

YVONNE — Brr...il fait froid. Il me faut un manteau.
ROLANDE — Oui, le journal dit qu'il va neiger.
YVONNE — Le premier mai! C'est le pays des Esquimaux ici.
ROLANDE — Le climat d'ici[a] ne te plaît pas, eh?

[a] **d'ici = ici**

2

YVONNE — Franchement non. J'ai vraiment froid. Tu vois, j'ai la chair de poule.
ROLANDE — Voilà la maison, heureusement!

3 (*Devant la cheminée*)

ROLANDE — J'aime beaucoup l'hiver.
YVONNE — Tu dois aimer faire du ski?
ROLANDE — C'est ça. Je vais tous les ans à Grenoble[3].
YVONNE — Moi, je préfère le printemps...
ROLANDE — Oui, il fait assez bon. Mais il y a trop de pluie pour mon goût.
YVONNE — ...ou l'été. J'aime prendre le soleil sur la plage.

[1] Large port on the Mediterranean, the second largest city in France.
[2] Capital of the province of Alsace, near the German border.
[3] Important center of winter sports in the French Alps, which surround the city.

Questions sur le dialogue

1. Est-ce qu'il fait froid?
2. Qu'est-ce que le journal dit?
3. C'est le premier septembre?
4. Où est la maison?
5. Rolande aime l'hiver?
6. Elle aime faire du ski?
7. Yvonne préfère le printemps?
8. Est-ce qu'Yvonne aime prendre le soleil?

Weather

Yvonne, who lives in Marseilles, is visiting her friend Rolande, who lives in Strasbourg.

[a] Literally, *There is lacking to me...*

[b] Literally, *The climate here doesn't please you*

[c] Literally, *chickenflesh*

YVONNE   Brr...it's cold. I need[a] a coat.

ROLANDE   Yes, the paper says that it's going to snow.

YVONNE   The first of May! It's Eskimo country here.

ROLANDE   You don't like the climate here,[b] eh?

YVONNE   Frankly, no. I'm really cold. See? I've got gooseflesh[c].

ROLANDE   There's the house, fortunately!

(In front of the fireplace)

ROLANDE   I like winter very much.

YVONNE   You must like to go skiing?

ROLANDE   That's right. I go to Grenoble every year.

YVONNE   I prefer spring...

ROLANDE   Yes, the weather is rather nice.[1] But there's too much rain for my taste.

YVONNE   Or summer. I like to sunbathe at the beach.

REMARQUES CULTURELLES

Les fêtes. Below are some important French holidays and celebrations.

1. **Le Jour de l'An** (*New Year's Day*). A national holiday. People go out dining and dancing New Year's Eve.

[a] Literally, *Fat Tuesday*

2. **Mardi Gras** (*Shrove Tuesday*[a]). This celebration marks the beginning of the Lenten period. The **Carnaval** at Nice is one of the most famous of the French Mardi Gras festivals. In many areas it is customary to eat **crêpes** on Mardi Gras.

[1] **Faire** is used in most weather expressions.

3. **La Saint-Valentin** (*St. Valentine's Day, February 14*). In France, children do not exchange valentine cards. Rather, these cards are used for a more serious expression of affection and are exchanged along with gifts by lovers.

4. **Pâques** (*Easter*). The Monday after Easter is a national holiday. Schools have a two-week Spring vacation at this time. Families and friends get together for a good meal, and many people go to church.

5. **La Fête du Travail** (*Labor Day*). The first of May is a national holiday. **Muguet** (*lily of the valley*) is for sale on street corners. The trade unions and left-wing political parties traditionally stage huge demonstrations and rallies of workers.

6. **La Fête des Mères** (**des Pères**) (*Mother's Day, Father's Day*). In France, as in the United States, these two holidays are observed in May and June respectively, but usually about a week later in each month.

7. **Le 14 juillet** (*July 14*). The most important national holiday in France. It commemorates the day the Bastille was taken during the French Revolution. It is the French equivalent of the American Fourth of July. Parades and fireworks occur in most cities.

Île Saint-Louis, le 14 juillet.

8. **La Toussaint** (*All Saints' Day*). November 1. The French do not have Halloween, and instead celebrate All Saints' Day. This is a national holiday, during which people visit family grave sites and decorate them with flowers, usually chrysanthemums.

9. **Le 11 novembre** (*November 11*). A national holiday marking the end of World War I.

10. **Noël** (*Christmas*). The most important features of this national holiday are the Christmas Eve midnight mass and the enjoyment of a special meal on Christmas Day.

PRONONCIATION

French [ɑ̃]

commence, manteau, franchement, printemps, vraiment, heureusement, restaurant

French [ɔ̃]

non, mon, maison, bon, leçon, don, son, ton

French [œ̃]

un, un manteau, un café, un journal, un livre, un cours

EXPLICATIONS

1.   Les saisons et les mois *Seasons and months*

1. Les Saisons

le printemps	*spring*	**au printemps**	*in spring*
l'été *m*	*summer*	⎧ **été**	⎰ *summer*
l'automne *m*	*autumn, fall*	**en** ⎨ **automne**	*in* ⎨ *autumn*
l'hiver *m*	*winter*	⎩ **hiver**	⎱ *winter*

2. Les Mois

janvier	**juillet**
février	**août**
mars	**septembre**
avril	**octobre**
mai	**novembre**
juin	**décembre**

en septembre   *in September*, etc.

A. Moi, j'aime le printemps. *Répétez.*
　　　　　　l'automne.　　　　janvier.
　　　　　　l'hiver.　　　　　avril.
　　　　　　l'été.　　　　　　septembre.

B. Est-ce qu'il fait froid en décembre? *Répondez.*
　　　　　　　　　en juin?　　en été?
　　　　　　　　　en février?　en hiver?

2. Le Temps *Weather*

Quel temps fait-il?		*How is the weather?*	
Il fait (très) froid.		*It is (very) cold.*	
Il fait chaud.		*It is warm.*	
bon.	**frais.**	*nice.*	*cool.*
beau.	**du vent.**	*beautiful.*	*windy.*
mauvais.	**du soleil.**	*bad.*	*sunny.*
doux.		*mild.*	

Most weather expressions use the verb **faire.** Two common expressions, however, do not.

Il pleut.	*It is raining.*
Il neige.	*It is snowing.*

Montmartre. «Mais il y a trop de pluie pour mon goût.»

A. Est-ce qu'il fait bon aujourd'hui? *Répondez.*
    il fait chaud
    il fait froid
    il fait bon
    il fait mauvais
    il fait du soleil
    il neige
    il pleut

B. En quelle saison fait-il froid? *Répondez.*
    mauvais?
    du soleil?
    frais?
    doux?

C. Quel temps fait-il en janvier? *Répondez.*
    mai?
    août?
    octobre?
    hiver?
    automne?

3. Indirect object pronouns

me	*me, to me*		**nous**	*us, to us*
te	*you, to you*		**vous**	*you, to you*
lui	*him, her; to him, to her*		**leur**	*them, to them*

Il **me** dit au revoir.	*He says good-bye to me.*
Nous **leur** donnons un livre.	*We give them a book.*
La dame **nous** donne un café.	*The lady gives us a coffee.*

Sentence structure. The indirect object pronoun precedes the verb.[1] In verb + infinitive constructions, it usually precedes the infinitive.

Sentence with indirect object noun

  Il donne la moto **à Marie.**

Sentence with indirect object pronoun

AFFIRMATIVE	Il **lui** donne la moto.
NEGATIVE	Il ne **lui** donne pas la moto.
INTERROGATIVE	
Est-ce que	Est-ce qu'il **lui** donne la moto?
Inversion	**Lui** donne-t-il la moto?
VERB + INFINITIVE	Je vais **lui** donner la moto.

[1] Verb command forms are an exception which will be studied later.

A. LE PROFESSEUR   Est-ce que Louise parle à Georges?
   L'ÉTUDIANT(E)   Oui, elle lui parle.

Est-ce que Louise parle à Rolande et à Yvonne?
                             à Jean et à moi?
                             à nous?
                             à Marie?
                             à moi?

B. LE PROFESSEUR   Est-ce que Philippe donne un café à Marie?
   L'ÉTUDIANT(E)   Oui, il lui donne un café.

Est-ce que Philippe donne un café à ses frères?
                                 à moi?
                                 à son cousin?
                                 à sa cousine?
                                 au professeur?

4. Indirect object pronouns after **aller** + infinitive and **vouloir** + infinitive

Paul **lui dit** bonjour.
Paul **va lui dire** bonjour.
Paul **veut lui dire** bonjour.

A. LE PROFESSEUR   Il me dit bonjour.
   L'ÉTUDIANT(E)   Il va me dire bonjour.

Il dit bonjour à ses enfants.
                 à sa femme.
                 à son père.
                 à ses amis.

B. LE PROFESSEUR   Il veut parler à René, n'est-ce pas?
   L'ÉTUDIANT(E)   Oui, il veut lui parler.

Il veut me parler, n'est-ce pas?
Il veut parler à ses parents, n'est-ce pas?
Il veut te parler, n'est-ce pas?
Il veut parler à Geneviève et à Renée, n'est-ce pas?
Il veut parler à sa tante, n'est-ce pas?

5. Indirect object pronouns with **falloir** *to be lacking* and **plaire** *to please*

1. **Falloir**

ᵃ Literally, *A coat is lacking to me*

Il **me** faut un manteau.	*I need a coat.*ᵃ
Il **te** faut un manteau.	*You need a coat.*
Il **lui** faut un manteau.	*He (she) needs a coat.*
Il **nous** faut un manteau.	*We need a coat.*
Il **vous** faut un manteau.	*You need a coat.*
Il **leur** faut un manteau.	*They need a coat.*

A. Il me faut un manteau. *Répétez.*
　　　　　　un journal.
　　　　　　une moto.
　　　　　　une maison.
　　　　　　un cadeau.
　　　　　　des amis.
　　　　　　des livres.

B. LE PROFESSEUR　Est-ce qu'il faut un journal à Marie?
　　L'ÉTUDIANT(E)　Oui, il lui faut un journal.

　　Est-ce qu'il faut un journal à Roger?
　　　　　　　　　à Roger et à Marie?
　　　　　　　　　aux étudiants?
　　　　　　　　　à la femme?
　　　　　　　　　au monsieur?

2. **Plaire** *to please*

je **plais**	nous **plaisons**
tu **plais**	vous **plaisez**
il, elle **plaît**	ils, elles **plaisent**

Plaire is often used in the sense of *to like (something)*.

Le climat **me plaît**.	*I like the weather (the weather pleases me/is pleasing to me).*[1]
Le climat **te plaît**.	*You like the weather.*
L'été et le printemps **me plaisent**.	*I like summer and spring.*

[1] The same idea may be expressed by the verb **aimer**: **J'aime le climat** (*I like the climate*).

«Le climat d'ici me plaît beaucoup.»

A. LE PROFESSEUR   Est-ce que le français vous plaît?
    L'ÉTUDIANT(E)   Non, le français ne me plaît pas.

    Est-ce que le professeur vous plaît?
                la moto
                l'hiver
                la pluie
                la neige

B. L'hiver et l'été me plaisent. *Répétez.*
    Les bébés
    Les examens
    Les cours
    L'automne et le printemps

6. The present indicative of **voir** *to see*

je **vois**	nous **voyons**
tu **vois**	vous **voyez**
il, elle **voit**	ils, elles **voient**

A. Qu'est-ce que tu vois?
        je
        vous
        ils
        elle
        nous

B. LE PROFESSEUR   Voyez-vous la moto?
   L'ÉTUDIANT(E)   Oui, je la vois.

Voyez-vous le manteau?
        la plage?
        le soleil?
        les maisons?
        le journal?

7. The present indicative of **devoir** *to have to, to be supposed to*

je **dois**	nous **devons**
tu **dois**	vous **devez**
il, elle **doit**	ils, elles **doivent**

Il **doit** neiger.   *It's supposed to snow.*
Je **dois** aller en ville.   *I have to go downtown.*

A. Je dois aller en ville. Et vous?
   Et Claire?
   Et vos amis?
   Et les filles?
   Et moi?
   Et nous?

B. LE PROFESSEUR   Quel temps fait-il? (1)
   L'ÉTUDIANT(E)   Je ne sais pas. Il doit faire beau.

1. faire beau   5. faire du vent
2. faire mauvais   6. faire chaud
3. faire bon   7. neiger
4. faire du soleil   8. pleuvoir

8. The present indicative of **entendre** *to hear*

A. J'entends le vent. *Répétez.*
   Il, Tu, Vous, Ils, Nous, Je

B. LE PROFESSEUR   Qu'est-ce que vous entendez? (1)
   L'ÉTUDIANT(E)   J'entends le vent.

   1. le vent
   2. la moto
   3. le taxi
   4. la musique
   5. la radio
   6. les autobus

C. LE PROFESSEUR   Qui entends-tu? (1)
   L'ÉTUDIANT(E)   J'entends ma sœur.

   1. ma sœur
   2. les enfants
   3. ma mère
   4. le professeur
   5. le bébé
   6. mes frères

9. The present indicative of **préférer**[1] *to prefer*

je **préfère**	nous **préférons**
tu **préfères**	vous **préférez**
il, elle **préfère**	ils, elles **préfèrent**

A. Préférez-vous le printemps ou l'automne? *Répondez.*
            l'été ou l'hiver?
            le café ou le Coca-Cola?
            les motos ou les automobiles?
            la pluie ou la neige?
            le climat d'ici ou le climat de Californie?

B. Il préfère l'automne. *Répétez.*
   Elle, Nous, Je, Ils, Tu, Vous, Elles

---

[1] Conjugated like regular **-er** verbs, but note the accents. In place of **préférer** one may use **aimer mieux** (*to like better*): **Je préfère l'été; J'aime mieux l'été.**

10. Cardinal numbers (60 to 100)

There is no separate number in French for seventy, eighty, or ninety.
One says the equivalent of "sixty-ten," "sixty-eleven," "four twenties,"
"four twenties-eleven," etc.   (Compare "Four score and seven years
ago....)

60	**soixante**	80	**quatre-vingts**
61	**soixante et un**	81	**quatre-vingt-un**
62	**soixante-deux**	82	**quatre-vingt-deux**
63	**soixante-trois**	83	**quatre-vingt-trois**
64	**soixante-quatre**	84	**quatre-vingt-quatre**
65	**soixante-cinq**	85	**quatre-vingt-cinq**
66	**soixante-six**	86	**quatre-vingt-six**
67	**soixante-sept**	87	**quatre-vingt-sept**
68	**soixante-huit**	88	**quatre-vingt-huit**
69	**soixante-neuf**	89	**quatre-vingt-neuf**
70	**soixante-dix**	90	**quatre-vingt-dix**
71	**soixante et onze**	91	**quatre-vingt-onze**
72	**soixante-douze**	92	**quatre-vingt-douze**
73	**soixante-treize**	93	**quatre-vingt-treize**
74	**soixante-quatorze**	94	**quatre-vingt-quatorze**
75	**soixante-quinze**	95	**quatre-vingt-quinze**
76	**soixante-seize**	96	**quatre-vingt-seize**
77	**soixante-dix-sept**	97	**quatre-vingt-dix-sept**
78	**soixante-dix-huit**	98	**quatre-vingt-dix-huit**
79	**soixante-dix-neuf**	99	**quatre-vingt-dix-neuf**
		100	**cent**

Note: 21 **vingt et un**
  31 **trente et un**
  41 **quarante et un**
  51 **cinquante et un**
  61 **soixante et un**
  71 **soixante et onze**
But: 81 **quatre-vingt-un**
  91 **quatre-vingt-onze**

PRENONS LE LARGE

Les Anniversaires et l'Âge	Birthdays and Age

Quand est votre anniversaire* ? *When is your birthday?*
Mon anniversaire est le premier mai. *My birthday is May 1st.*
        le dix mai. *10th.*
        le vingt-deux mai. *22nd.*

Quel âge avez-vous ?* *How old are you?*
J'ai vingt ans.* *I'm twenty.*

Interrogatoire

EXEMPLE   Quand est votre anniversaire ?
Mon anniversaire est le quinze octobre.

          Quel âge avez-vous ?
J'ai vingt et un ans.

Quand est ton anniversaire ?
    Quel âge as-tu ?
Quand est l'anniversaire de ton père ?
    Quel âge a-t-il ?
Quand est l'anniversaire de ta mère ?
    Quel âge a-t-elle ?
Quand est l'anniversaire de ton frère ?
    Quel âge a-t-il ?
Quand est l'anniversaire de ta sœur ?
    Quel âge a-t-elle ?
Quand est l'anniversaire du professeur ?
    Quel âge a-t-il ? (*Soyez aimable.*)
Quand est l'anniversaire de ton fiancé (ta fiancée) ?
    Quel âge a-t-il (a-t-elle) ?

Other idioms with **avoir**:

Il a (très) froid*.	*He is (very) cold.*
chaud*.	*warm.*
faim*.	*hungry.*
soif*.	*thirsty.*
sommeil*.	*sleepy.*
peur*.	*afraid.*

A. LE PROFESSEUR   Avez-vous froid en juin?
   L'ÉTUDIANT(E)   Non, j'ai chaud en juin.

   Avez-vous chaud en décembre?
              froid en hiver?
              faim tous les jours?
              soif quand il fait chaud?
              peur dans la classe de français?
              sommeil quand le professeur parle?

B. *Quelle est la raison?*
   Il prend un café; il a _____.
   Je vais dormir; j'_____.
   Il lui faut un manteau; elle _____.
   Nous prenons un sandwich; nous _____.
   Je déteste le français; j'_____ en classe.
   Vous ne voulez pas aller en classe; vous _____ du professeur.

Le Souffleur

1. J'entends...
2. J'ai très...
3. Tu dois...
4. Il me faut...
5. Il fait très...

Quelle est la question?

1. Oui, le français me plaît beaucoup.
2. Il pleut beaucoup au printemps.
3. J'ai dix-neuf ans.
4. Mon anniversaire est au mois de décembre.
5. Non, il ne doit pas neiger.

Petites causeries

Demandez à _____ si le climat d'ici lui plaît.
              quelle est sa saison préférée.
              en quel mois est son anniversaire.
              quel temps il fait aujourd'hui.
              quel temps il doit faire demain.
              si elle vous entend.
              combien d'étudiants elle voit.
              si elle a sommeil.
              quel âge a le professeur.
              si c'est le pays des Esquimaux ici.

Joyëux Noel!

J'aime prendre le soleil sur la plage.

Parlons de vous

1. Voulez-vous me parler?
2. Est-ce que le français vous plaît?
3. Est-ce que le français plaît au professeur?
4. Quand est la Fête des Pères?
5. Quel est votre mois préféré?
6. Est-ce qu'il fait beau aujourd'hui?
7. Quand est ton anniversaire?
8. En quelle saison est Noël?
9. Qu'est-ce qu'il te faut?
10. As-tu faim?
11. Quand as-tu soif?
12. Quel âge as-tu?
13. Que devez-vous faire demain?
14. Avez-vous la chair de poule? Pourquoi (pas)?
15. Qui voyez-vous dans la classe?

Improvisations

1. **Le Climat**

VOCABULARY — le printemps, l'été, l'automne, l'hiver, faire froid (chaud), avoir froid (chaud), il pleut, il neige, manteau, plaît, aimer

TOPIC IDEAS
1. L'hiver
2. J'aime le printemps.
3. Le climat d'ici

QUESTIONS
1. Quelle saison préfères-tu?
2. Est-ce que le printemps te plaît aussi?
3. Est-ce qu'il neige beaucoup en hiver?
4. Qu'est-ce qu'il te faut en hiver?

2. **Les Jours et les Mois**

VOCABULARY — mois, soleil, vent, pluie, beau (mauvais) temps, frais, bon, aimer, me plaît, me plaisent

TOPIC IDEAS
1. Mon pays
2. Les mois qui me plaisent
3. Le mois de mon anniversaire

QUESTIONS
1. Est-ce qu'il fait beau à Noël dans ton pays?
2. Est-ce qu'il fait chaud dans ton pays?
3. En quel mois est ton anniversaire?
4. Aimes-tu le mois de novembre? Pourquoi (pas)?

Enquêtes

1. *Find out where another student is from and what the weather is like during the four seasons.*
2. *Tell another student what your favorite season and month are and why.*
3. *Find out from a classmate the day, month, and year of his or her birth.*

Expressions consacrées

Après la pluie, le beau temps. *After the rain, good weather.*
En avril, ne te découvre pas d'un fil. *In April don't take off a stitch.*
En mai fais ce qu'il te plaît. *In May do whatever you please.*

Lecture culturelle

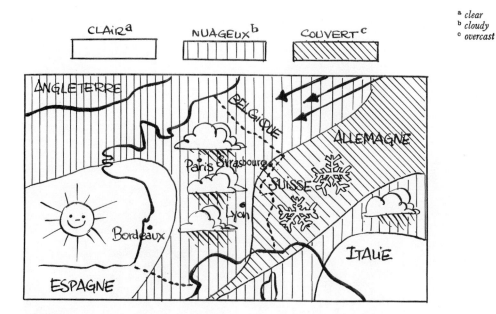

[a] *clear*
[b] *cloudy*
[c] *overcast*

La Météo[d]: prévisions météorologiques[e]

Mardi 8 janvier: Un courant[f] froid va amener[g] de la neige en Allemagne et dans les montagnes et de la pluie ailleurs[h] en France. Nous prévoyons[i] des températures minimales[j] de 3°[1] à Strasbourg et de zéro en Allemagne. Les vents du nord-est[k] sont assez forts[l].

[d] *weather report*
[e] *weather predictions*
[f] *air current*
[g] *to bring*
[h] *elsewhere*
[i] *We foresee*
[j] *minimum temperatures*
[k] *northeast*
[l] *rather strong*

[1] **3 degrés centigrade** = *37.4°F;* **zéro centigrade** = *32°F.*

Quelle est votre réponse?

1. Ce sont des prévisions d'été, n'est-ce pas?
2. Est-ce que Strasbourg est près de l'Italie?
3. Qu'est-ce qui va amener de la neige en Allemagne?
4. Qu'est-ce que le courant froid va amener ailleurs en France?
5. Où est-ce qu'il doit neiger?
6. Quelle doit être la température minimale à Strasbourg?
7. Et en Allemagne?
8. Quels vents sont forts?
9. Est-ce que le temps à **Paris** est clair, nuageux ou couvert?
10. Comment est le temps à Bordeaux?

Yvonne, qui demeure à Marseille, préfère le printemps ou l'été.

VOCABULAIRE

l'âge *m* — *age*
  Quel âge as-tu? — *How old are you?*
l'an *m* — *year*
  J'ai vingt ans. — *I am twenty.*
l'anniversaire *m* — *birthday*
août — *August*
assez — *enough, rather*
l'automne *m* — *fall, autumn*
avril — *April*
beau (belle) — *beautiful*
  Il fait beau. — *The weather is beautiful.*
beaucoup — *much, a lot*
bon — *good, nice*
  Il fait bon. — *The weather is nice.*
C'est ça. — *That's right.*
la chair de poule — *gooseflesh*
chaud — *warm*
  Il fait chaud. — *It is warm.*
  J'ai chaud. — *I am warm.*
la cheminée — *fireplace*
le climat — *climate*
décembre — *December*
devant — *in front of*
devoir — *to have to, to be supposed to*
doux (douce) — *soft, gentle*
  Il fait doux. — *It is mild.*
l'Esquimau *m, f* — *Eskimo*
  (Esquimaux *pl*)
l'été *m* — *summer*
la faim — *hunger*
  J'ai faim. — *I am hungry.*
falloir — *to be lacking*
  il me faut — *I need*
février — *February*
frais (fraîche) — *cool, fresh*
  Il fait frais. — *It is cool.*
franchement — *frankly*
froid(e) — *cold*
  Il fait froid. — *It is cold.*
  J'ai froid. — *I'm cold.*
le goût — *taste*
heuresement — *fortunately*
l'hiver *m* — *winter*
  en hiver — *in winter*
ici — *here*
janvier — *January*

le journal — *newspaper*
juillet — *July*
juin — *June*
mai — *May*
le manteau — *coat*
  (manteaux *pl*)
mars — *March*
mauvais — *bad*
  Il fait mauvais. — *The weather is bad.*
le mois — *month*
neiger — *to snow*
novembre — *November*
octobre — *October*
le pays — *country, region, area*
la peur — *fear*
  J'ai peur. — *I am afraid.*
la plage — *beach*
plaire — *to please*
  Il me plaît. — *I like it.*
pleuvoir — *to rain*
  Il pleut. — *It's raining.*
la pluie — *rain*
préférer — *to prefer*
premier (première) — *first*
le printemps — *spring*
la saison — *season*
septembre — *September*
le ski — *ski*
  faire du ski — *to ski*
la soif — *thirst*
  J'ai soif. — *I'm thirsty.*
le soleil — *sun*
  Il fait du soleil. — *It is sunny.*
  prendre le soleil — *to sunbathe*
le sommeil — *sleep*
  J'ai sommeil. — *I am sleepy.*
le temps — *weather, time*
  Quel temps fait-il? — *How is the weather?*
trop — *too, too much*
le vent — *wind*
  Il fait du vent. — *It is windy.*
la visite — *visit*
  rendre visite à — *to visit (someone)*
visiter — *to visit (something, someplace)*
voir — *to see*
vraiment — *really*

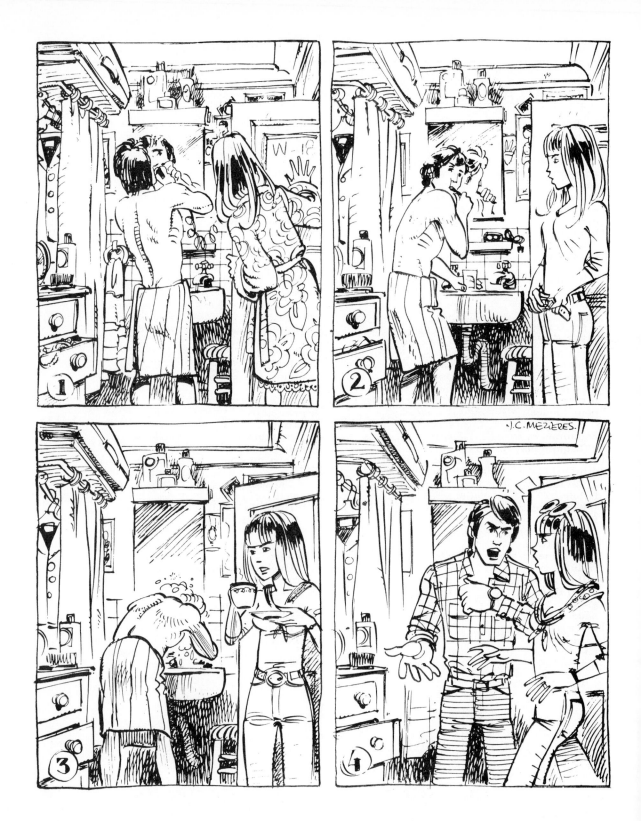

Sixième Leçon

6

La Toilette

Gilbert et Claire, deux étudiants mariés, se préparent le matin pour aller au musée. Claire frappe à la porte de la salle de bains.

1

CLAIRE   Gilbert, tu vas bientôt sortir?

GILBERT   Je sors tout de suite. Je suis en train de me raser.

CLAIRE   D'accord. Moi, je m'habille.

2   (*10 minutes plus tard*)

CLAIRE   Eh bien! Qu'est-ce que tu fais, toi?

GILBERT   Je viens de me raser. Maintenant je me brosse les dents.

CLAIRE   Heureusement que tu te lèves à sept heures.... Je vais prendre le petit déjeuner.

3   (*10 minutes plus tard*)

CLAIRE   Et maintenant, tu te laves la tête?

GILBERT   C'est ça.

CLAIRE   Ça ne va pas, non! (*Elle sort.*)

4   (*15 minutes plus tard*)

GILBERT   Eh bien, me voici. Tu es prête à partir?

CLAIRE   Un petit moment. Je veux me maquiller.

GILBERT   Comment! Te maquiller? Mais il est déjà tard!

Questions sur le dialogue

1. Qui frappe à la porte de la salle de bains?
2. Gilbert sort tout de suite?
3. Il est en train de se raser?
4. Claire s'habille?
5. Gilbert se brosse les dents?
6. Qu'est-ce que Claire va prendre?
7. Est-ce que Claire est prête à partir?
8. Est-ce qu'il est déjà tard?

Washing Up and Dressing

^a Literally, *are preparing them-selves*

Gilbert and Claire, two married students, are getting ready[a] in the morning in order to[1] go to the museum. Claire knocks on the bathroom door.

CLAIRE　Gilbert, are you going to come out soon?

^b *I'm in the process of*

GILBERT　I'm coming out right away. I'm[b] shaving.

CLAIRE　O.K. I[2] am getting dressed.

(10 minutes later)

CLAIRE　Well! What are *you*[2] doing?

GILBERT　I've just shaved. Now I'm brushing my[3] teeth.

CLAIRE　Fortunately you get up at seven o'clock.... I'm going to have breakfast.[4]

(10 minutes later)

CLAIRE　And now you're washing your hair?[5]

GILBERT　Right.

^c Literally, *That doesn't go, no!*

CLAIRE　Oh, for crying out loud![c] (*She goes out.*)

(15 minutes later)

GILBERT　Well, here I am. Are you ready to leave?

^d Literally, *A little moment*

CLAIRE　Just a second.[d] I want to put on some makeup.

GILBERT　What![6] Put on makeup? But it's already late!

---

[1] **Pour** + infinitive (*in order to*) is used in French to show for what purpose something is being done: **pour aller** (*in order*) *to go.*

[2] In French one adds a pronoun (**moi, toi,** etc.) for emphasis, whereas in English one italicizes the subject in writing, and adds stress to it in speaking.

[3] In French, one says the equivalent of *the teeth*, not *my teeth.*

[4] The article **le** is used with the names of meals.

[5] The French equivalent of *to wash one's hair* may be either **se laver les cheveux** or **se laver la tête.**

[6] Literally, *How!* **Comment!** is used in exclamations.

REMARQUES CULTURELLES

Établissements Bains-Douches. Although new buildings in France are quite modern, with all the conveniences, there are still many older buildings with no bathing facilities. For this reason, most cities maintain public facilities where one may go to bathe or shower. Some are very plain, offering only shower facilities. Others remind one of the old Roman baths, with large sunken tubs and swimming pools.

PRONONCIATION

French [ɛ̃]

matin, fin, vingt, bien, canadien, italien, viens, demain, train

Nasal vs. Non-Nasal Vowels

bon	**bonne**
son	**sonne**
vient	**viennent**
Américain	**Américaine**
Jean	**Jeanne**
prochain	**prochaine**
Parisien	**Parisienne**

French Consonant [ʃ]

acheter, chemise, franchement, chez, prochaine, enchanté, chair

French Consonant [ʒ]

je, journal, juge, Jean, neiger, plage, Gérard, belge, Gisèle

EXPLICATIONS

1. Direct object pronouns with **voilà, voici**

Marie? **La voilà.**   *Marie? There she is.*
Les enfants? **Les voici.**   *The children? Here they are.*

Mme Dupont?	_____	voici.
Les motos?	_____	voilà.
Son manteau?	_____	voilà.
Le journal?	_____	voici.

La plage?	_____	voilà.
Les enfants?	_____	voici.
Marie?	_____	voici.

2. The present indicative of **sortir** *to go out, come out* and **partir** *to leave*

sortir	partir
je **sors**	je **pars**
tu **sors**	tu **pars**
il, elle **sort**	il, elle **part**
nous **sortons**	nous **partons**
vous **sortez**	vous **partez**
ils, elles **sortent**	ils, elles **partent**

A. Je sors de la maison à huit heures. *Répétez.*
   Il, Tu, Nous, Ils, Elle, Vous, Je

B. À quelle heure sors-tu de la classe? *Répondez.*
   Et les étudiants?
   Et ton ami Pierre?
   Et tes amies?
   Et moi?

C. Nous partons demain pour Paris. *Répétez.*
   Tu, Vous, Ils, Elle, Elles, Je

D. Quand partez-vous pour la France? *Répondez.*
   Et moi?
   Et vos parents?
   Et votre oncle?
   Et la famille?
   Et vos amis?

3. Être en train de + infinitive

Je suis en train de me raser.	*I am (in the process of) shaving.*
Elle est en train de s'habiller.	*She is (in the process of) getting dressed.*

1. **Être en train de** + infinitive is used to emphasize that an action is in progress.
2. In French, **être en train de** is used less frequently than the "present progressive" (*I am shaving*) is in English. It is more common in French to use the present tense: **Il parle** *He speaks, He is speaking.*

A. LE PROFESSEUR   Vous étudiez maintenant?
   L'ÉTUDIANT(E)   Oui, je suis en train d'étudier.

   Tu te rases maintenant?
   Tu te lèves maintenant?
   Tu te couches maintenant?
   Tu t'habilles maintenant?
   Tu pars maintenant?
   Tu te laves la figure maintenant?

B. Gilbert est en train de sortir. Et vous? *Répondez.*
   Et votre mère?
   Et votre amie?
   Et les enfants?
   Et vous (*pluriel*)?

4. The reflexive construction

(*a*) The reflexive pronouns

me	*myself*	**nous**	*ourselves*
te	*yourself*	**vous**	*yourselves*
se	*himself, herself*	**se**	*themselves*

(*b*) The present indicative of **se laver** *to wash oneself*

je **me lave**	nous **nous lavons**
tu **te laves**	vous **vous lavez**
il, elle **se lave**	ils, elles **se lavent**

1. A reflexive verb is one in which the action is performed by the subject upon itself.

   Elle se lave.   *She washes (herself).*
   Il se rase.   *He shaves (himself).*

2. It is conjugated in the present tense like other verbs, but the reflexive pronoun always precedes the verb.

   Vous **vous** lavez tous les jours.

3. Some verbs may be reflexive or nonreflexive, depending on the direct object.

NONREFLEXIVE	Elle lave **le bébé.**	*She washes the baby.*
REFLEXIVE	Elle **se** lave.	*She washes herself.*

NONREFLEXIVE	Je prépare **l'examen.**	*I prepare the exam.*
REFLEXIVE	Je **me** prépare pour l'examen.	*I get ready (prepare myself) for the exam.*

4. Some French reflexive verbs ordinarily have nonreflexive equivalents in English.

Je me réveille à six heures.   *I wake up at 6:00.*
Il se lève à sept heures.   *He gets up at 7:00.*

5. The present indicative of **se lever** *to get up*

je **me lève**   nous **nous levons**
tu **te lèves**   vous **vous levez**
il, elle **se lève**   ils, elles **se lèvent**

A. Je me lève à sept heures. *Répétez.*
   Elle, Les étudiants, Ma famille, Tu, Ils, Vous, Nous

B. À quelle heure vous levez-vous? *Répondez.*
   Et votre frère?
   Et votre père?
   Et votre mère?
   Et les étudiants?

6. Common reflexive verbs

The verbs below are generally used in the reflexive. They are all regular **-er** verbs.

se brosser (les dents, les cheveux)	*to brush (one's teeth, hair)*
se coucher	*to go to bed*
se dépêcher	*to hurry*
s'habiller	*to get dressed*
se laver	*to wash (oneself)*
se lever	*to get up*
se maquiller	*to put on makeup*
se raser	*to shave (oneself)*
se réveiller	*to wake up*

A. Je me réveille à sept heures. *Répétez.*
   Je me lève à sept heures et demie.
   Je me lave.
   Je me brosse les dents.
   Je me rase.
   Je m'habille.
   Je me maquille.
   Je ne me dépêche pas.
   Le soir je me couche à onze heures.

B. *Repeat the above exercise, using the subjects **tu, il, elle,** and **nous.***

C. *Repeat exercise A in the negative.*

7. **Venir de** + infinitive

To express an action that has just taken place, use the present tense of
venir + **de** + infinitive.

Je **viens de** me raser.	*I have just shaved.*[1]
Il **vient de** partir.	*He has just left.*

A. LE PROFESSEUR   Il se lève.
   L'ÉTUDIANT(E)   Il vient de se lever.

   Il se réveille.
   Il s'habille.
   Il se couche.
   Il se rase.
   Il se brosse les dents.

[1] The literal equivalent of **Je viens de me raser** is *I am coming from shaving.* What
you **are** "*coming from*" is what you have just done.

«Je n'ai pas très faim ce
matin.»

B. LE PROFESSEUR   Est-ce qu'elles se lèvent?
   L'ÉTUDIANT(E)   Oui, elles viennent de se lever.

Est-ce qu'elles se réveillent?
                  se lavent?
                  se couchent?
                  se brossent les cheveux?
                  se maquillent?

8. The disjunctive pronouns[1]

moi	*me*	**lui**	*him*	**nous**	*us*	**eux**	*them*
toi	*you*	**elle**	*her*	**vous**	*you*	**elles**	*them*

1. The disjunctive pronouns are used to give emphasis to a subject
   pronoun (**je, tu, il,** etc.).

> **Moi**, je suis libre.   *I am free.* (Perhaps *you* are not, but *I*
>   *am.*)
>
> Qu'est-ce que tu fais, **toi**? *What are **you** doing?*

2. Disjunctive pronouns are used in one- or two-word answers.

> Qui parle français?   *Who speaks French?*
> **Moi.**   *I do.*
> **Pas moi.**   *Not I.*

3. Disjunctive pronouns are used as objects of prepositions. They
   follow the preposition.

> Elle va **chez eux.**   *She is going to their place.*
> Je vais **avec vous.**   *I am going with you.*
> C'est **près de toi.**   *It's near you.*

A. LE PROFESSEUR   Je ne pars pas.
   L'ÉTUDIANT(E)   Moi, je ne pars pas.

Tu ne pars pas.	Vous ne partez pas.
Il ne part pas.	Ils ne partent pas.
Elle ne part pas.	Elles ne partent pas.
Nous ne partons pas.	

B. LE PROFESSEUR   Qui parle japonais? (je)
   L'ÉTUDIANT(E)   Moi. (Pas moi.)

(tu)	(ils)
(nous)	(je)
(il)	(elles)

[1] Disjunctive pronouns are generally separated from the rest of the phrase by a
pause or punctuation.

C. LE PROFESSEUR   Chez qui vas-tu? (1)
   L'ÉTUDIANT(E)   Je vais chez elle.

  (1) elle   (4) Robert
  (2) moi   (5) Régine et Thérèse
  (3) les Martin   (6) toi

D. Avec qui parles tu? *Répondez.*
  (1) ma sœur   (4) les étudiants
  (2) mes parents   (5) mon ami Jean
  (3) Jean et Marie   (6) mon amie Jeanne

9. The indefinite pronoun **on**

(*a*) **On** dit que Paul va partir.   *They say (one says) that Paul is going to leave.*

(*b*) Quand **on** est jeune on a du courage.   *When one is young one has courage. (When you're young you have courage.)*

(*c*) **On** va en ville cet après-midi?   *Are we going downtown this afternoon?*

(*d*) Ici **on** parle français.[1]   *French is spoken here.*

1. The subject pronoun **on** occurs frequently in French. It refers to an indefinite or unspecified subject. Its English equivalent is *they, one, you, people* (*a* and *b* above).
2. Sometimes, in conversation, **on** is used in place of **nous** (*c* above).
3. **On** is a third person singular subject pronoun; the verb form that goes with it is the same as that for **il** and **elle**: **il parle, on parle.**

A. En France on parle français. *Répétez.*
Aux États-Unis, En Espagne, En Italie, Au Japon, Au Canada, Én France

B. LE PROFESSEUR   On dit que Paul va sortir avec Elise.
   L'ÉTUDIANT(E)   Oui, il va sortir avec elle.

On dit que Thomas va sortir avec Marie.
     André   Monique.
     Nicole   Jacques.
     Robert   Chantal.
     Michèle   Charles.

C. LE PROFESSEUR   Dis donc, on va dîner?
   L'ÉTUDIANT(E)   Oui, on va bientôt dîner.

Dis donc, on va au cinéma?
         au restaurant?   au travail?
         au cours?   en ville?

[1] The use of **on** here corresponds to the passive voice, which is discussed in Lesson 21.

PRENONS LE LARGE

Je me rase avec un rasoir électrique.	*I shave with an electric razor.*
Je vais chercher la brosse*.	*I'm going to look for the brush.*
la brosse à dents.	*toothbrush.*
la brosse à cheveux.	*hairbrush.*
le savon*.	*soap.*
la serviette*.	*towel.*
le shampooing.	*shampoo.*
Je prends un bain*.	*I'm taking a bath.*
une douche*.	*shower.*
Je me lave le visage*.	*I wash my face.*
la figure*.	*face.*
les mains*.	*hands.*
les pieds*.	*feet.*
le dos*.	*back.*
les cheveux*.	*hair.*
le cou*.	*neck.*
les jambes*.	*legs.*

Tous les jours

Je me réveille* à sept heures.
Je me lève à sept heures et demie.
Je me lave.
Je prends un bain (une douche).
Je me rase.
Je m'habille.
Je prends le petit déjeuner (un café).
Je me dépêche*.
Je sors de la maison à huit heures moins le quart.
Je vais aux cours.
Je sors de l'université à une heure et demie.
Je me rase la barbe* (la moustache).
Je vais au travail.
Je retourne à la maison à huit heures.
J'étudie après le dîner.
Je me couche* à minuit.
Je suis fatigué(e)!

Le Souffleur

1. Je me lève et...
2. Tu te couches...?
3. Elle est en train de...
4. À quelle heure...?
5. Ils partent...

Quelle est la question?

1. En général je me lève à sept heures.
2. Oui, elle se dépêche tous les jours.
3. Oui, je me rase avec un rasoir électrique.
4. Ils se couchent à minuit.
5. Il prend un bain maintenant.

Petites causeries

Demandez à _____ à quelle heure il (elle) part.
si elle est en train d'étudier.
s'il prend un bain tous les jours.
s'il se lave la figure le matin.
si elle s'habille vite.
avec qui elle part.
s'il se brosse les dents le soir.
si elle se maquille beaucoup.

Parlons de vous

1. Est-ce que tu te rases avec un rasoir électrique?
2. Aimes-tu te maquiller?
3. À quelle heure vous levez-vous le mercredi?
4. Et le samedi?
5. Est-ce que tu te laves les pieds avec une brosse?
6. Préférez-vous prendre un bain ou une douche?
7. À quelle heure te couches-tu quand tu as des cours?
8. Où est le savon?
9. Est-ce que tu viens chez moi ce soir?
10. Qui se lève le premier chez vous?
11. Où sont les serviettes?[1]
12. Qui aime le professeur?
13. À quelle heure sortez-vous de la maison pour la classe de neuf heures?
14. Quand partez-vous pour l'Espagne?
15. Est-ce que le bébé se lave? Qui le lave?
16. Quand tu te lèves, as-tu sommeil?
17. As-tu faim?

[1] Use an expression with **Voilà**.

Improvisations

Tous les jours je...

VOCABULARY   se lever, prendre le petit déjeuner, se laver, se raser, s'habiller, étudier, travailler, se coucher, travail

TOPIC IDEAS
1. Quand je me lève, je...
2. Après mon cours...
3. J'ai beaucoup de travail.

QUESTIONS
1. À quelle heure te lèves-tu en général?
2. Que fais-tu après?
3. À quelle heure vas-tu travailler?
4. À quelle heure sors-tu du travail?

Enquêtes

1. *Ask a classmate to tell you four things he or she does in the morning after getting up. Next, tell him or her four things you do.*
2. *Find out from a classmate what he or she does in the afternoon and evening after classes. Tell him or her what you do.*

Expressions consacrées

Qui dort grasse matinée, trotte toute la journée.	*Whoever sleeps late must run all day.*
Qui bien commence, bien avance.	*Whoever starts well advances well.*
Je me fais des cheveux!	*I'm worried!*
(**Je me fais du souci!**)	
Il va me passer un shampooing!	*He's going to chew me out.*

Lecture culturelle

Le Banquier international: une profession intéressante

Voilà Monsieur Powley. Il est américain; il est banquier inter-national. Il arrange des emprunts[a] de grandes sommes d'argent[b] en Europe. Il parle français et allemand tous les jours dans son travail[c]. Ses clients sont les hommes d'affaires[d] d'Europe et des États-Unis. Il aime beaucoup son travail parce qu'il a souvent l'occasion[e] de voyager en Europe. Il a beaucoup d'amis et il gagne assez[f] pour bien vivre[g].

[a] *loans*
[b] *sums of money*
[c] *in his work*
[d] *businessmen*
[e] *the opportunity*
[f] *earns enough*
[g] *to live well*

Quelle est votre réponse?

1. Quelle est la profession de M. Powley?
2. Que fait-il dans son travail?
3. Pourquoi doit-il parler français?
4. Quelles autres langues parle-t-il?
5. Qui sont les clients de M. Powley?
6. Est-ce qu'il aime beaucoup son travail? Pourquoi?

VOCABULAIRE

le **bain**	*bath*	se **lever**	*to get up*
la **salle de bains**	*bathroom*	**lui**	*him*
la **barbe**	*beard*	la **main**	*hand*
la **brosse**	*brush*	**maintenant**	*now*
se **brosser**	*to brush*	se **maquiller**	*to put on makeup*
cheveux *pl m*	*hair*	**marié(e)**	*married*
Comment!	*What!*	le **moment**	*moment*
le **cou**	*neck*	**partir**	*to leave*
se **coucher**	*to go to bed*	le **petit déjeuner**	*breakfast*
déjà	*already*	le **pied**	*foot*
le **déjeuner**	*lunch*	**plus**	*more*
la **dent**	*tooth*	**plus tard**	*later*
se **brosser les dents**	*to brush one's teeth*	la **porte**	*door*
se **dépêcher**	*to hurry*	se **préparer**	*to get ready*
le **dos**	*back*	**prêt(e)**	*ready*
la **douche**	*shower*	se **raser**	*to shave (oneself)*
Eh bien!	*Well!*	se **réveiller**	*to wake up*
elle	*her*	le **savon**	*soap*
elles	*them*	la **serviette**	*towel, napkin*
être en train de +	*to be in the process of*	**sortir**	*to go out, come out*
inf	*(doing something)*	la **tête**	*head*
eux	*them*	**toi**	*you*
la **figure**	*face*	la **toilette**	*washing and dressing*
frapper	*to hit, strike; to knock*	**tout de suite**	*right away*
frapper à la porte	*to knock on the door*	**venir de** + *inf*	*to have just (done something)*
s'**habiller**	*to get dressed*	le **visage**	*face*
la **jambe**	*leg*	**vite**	*fast*
se **laver**	*to wash (oneself)*		

Paris. Restaurant L'Archestrate. Alain Senderens, propriétaire et chef. (**Michelin)

Septième Leçon

7

La Nourriture

Adisa et Bayo, deux étudiants nigériens, sont en France depuis deux semaines pour apprendre le français. Naturellement, leur vocabulaire est assez limité.

ADISA	J'ai très faim.
BAYO	Moi aussi. Je n'ai pas mangé ce matin.
LA SERVEUSE	Que désirez-vous, Messieurs?
ADISA	Nous n'avons pas encore décidé.
BAYO	Toujours un bifteck-frites ou du poisson!
ADISA	Oui, mais as-tu le courage de commander quelque chose d'autre?
BAYO	Je pense que oui. (*Il lit.*) «Tripes à la mode de Caen...»[1] Hmm....
ADISA	Heureusement que nous aimons le délicieux pain français.
	(*Quelques minutes plus tard*)
ADISA	Je vais prendre du poisson. (*Il regarde attentivement Bayo.*)
BAYO	Un...un bifteck-frites.
LA SERVEUSE	Voulez-vous des hors-d'œuvre?
BAYO	Oui, une salade de tomates.
LA SERVEUSE	Que désirez-vous boire?
ADISA	Du vin blanc et de l'eau minérale.
LA SERVEUSE	Que désirez-vous comme dessert?
ADISA	De la pâtisserie, s'il vous plaît.
BAYO	Pas de dessert pour moi. J'ai trop grossi.
ADISA	Tu as perdu courage?
BAYO	Oui. Je vais acheter une carte de France avant notre prochain repas.

[1] Many French dishes are named after their place of origin.

Questions sur le dialogue

1. Adisa et Bayo sont en France pour apprendre l'espagnol, n'est-ce pas?
2. Est-ce qu'Adisa a faim?
3. Bayo a mangé ce matin?
4. Qu'est-ce que Bayo et Adisa mangent toujours?
5. Qu'est-ce que Bayo et Adisa aiment, heureusement?
6. Bayo désire une salade?
7. Qu'est-ce qu'Adisa désire comme dessert?
8. Qu'est-ce que Bayo va acheter?

Food

[a] Literally, *are in France since two weeks*

Adisa and Bayo, two Nigerian students, have been in France for two weeks [a] to learn French. Naturally, their vocabulary is rather limited.

ADISA	I'm very hungry.
BAYO	So am I. I didn't eat this morning.
THE WAITRESS	What would you like,[b] gentlemen?
ADISA	We haven't decided yet.
BAYO	Always steak and French fries[1] or fish!
ADISA	Yes, but do you have the courage to order something else?
BAYO	I think so. (*He reads.*) "Tripe in the manner of Caen...." Hmm....
ADISA	Fortunately, we like the delicious French bread.

[b] *What do you want?*

(*Several minutes later*)

ADISA	I'm going to have[2] fish. (*He looks carefully at Bayo.*)
BAYO	A...a steak and French fries.
THE WAITRESS	Do you want any appetizers?
BAYO	Yes, a tomato salad.
THE WAITRESS	What would you like to drink?
ADISA	Some white wine and mineral water.
THE WAITRESS	What would you like for dessert?
ADISA	Some pastry, please.
BAYO	No dessert for me. I've gained too much weight.
ADISA	Have you lost your courage?
BAYO	Yes. I'm going to buy a map of France before our next meal.

[1] **Pommes de terre** (*potatoes*) is often shortened to **pommes**.
[2] In French one *takes* a dish; in English one *has* it.

REMARQUES CULTURELLES

French Cuisine. French cuisine is internationally famous. Why is this so, and in what ways does it differ from American cooking? French cooking differs not so much in the types of foods as in their preparation and presentation.

The French love to eat wholesome, natural foods which are carefully prepared and served in an appetizing way. Vegetables, for instance, are chosen fresh, cooked just enough to bring out their natural taste, carefully strained, and then served topped with butter and herbs.

Sweet and salty foods are not mixed. They are served in separate courses, so that each food item retains its individual flavor and characteristics. Desserts are not overly sweetened but are kept delicate, so that one ends a meal with a feeling of completeness and satisfaction.

When the French invite dinner guests they like to serve well, or, as they say, «**mettre les petits plats dans les grands**» (*to put the small dishes in the big ones*). In other words, several courses are served, and the table is set formally with soup dish in plate.

The importance of a well-set table carries over into daily expressions. For example, when one is not feeling well, one says, «**Je ne suis pas dans mon assiette**» (*I am not in my plate*).

PRONONCIATION

French [r]

très, désirez, encore, toujours, frites, René, route, rien, raser, sortir, partir

French [n], [d], [t]

[n]	[d]	[t]
non	**désirez**	**pâtisserie**
nous	**décidé**	**ton**
naturellement	**prendre**	**étudiants**
minérale	**du**	**toujours**
neige	**dessert**	**tête**

EXPLICATIONS

1. Le Partitif *The partitive*

le poisson	*the fish*	**du** poisson	*some fish*
la pâtisserie	*the pastry*	**de la** pâtisserie	*some pastry*
l'eau	*the water*	**de l'**eau	*some water*
les frites	*the French fries*	**des** frites	*some French fries*

1. The partitive article is formed by combining the preposition **de** with the definite article (**le, la, l', les**).

> **de + le** → **du**
> **de + la** → **de la**
> **de + l'** → **de l'**
> **de + les** → **des**

2. The partitive article is used to refer to an indefinite quantity of something, rather than the whole.

> Voici **l'**eau.   *Here is water. (all the water)*
> Voici **de l'**eau.   *Here is some water.*

Nouns that usually occur in the singular take **du, de la,** or **de l'.**

> Voilà **du** pain.   *There is (some) bread.*
> Voilà **de la** crème.   *There is (some) cream.*
> Voilà **de l'**eau.   *There is (some) water.*

Nouns that occur in the plural take **des** (the plural form of **un** and **une**).

> Voilà **des** tomates.   *There are (some) tomatoes.*

3. The partitive article often corresponds to English *some* or *any*. Although its use is sometimes optional in English, it must always be used in French.

> Elle achète **du** vin.   *She buys (some) wine.*
> Nous voulons **de la** bière.   *We want (some) beer.*

A. LE PROFESSEUR   le poisson
    L'ÉTUDIANT(E)   J'ai du poisson.

le vin
le dessert
le pain
le poisson
le courage

«J'ai très faim. Je n'ai pas mangé ce matin.» (Les jeunes filles sont américaines.)

B. LE PROFESSEUR   la pâtisserie
   L'ÉTUDIANT(E)   Désirez-vous de la pâtisserie?

    la crème
    la salade
    la bière
    la limonade

C. LE PROFESSEUR   l'eau
   L'ÉTUDIANT(E)   Ils vont prendre de l'eau.

    l'orangeade
    l'eau minérale
    l'eau

D. LE PROFESSEUR   les frites
   L'ÉTUDIANT(E)   Il mange des frites.

    les hors-d'œuvre
    les tomates   les oranges
    les desserts   les frites

E. *Donnez la forme correcte du partitif.*[a]

    la crème   les salades
    le poisson   la soupe
    l'eau   l'eau minérale
    la pâtisserie   le dessert
    les tomates   le pain

[a] *Give the correct form of the partitive.*

2. The partitive after a negative or an expression of quantity

After a negative or an expression of quantity, the partitive is expressed by **de** (**d'** before a vowel sound), without the article.

NEGATIVE
Je n'ai **pas de** crème.   *I have no cream.*
Il n'a **plus d'**eau.   *He has no more water.*

QUANTITY
Il a **beaucoup de** frites.   *He has a lot of French fries.*
Elle a **trop de** travail.   *She has too much work.*
Nous avons **peu de** temps.   *We have little time.*
Il y a **assez de** salade.   *There is enough salad.*

A. LE PROFESSEUR   De la crème?
    L'ÉTUDIANT(E)   Je n'ai pas de crème.

    De la soupe?
    Du poisson?
    Des hors-d'œuvre?
    Des tomates?
    De l'eau?

B. LE PROFESSEUR   J'ai de la pâtisserie.
    L'ÉTUDIANT(E)   Je n'ai plus de pâtisserie.

    J'ai du poisson.
    J'ai des frites.
    J'ai de l'eau.
    J'ai des oranges
    J'ai de la soupe.

C. LE PROFESSEUR   Combien de pain préférez-vous? (1)
    L'ÉTUDIANT(E)   Je préfère beaucoup de pain.

    (1) beaucoup
    (2) peu
    (3) assez
    (4) trop

D. LE PROFESSEUR   De la salade pour moi.
    L'ÉTUDIANT(E)   Pas de salade pour moi.

    Du rosbif...   Du poisson...
    Des frites   De la pâtisserie...
    De la bière...   Des oranges...
    Du café...   De la soupe...

Riquewihr, Alsace.
«Que désirez-vous boire?»

3. The *passé composé*

J'ai mangé.	$\begin{cases} \textit{I ate.} \\ \textit{I have eaten.} \\ \textit{I did eat.} \end{cases}$
Il a fini.	$\begin{cases} \textit{He finished.} \\ \textit{He has finished.} \\ \textit{He did finish.} \end{cases}$
Nous avons attendu.	$\begin{cases} \textit{We waited.} \\ \textit{We have waited.} \\ \textit{We did wait.} \end{cases}$

1. In English, when we speak of something that has already happened, we sometimes use a simple past form (*I ate*), sometimes a past perfect (*I have eaten*). In spoken French we normally use just one form, the *passé composé*.

2. The *passé composé* is formed with the present tense of an auxiliary and the past participle of the main verb. For most regular verbs the auxiliary is **avoir.**

j'**ai**	nous **avons**		mangé
tu **as**	vous **avez**	+	fini
il, elle **a**	ils, elles **ont**		attendu

3. The past participle of most verbs is formed with the infinitive stem plus a participle ending. Regular **-er** verbs have the basic ending **-é**; **-ir** verbs, **-i**; and **-re** verbs, **-u**.

INFINITIVE	PAST PARTICIPLE
manger	**mangé**
grossir	**grossi**
attendre	**attendu**

4. The negative is formed by adding **ne** (or **n'**) immediately before the auxiliary, and **pas** immediately after it.

Je **n'**ai **pas** mangé.
$\begin{cases} \textit{I didn't eat.} \\ \textit{I haven't eaten.} \end{cases}$

Tu **n'**as **pas** grossi.
$\begin{cases} \textit{You didn't gain weight.} \\ \textit{You haven't gained weight.} \end{cases}$

Ils **n'**ont **pas** attendu.
$\begin{cases} \textit{They didn't wait.} \\ \textit{They haven't waited.} \end{cases}$

5. Word order in questions may follow one of the three patterns below.

Avez-vous commencé?
Vous n'avez pas fini?
Est-ce que tu n'as pas grossi?

6. In the *passé composé*, direct and indirect object pronouns come before the auxiliary verb, not the past participle.

Ton frère? Je **l'**ai vu au magasin.　　*Your brother? I saw him at the store.*
Elle **lui** a parlé ce matin.　　*She spoke to him this morning.*

A. LE PROFESSEUR　Charles a mangé le pain.
　 L'ÉTUDIANT(E)　Charles l'a mangé.

Charles a mangé le petit déjeuner.
　　　　　　　　le déjeuner.
　　　　　　　　le dîner.
　　　　　　　　le rosbif.
　　　　　　　　le pain.

B. LE PROFESSEUR　Anne a donné la soupe à son frère.
　 L'ÉTUDIANT(E)　Anne lui a donné la soupe.

Anne a donné la soupe à sa sœur.
　　　　　　　　　à ses parents.
　　　　　　　　　à moi.
　　　　　　　　　à Paul et à moi.
　　　　　　　　　à son frère.

C. J'ai mangé à midi. *Répétez.*

   Vous, Elle, Nous, Marie et Jeanne, Mes parents, Tu

D. Au dîner j'ai mangé de la salade. *Répétez.*
   de la soupe.
   du poisson.
   du pain.
   des hors-d'œuvre.

E. Charles a commandé des tomates. *Répétez.*
   a acheté
   a mangé
   a lavé
   a préféré

F. Il a fini le petit déjeuner. *Répétez.*

   Tu, Elle, Nous, Vous, Je, Ils

G. J'ai fini le dîner. *Répétez.*
   le déjeuner.
   le petit déjeuner.
   les hors-d'œuvre.
   la soupe.

H. *Répondez négativement.*

   Est-ce que Claire a grossi?
   Et toi?
   Et le professeur?
   Et ton ami?
   Et tes parents?

I. Nous avons attendu le dîner. *Répétez.*

   Je, Vous, Elles, Tu, Elle, Il

J. As-tu attendu la soupe? Oui, _____.
   la salade?
   les hors-d'œuvre?
   le pain?
   l'eau minérale?

K. LE PROFESSEUR Avez-vous entendu la serveuse?
   L'ÉTUDIANT(E) Oui, mais j'ai perdu courage.

   A-t-il entendu la serveuse?
   Ont-ils entendu la serveuse?
   Est-ce que Marie a entendu la serveuse?
   Est-ce que nous avons entendu la serveuse?
   Avez-vous entendu la serveuse?

4. The *passé composé* of **boire** *to drink*

J'ai bu du café au petit déjeuner.   *I drank some coffee at breakfast.*

A. J'ai bu du café au petit déjeuner. *Répétez.*
   Ils, Nous, Vous, Je, Tu, Elle, Ils

B. Il a bu du café. *Répétez.*
           de l'eau.
           de l'orangeade.
           du vin.
           du Coca-Cola.

5. The *passé composé* of **prendre** *to take, eat, drink*

Il **a pris** une salade.   *He ate (had) a salad.*

A. Ce matin j'ai pris du toast. *Répétez.*
   Tu, Il, Ils, Nous, Elles, Vous

B. *Faites votre choix.*
       À sept heures du matin j'ai pris...   du café
       À dix heures...   du poisson
       À midi...   de la pâtisserie
       À trois heures de l'après-midi...   du pain
       À huit heures du soir...   de la salade
       À minuit...   un sandwich
                                                  un bifteck
                                                  des frites
                                                  de l'eau minérale
                                                  de la bière
                                                  un Coca-Cola
                                                  une pizza

6. Quelque chose de + adjective

quelque chose d'autre   *something else*
quelque chose d'intéressant   *something interesting*

LE PROFESSEUR   Il a bu quelque chose de... (1)
L'ÉTUDIANT(E)   Il a bu quelque chose d'intéressant.

(1) intéressant   (4) chaud
(2) délicieux   (5) logique
(3) bon   (6) autre

PRENONS LE LARGE

Qu'est-ce que j'ai mangé hier*?	*What did I eat yesterday?*
Au petit déjeuner j'ai pris du café.	*At breakfast I had some coffee.*
du jus d'orange*.	*orange juice.*
du jus de tomate.	*tomato juice.*
du lait*.	*milk.*
du chocolat*.	*chocolate.*
du thé*.	*tea.*
du toast*.	*toast.*
des œufs*.	*eggs.*
Au déjeuner j'ai pris du poisson.	*At lunch I had some fish.*
du bœuf.	*beef.*
de la viande*.	*meat.*
du poulet*.	*chicken.*
À quatre heures j'ai pris des frites et un sandwich*.	*At 4 :00 I had French fries and a sandwich.*
Au dîner* j'ai pris des hors-d'œuvre.	*At dinner I had some appetizers.*
du veau*.	*veal.*
des carottes*.	*carrots.*
des haricots verts*.[1]	*green beans.*
des asperges.	*asparagus.*
du rosbif.	*roast beef.*
de la bière*.	*beer.*
du fromage*.	*cheese.*
de la glace*.	*ice cream.*
des fruits*.	*fruit.*
Et à onze heures du soir j'ai pris du lait et un petit sandwich au poulet.	*And at 11 :00 I had some milk and a small chicken sandwich.*

---

[1] **Le** does not elide before **haricot**: **le haricot**. In the plural, the **s** of **les** and **des** is not pronounced: **les haricots, des haricots**.

Retournons au passé

EXEMPLE   En général je mange du pain.
           Au dîner j'ai mangé du pain.

1. En général je mange des œufs.
   Ce matin...
2. En général elle mange du veau.
   Au déjeuner...
3. Tous les jours nous prenons un sandwich.
   À midi...
4. En général ils mangent de la soupe.
   Hier...
5. Le matin je prends du jus de tomate.
   Ce matin...
6. En général vous mangez du poulet.
   À sept heures...
7. Tous les jours tu prends du thé.
   Au petit déjeuner...
8. En général elles mangent du rosbif.
   Au dîner...
9. Tous les soirs elle prend du lait.
   Hier soir...
10. Tous les jours je mange du fromage.
    À midi...

Gourmet ou gourmand?

Voici un menu typique d'un dîner de Louis XIV.

4 soupes diverses
1 faisan entier   *whole pheasant*
1 perdrix   *partridge*
1 grande salade
2 tranches de jambon   *slices of ham*
du mouton au jus et à l'ail *lamb with gravy and garlic*
de la pâtisserie
des fruits
des œufs durs   *hard-boiled eggs*

Le Souffleur

1. J'ai commandé quelque chose de...
2. Au petit déjeuner il a bu...et...
3. À midi elle a mangé...
4. Au dîner il a pris...
5. Le soir nous avons...

Quelle est la question?

1. J'ai mangé du fromage à midi.
2. Il a bu beaucoup de café.
3. Louis XIV a trop mangé.
4. Ils ont pris du lait.
5. J'ai pris du chocolat et du toast.

Petites causeries

Demandez à _____ s'il a beaucoup mangé au petit déjeuner.
                     si elle a faim. Pourquoi (pas)?
                     si elle a bu du café.
                     s'il a pris des haricots verts.
                     s'il a mangé des carottes.
                     si elle a mangé du poisson.
                     si elle a mangé au restaurant hier soir.

Parlons de vous

1. As-tu faim? Pourquoi (pas)?
2. Qu'est-ce que tu as pris au petit déjeuner?
3. À quelle heure as-tu pris le petit déjeuner?

4. Avez-vous mangé du poulet à midi?
5. Avez-vous pris de la bière au dîner?
6. Quand prenez-vous de la bière, quand vous avez chaud ou froid?
7. Avez-vous mangé quelque chose de bon hier?
8. Qu'est-ce que tu as commandé comme viande au dîner?
9. Êtes-vous végétarien(ne)?
10. Qu'est-ce que tu as mangé comme dessert à midi?
11. Qu'est-ce que ta mère a préparé pour le dîner?
12. Avez-vous lavé les fruits?
13. As-tu acheté du bœuf ou du porc?
14. Avez-vous préféré les asperges ou les haricots verts?
15. Au déjeuner as-tu bu de l'eau minérale ou du lait?

Improvisations

1. Le Restaurant

VOCABULARY	les hors-d'œuvre, la soupe, un bifteck-frites, des haricots verts, le fromage, le dessert, le poisson, la serveuse
TOPIC IDEAS	1. J'ai trouvé un bon restaurant. 2. Le menu 3. Mon plat préféré
QUESTIONS	1. Est-ce que tu as aimé le menu? 2. Qu'est-ce que tu as mangé comme dessert? 3. As-tu aimé les hors-d'œuvre? 4. Qu'est-ce que tu as pris comme viande?

2. Mes Repas de tous les jours

VOCABULARY	les repas, le petit déjeuner, le déjeuner, le dîner, du toast, du jus, du café, le restaurant, un sandwich (au poulet), du chocolat, dîner
TOPIC IDEAS	1. Le matin je mange très peu (beaucoup). 2. À midi je vais au restaurant. 3. Je dîne chez moi.
QUESTIONS	1. Manges-tu chez toi ou au restaurant? 2. Qu'est-ce que tu as pris au petit déjeuner? 3. À quelle heure dînes-tu? 4. Est-ce que tu prends quelque chose l'après-midi?

PLACE DES VOSGES   SPÉCIALITÉS

Merlan Coconnas

RESTAURANT   Délices de Foie Gras
COCONNAS   de Canard Truffé

Tél. 278-58-16   Le pot au feu
                          du Bon Roy Henry

Fermé le mardi   La surprise
                          Marc Annibal de Coconnas

2 bis, Place des Vosges   Repas environ 85 F

Un dîner en famille.

Enquête

Find out from a classmate where he or she had breakfast, what it was, and whether he or she liked it. Give the same information about your breakfast.

Saynète

Imagine that it is dinner time and you are very hungry. Another student will act the part of the waitress. Order a complete dinner, including beverage and dessert.

Expressions consacrées

J'ai une faim de loup.	*I'm as hungry as a wolf.*
Je vais casser la croûte.	*I'm going to eat.* [a]
Quand on parle du loup, on en voit la queue.	*Speak of the devil!* [b]

[a] Literally, *break the crust*
[b] *When one speaks of the wolf, one sees his tail.*

Lecture culturelle

Les Repas

ᵃ *simple*

En France le petit déjeuner est très frugal[a]; on prend une tasse de café au lait ou de chocolat avec des tartines de beurre, des croissants, ou des brioches.

ᵇ *One stops*
ᶜ *one goes back*
ᵈ *includes*
ᵉ *generally*
ᶠ *meat*
ᵍ *in general*
ʰ *One serves*
ⁱ *each*
ʲ *separately*

Le déjeuner est un repas important. On s'arrête[b] de travailler de midi à deux heures et on rentre[c] à la maison pour manger.[1] Le déjeuner comprend[d] généralement[e] un hors-d'œuvre, un plat de viande[f] et de légumes, du fromage et un dessert (en principe[g] un fruit). On sert[h] chaque[i] plat séparément[j].

Les enfants goûtent à quatre heures de l'après-midi, après l'école. On dîne généralement vers huit heures du soir. Le dîner commence souvent par une soupe.

ᵏ *accompanied*

Le plat national est le bifteck-frites accompagné[k] d'une salade verte.

Quelle est votre réponse?

1. Est-ce que le petit déjeuner est un repas important en France?
2. En quoi consiste-t-il?
3. Est-ce qu'on travaille de midi à deux heures? Pourquoi?
4. Qu'est-ce qu'on mange au déjeuner?
5. Comment sert-on les plats?
6. Que font les enfants après l'école?
7. À quelle heure dîne-t-on?
8. Par quoi le dîner commence-t-il?
9. Quel est le plat national?

---

[1] The French have introduced what they call **la journée continue** (*continuous day*), in which employees have a lunch period of thirty to sixty minutes. This is widely accepted in factories, and even in many offices.

VOCABULAIRE

attentivement	carefully	le haricot vert	green bean
autre	other	hier	yesterday
quelque chose	something else	le hors-d'œuvre	hors-d'œuvre, appetizer
d'autre		le jus	juice
avant	before	le lait	milk
la bière	beer	limité(e)	limited
le bifteck	steak	la limonade	lemon-lime soda
blanc (blanche)	white	manger	to eat
boire	to drink	messieurs	gentlemen
la carotte	carrot	naturellement	naturally
la carte	map	nigérien(ne)	Nigerian
le chocolat	chocolate	la nourriture	food
la chose	thing	l'œuf m	egg
quelque chose de	something good	l'orange f	orange
bon		l'orangeade f	orangeade
commander	to order	le pain	bread
correct(e)	correct	la pâtisserie	pastry
le courage	courage	perdre	to lose
la crème	cream	peu	little, few
décider	to decide	le poisson	fish
délicieux	delicious	le poulet	chicken
(délicieuse)		prochain(e)	next
depuis	since	regarder	to look at
Il est en France	He has been in France	le repas	meal
depuis deux	for two weeks.	le rosbif	roast beef
semaines.		la salade	salad
dernier (dernière)	last	le sandwich	sandwich
désirer	to desire	la serveuse	waitress
le dessert	dessert	s'il vous plaît	please
le dîner	dinner	la soupe	soup
dîner	to eat dinner	le thé	tea
Donnez.	Give.	le toast	toast
l'eau f	water	la tomate	tomato
eau minérale	mineral water	la tripe	tripe
encore	yet	le veau	veal
la forme	form	la viande	meat
frites pl f	French fried potatoes	vieux (vieille)	old
le fromage	cheese	mon vieux	buddy, pal, man (slang)
le fruit	fruit	le vin	wine
la glace	ice cream		
grossir	to gain weight		

«J'ai complété un portrait pour les Lebrun.»

Huitième Leçon

8

«Un bonheur ne vient jamais seul.»

JEANNE   Ah, te voilà. Es-tu allée à l'école?

BRIGITTE   Oui, j'en viens. J'ai donné trois leçons de plus. Maintenant on peut manger.

JEANNE   C'est pour ça que tu as l'air si contente! À propos, j'ai reçu un chèque aujourd'hui.

BRIGITTE   De qui?

JEANNE   De M. Rainville, pour le portrait de sa fille aînée.

BRIGITTE   Un bonheur ne vient jamais seul.

JEANNE   Tu as faim? Prends un des sandwichs que j'ai préparés.

BRIGITTE   Chic alors! J'ai une faim de loup....(*Une pause*) Et qu'est-ce que tu as fait, toi?

JEANNE   J'ai complété un portrait pour les Lebrun. Puis j'ai regardé la télé—un programme bête.

BRIGITTE   Je vais me détendre un peu. Après, je vais préparer ma leçon pour demain.

Questions sur le dialogue

1. Est-ce qu'un bonheur vient seul?
2. Brigitte est allée à l'école?
3. Qu'est-ce que Jeanne a reçu?
4. De qui?
5. Qu'est-ce que Jeanne a préparé?
6. Qu'est-ce que Jeanne a complété?
7. Elle a regardé la télévision?
8. Qui va se détendre?

"It never rains but it pours."[1]

JEANNE   Ah, there you are. Have you been at school?[2]

BRIGITTE   Yes, I'm coming from there. I gave three extra lessons. Now we[3] can eat.

JEANNE   That's why you look so happy! By the way, I received a check today.

BRIGITTE   From whom?

JEANNE   From M. Rainville, for the portrait of his oldest daughter.

BRIGITTE   It never rains but it pours.

JEANNE   Are you hungry? Take one of the sandwiches that I made[a].

BRIGITTE   Great! I'm starving[b]....(*A pause*) And what have *you* done?....

JEANNE   I finished a portrait for the Lebruns. Then I watched TV—a stupid program.

BRIGITTE   I'm going to relax a little. Later, I'm going to prepare my lesson for tomorrow.

[a] *prepared*

[b] Literally, *I have the hunger of a wolf.*

REMARQUES CULTURELLES

L'université. In France, getting a degree is not a matter of following the outline of required courses. There are no required courses—only required exams. If one were getting a degree in French, for example, one would have to pass four exams in four different areas of concentration, such as literature or philology. The preparation for these exams is largely a matter of individual study.

At the beginning of the school year, the student pays a nominal fee (about $10 or $15) which entitles him or her to use the library, attend classes, and take as many as two exams at the end of the year. Class attendance is not required, but one can attend any and all classes offered in one's college (**faculté**)—law, medicine and pharmacy, sciences, human sciences, and so on.

Classes are not necessarily designed to help the student pass an exam. The professor is at liberty to lecture on anything within his area of competence. For example, a person preparing the philology exam might spend a semester listening to the professor lecture on the "philosophical implications of the subjunctive mood." At the exam, the

---

[1] Literally, *A happy event never comes alone.* (Also said of a sad event: «**Un malheur ne vient jamais seul.**»

[2] Note that many public places are preceded by the definite article in French, but not in English: **l'église** *church.*

[3] **On** is often used in the sense of **nous.**

student might be handed a paragraph written in modern French and asked to trace every word through each stage of its development back to its Latin root.

Most French universities do not have a "campus." Rather, each **faculté** may be in a separate part of the city. This does not pose a problem, however, since the French student has only a major, with no minor, and no general education classes. General education is completed in the **lycée**, prior to entering the university.

In addition to universities, there are **collèges**, with shorter and more structured programs of study. There one can prepare for a trade or to be a technician, or for entry into business and commercial professions.

PRONONCIATION

French [j]

tiens, payer, crayon, lion, italien, canadien, Pierre

French [ɥ]

lui, nuit, juin, juillet, puis, suer, tuer

French [w]

oui, Louis, ouate, moi, toi, soir, voici, boire, Mademoiselle

EXPLICATIONS

1. Tout *All*

Il me téléphone **tout** le temps.	*He calls me all the time.*
Je vais lire **toute** la matinée.	*I am going to read all morning (the whole morning).*
Connaissez-vous **tous** les hommes?	*Do you know all the men?*
Tu veux dire **toutes** les jeunes filles.	*You mean all the girls.*

1. The adjective **tout** has four forms: **tout, toute, tous, toutes.**

2. **Tout** generally corresponds to English *all*. In the singular, it often corresponds to *the whole*.

toute la classe	*the whole class*

A. J'ai fini tout mon travail. *Répétez.*
   Nous, Tu, Vous, Elle, Elles, Je

B. Comment avez-vous passé toute la matinée? *Répétez.*
   soirée?
   journée?
   année?
   semaine?

C. Elle ne vient pas tous les jours, n'est-ce pas? *Répétez.*
   jeudis
   après-midi
   mois
   lundis

D. Il passe son temps à regarder passer toutes les jeunes filles.
   dames.
   motos.
   Américaines.
   Françaises.

2. The *passé composé*: agreement of past participles

Voici le sandwich que j'ai **préparé**.	*Here is the sandwich I prepared.*
Voici la salade que j'ai **préparée**.	*Here is the salad I prepared.*
Voici les sandwichs que j'ai **préparés**.	*Here are the sandwiches I prepared.*
Voici les salades que j'ai **préparées**.	*Here are the salads I prepared.*
Marie, je t'ai **vue** ce matin.	*Mary, I saw you this morning.*
Vraiment? Tu m'a **vue**?	*Really? You saw me?*

The past participle does not usually agree with the direct object. However, when the direct object comes before the verb cluster, the *written* form of the past participle agrees with it, by adding **e** if the object is feminine, and **s** if it is plural.

A. LE PROFESSEUR   La viande?
   L'ÉTUDIANT(E)   Je l'ai achetée.

   La brosse à dents?
   Les sandwichs?
   Les tomates?
   L'eau minérale?
   Le pain?
   La crème?

Amphithéâtre Richelieu, Sorbonne.

B. LE PROFESSEUR   Il a reçu deux chèques.
   L'ÉTUDIANT(E)   Voici les chèques qu'il a reçus.

   Il a reçu une lettre.
           un chèque.
           trois livres.
           des brosses.
           des examens.

C. LE PROFESSEUR   Avez-vous regardé la télévision?
   L'ÉTUDIANT(E)   Oui, je l'ai regardée.

   A-t-elle regardé la télévision?
   Et Philippe?
   Et tes parents?
   Et moi?
   Et toi?

3. The *passé composé* of avoir

J'ai eu deux lettres.   *{ I had two letters.*
                              { I have had two letters.

A. J'ai eu deux lettres. *Répétez.*
   Mon père, Mes parents, Anne, Nous, Tu, Vous

B. LE PROFESSEUR   Qu'est-ce que vous avez eu? (1)
   L'ÉTUDIANT(E)   J'ai eu une lettre.

   (1) une lettre
   (2) un chèque
   (3) des livres
   (4) quelque chose d'intéressant
   (5) quelque chose d'important
   (6) quelque chose de bon

4. The *passé composé* of **être**

As-tu **été** au magasin ?   { *Were you at the store?*
                                          { *Have you been at the store?*

A. Ils ont été en France. *Répétez.*
     Je, Tu, Ils, Nous, Elle, Vous

B. As-tu été au magasin ? *Répondez.* Oui, _____. (Non, _____.)
         au Sénégal ?
         au Canada ?
         en ville ?
         à Québec ?
         en Belgique ?

5. The *passé composé* of **faire**

J'ai fait des courses.   { *I did some shopping.*
                                       { *I have done some shopping.*

A. J'ai fait des courses. *Répétez.*
     Bayo, Bayo et Adisa, Nous, Tu, Elle

B. Où est la salade que j'ai faite ? *Répétez.*
         la soupe
         l'orangeade
         la limonade
         la glace

     Où sont les hors-d'œuvre que j'ai faits ?
         les desserts
         les frites
         les biftecks
         les salades

C. Hier il a fait beau. *Répétez.*
         mauvais.
         chaud.
         frais.
         froid.
         du soleil.
         du vent.
         bon.

6. Two idioms with **avoir: avoir l'air +** **adjective, avoir besoin de**

1. **Avoir l'air** + adjective[1] *to look, seem*

Pierre, c'est pour ça que tu **as l'air si content.**	*Peter, that's why you look so happy.*
Marie **a l'air contente.**	*Mary looks happy.*
La soupe **a l'air bonne.**	*The soup looks good.*

LE PROFESSEUR　Je suis content.
L'ÉTUDIANT(E)　Vous avez l'air content.

Paul est content.
Marie est contente.
Nous sommes contents.
La soupe est chaude.
La soupe est froide.
La soupe est délicieuse.
La soupe est mauvaise.

2. **Avoir besoin de** *to need, have need of*

J'**ai besoin d'**une brosse.	*I need a brush.*
Ils **ont besoin de** travailler.	*They need to work.*

A. LE PROFESSEUR　Je dois travailler aujourd'hui.
　　L'ÉTUDIANT(E)　Moi aussi, j'ai besoin de travailler.

Je dois trouver un livre.
　　　　acheter du savon.
　　　　commencer la leçon.
　　　　dormir.
　　　　prendre du lait.
　　　　partir à 6 h.[2]

B. LE PROFESSEUR　Il me faut un manteau.
　　L'ÉTUDIANT(E)　Moi aussi, j'ai besoin d'un manteau.

Il me faut un manteau.
　　　　un chèque.
　　　　une brosse.
　　　　une bière.
　　　　un café.
　　　　une glace.

---

[1] Note that the adjective agrees with the subject.
[2] Common abbreviation for **heures**.

7. The pronoun **en**

(*a*) Il vient **de Paris**.   *He is coming* from Paris.
    Il **en** vient.   *He is coming* from there.

(*b*) J'ai **du poulet**.   *I have* some chicken.
    J'**en** ai.   *I have* some.

    Elle a acheté **de la crème**.   *She bought* some cream.
    Elle **en** a acheté.   *She bought* some.

    As-tu **des tomates**?   *Have you* any tomatoes?
    En as-tu?   *Have you* any?

(*c*) **Combien d'oranges** voulez-   How many oranges *do you want?*
    vous?
    J'**en** veux **deux**.   *I want* two (of them).

(*d*) **Combien de café** a-t-il bu?   How much coffee *did he drink?*
    Il **en** a **trop** bu.   *He drank* too much (of it).

1. The pronoun **en** replaces a phrase containing **de** + an object. As in *a* above, it often corresponds to English *from there, from a certain place*.
2. The pronoun **en** replaces a partitive phrase (**de** + an object). As in *b* above, it generally corresponds to English *some* or *any*.[1]
3. **En** goes before the verb cluster and the number or other expressions of quantity goes after it (as in *c* and *d* above).
4. **En** precedes the verb just like other object pronouns.[2] The participle does not agree with the gender of the object **en** is replacing.

    La crème? J'en ai **bu**.

A. LE PROFESSEUR   Il vient du Canada.
    L'ÉTUDIANT(E)   Il en vient.

    Il vient du restaurant.
            de la plage.
            de New York.
            du Mexique.
            de la classe.

[1] Remember this difference:
  Je veux **du poulet**.   *I want* some chicken.
  J'**en** veux.   *I want* some.
[2] Except in commands, to be covered later.

B. LE PROFESSEUR   Ils désirent des chèques.
    L'ÉTUDIANT(E)   Ils en désirent.

Ils désirent des chèques.
            des sandwichs.
            des interprètes.
            du poulet.
            de la glace.
            du thé.

C. LE PROFESSEUR   Combien de frères as-tu? (trois)
    L'ÉTUDIANT(E)   J'en ai trois.

Combien de bière veux-tu? (très peu)
Combien de pain veux-tu? (beaucoup)
Combien d'oranges veux-tu? (une)
Combine de fruits veux-tu? (deux)
Combien de manteaux veux-tu? (un)

D. LE PROFESSEUR   Combien de biftecks avez-vous achetés? (trois)
    L'ÉTUDIANT(E)   J'en ai acheté trois.

Combien de poissons avez-vous achetés? (quatre)
            tomates   (six)
            hors-d'œuvre   (assez)
            œufs   (douze)
            pain   (trop)

PRENONS LE LARGE

Les Visages de l'amoureux

Marie-Claire trouve que son amoureux a souvent* l'air content.	*Marie-Claire finds that her lover often looks happy.*
heureux.	*happy.*
triste*.	*sad.*
malicieux.	*malicious.*
satanique.	*devilish.*
maussade.	*grumpy.*
patient*.	*patient.*
impatient*.	*impatient.*
intellectuel*.	*intellectual.*
fatigué.	*tired.*

Le Souffleur

1. Des amis?...beaucoup.
2. J'ai besoin de...
3. Tu as l'air...
4. Où est la lettre...?
5. Des frères?...six.

Le combat entre les générations

1. Quand le professeur fait un examen, il a l'air _____.
2. Quand le professeur n'a pas bien dormi, il a l'air _____.
3. Quand le professeur a faim, il a l'air _____.
4. Quand les étudiants n'ont pas assez dormi, ils ont l'air _____.
5. Quand les étudiants viennent en classe, ils ont l'air _____.
6. Quand les étudiants et le professeur sortent de la classe, ils ont l'air _____.

Quelle est la question?

1. J'en ai deux.
2. Non, je ne les ai pas achetés.
3. Oui, j'en ai besoin.
4. Il a reçu deux lettres.
5. Je trouve que le professeur est triste aujourd'hui.

Petites causeries

Demandez à _____ si le professeur a l'air content.
         si elle a aimé la classe de français.
         s'il a besoin d'étudier.
         combien de lettres il a reçues.
         si elle a été au magasin.
         s'il a fait des courses.
         s'il a regardé la télévision.
         comment elle a trouvé le programme.

Parlons de vous

1. As-tu été au magasin hier?
2. As-tu fait des courses hier soir?
3. As-tu très faim? Pourquoi (pas)?
4. Pourquoi avez-vous l'air content?
5. Avez-vous besoin d'une automobile?
6. Avez-vous préparé le dîner?
7. Avez-vous reçu un chèque cette semaine? (De qui?)

8. As-tu regardé la télévision hier soir?
9. Quel programme as-tu préféré?
10. En général êtes-vous patient ou impatient?
11. Préférez-vous les films intellectuels ou simplement amusants?
12. Voici du café. En voulez-vous?
13. Est-ce que votre père a généralement l'air triste ou heureux?
14. Quel temps a-t-il fait hier?
15. Quel temps a-t-il fait la semaine passée?

Improvisations

La Vie de tous les jours

VOCABULARY	être, magasin, faire des courses, avoir l'air content, acheter, j'ai reçu, lettres, une faim de loup, la télévision, le programme, se coucher
TOPIC IDEAS	1. J'ai fait beaucoup de choses. 2. Je fais beaucoup de choses tous les jours. 3. Hier j'ai beaucoup étudié.
QUESTIONS	1. As-tu été en ville? 2. As-tu fait des courses? 3. Qu'est-ce que tu as acheté? 4. Comment as-tu trouvé le programme?

Enquête

Find out whether another student was downtown yesterday, bought anything, studied a lot, watched television, received any mail.

Expressions consacrées

Je n'ai pas les yeux en face des trous.	*I'm not awake yet.*[a]	[a] Literally, *I don't have my eyes in front of the holes.*
J'ai bon dos!	*Go ahead, blame me for it, I can take it.*[b]	[b] Literally, *I have a good back.*
Laisse-moi tranquille!	*Let me alone!*	

Lecture culturelle

L'Hôtesse de l'air: un métier qui a de l'éclat[a]

Avez-vous envie[b] d'être hôtesse de l'air? Ce métier reste[c] l'un des plus prestigieux de la femme moderne. Ici nous voyons Mary Southern, de Pennsylvanie. Elle a vingt ans. À bord elle s'occupe des[d] repas et du confort des passagers. Elle assume aussi un rôle administratif dans l'avion[e].

[a] *a job with real zing*

[b] *Do you desire*
[c] *remains*

[d] *takes care of*

[e] *airplane*

f **faire . . .**   *have a good edu-*
cation

g *she smiles a lot*

h *keeps herself in good shape*

   Pour être hôtesse de l'air elle a dû faire de bonnes études[f] et savoir deux langues—l'anglais et le français. Une bonne hôtesse de l'air a une personnalité dynamique; elle est souriante[g] et se maintient en bonne forme[h] physique et mentale. Mary semble posséder toutes les qualités d'une excellente hôtesse de l'air.

Quelle est votre réponse?

1. Est-ce que les jeunes filles de notre classe ont envie d'être hôtesses de l'air?
2. Pourquoi est-ce un métier prestigieux?
3. Qu'est-ce qu'il faut pour être hôtesse de l'air?
4. De quoi s'occupe-t-elle à bord de l'avion?
5. Quelles sont les qualités personnelles qu'elle possède?
6. Pourquoi ne voulez-vous pas être hôtesse de l'air?
7. Est-ce que les jeunes hommes, en général, aiment cette profession?

VOCABULAIRE

aîné(e)	*oldest*	**l'interprète** *m, f*	*interpreter*
l'air *m*	*air*	**jamais**	*never*
après	*later, afterwards*	**le magasin**	*store*
le besoin	*need*	**patient(e)**	*patient*
avoir besoin de	*to need*	**la pause**	*pause*
bête	*stupid*	**de plus**	*extra*
le bonheur	*happiness*	**le portrait**	*portrait*
Bravo!	*Bravo!, Good for you!*	**le programme**	*program*
cette	*this, that (f)*	**à propos**	*by the way*
le chèque	*check*	**puis**	*then*
Chic alors!	*Great!, Swell!*	**recevoir**	*to receive*
compléter	*to complete*	*(past part.* **reçu)**	
content(e)	*content; happy*	**sans**	*without*
avoir l'air content	*to look happy*	**seul(e)**	*alone*
demander	*to ask (for)*	**souvent**	*often*
se détendre	*to relax*	**la télévision (télé)**	*television (TV)*
l'école *f*	*school*	**triste**	*sad*
en	*from there; some*	**la vie**	*life*
impatient(e)	*impatient*		
intellectuel(le)	*intellectual*		

Deuxième Révision

A. **Le Temps**
  1. Il fait froid en _____.
  2. Il fait très chaud en _____.
  3. Il pleut beaucoup _____.
  4. Il fait beau _____.
  5. Il fait du vent _____.
  6. Il neige beaucoup _____.
  7. Il fait du soleil _____.

B. **Quelle est la raison?**
  1. Il prend du vin; il a _____.
  2. Je vais dormir; j'_____.
  3. Nous prenons un sandwich; nous _____.
  4. Il fait du soleil; j'_____.
  5. Elle prend son manteau; elle _____.

C. *Remplacez les noms par des pronoms d'objet indirect* (**me, te, lui,** *etc.*).
  1. Il parle *à Georges.*
  2. Elle a donné un manteau *à sa mère.*
  3. Il faut un manteau *à Claire et à Yvonne.*
  4. Paul veut dire bonjour *à sa fiancée.*
  5. Les étudiants disent au revoir *à Paul et à moi.*
  6. J'ai donné un livre *à toi.*
  7. Le climat plaît *à René.*
  8. Le cours ne plaît pas *aux étudiants.*
  9. Il a parlé *à vous.*
  10. Ils vont donner un cadeau *à leur mère.*

D. **La vie de tous les jours.** *Using the following verbs, tell, in sequence, what you do every day.*

se coucher	se brosser les dents
se laver	se réveiller
se lever	se maquiller
se dépêcher	se raser
se brosser les cheveux	s'habiller

147

E. *Remplacez les noms par des pronoms accentués (**moi, toi,** etc.).*

1. Je vais au cours avec *Marie et Suzanne.*
2. Ils sont chez *mon ami Jean.*
3. Qui parle français? *Les étudiants.*
4. Qui parle japonais? *Pas Régine.*
5. Tu vas au restaurant, *Jean?*
6. Qui va au restaurant? *Je vais.*

F. **Le partitif**

EXEMPLE   Voulez-vous...? (les carottes)
Voulez-vous des carottes?

1. (le veau)
2. (les oranges)
3. (la bière)
4. (l'eau)
5. (les tomates)

EXEMPLE   Voulez-vous de la glace? (un peu)
Oui, j'en veux un peu.

6. Voulez-vous de la pâtisserie? (beaucoup)
7. Voulez-vous du fromage? (un peu)
8. Voulez-vous des fruits? (trois)
9. Voulez-vous des oranges? (une)
10. Voulez-vous des œufs? (deux)

G. **Le passé composé**
Complete the second sentence in each pair, using the same subject and verb as in the first sentence. Put the verb into the passé composé and complete the sentence in any appropriate way.

EXEMPLE   Mon père dit toujours non.
Hier il a dit: C'est possible, mais aujourd'hui non.

1. Tous les jours je mange à sept heures. Ce matin _____.
2. En général il prend de la soupe. Hier soir _____.
3. J'ai toujours faim. Ce matin _____.

4. Nous faisons des courses. Hier _____.
5. En général vous ne regardez pas la télé. Hier soir _____.
6. Elle finit toujours sa salade. À midi _____.
7. Ils n'attendent pas l'autobus ici. Ce matin _____.
8. Nous décidons toujours le menu. Ce matin _____.
9. Tous les jours je commande des œufs. Au petit déjeuner _____.
10. En général elles sont contentes. Hier _____.

H. **L'accord du participe passé**
Complete each sentence with the past participle of the verb shown.

acheter
1. Où sont les brosses que tu as _____?
2. Voici la bière qu'il a _____.
3. Je regarde les hors-d'œuvre que Maman a _____.

finir
4. Où est la soupe? Je l'ai _____.
5. Où est l'eau minérale? Elle l'a _____.
6. Où sont les oranges? Ils les ont _____.

perdre
7. Les œufs? Je les ai _____.
8. La moto? Il l'a _____.
9. Le bébé? Elle l'a _____.

manger
10. Pas de soupe pour moi. J'en ai _____.
11. Pas de tomates pour lui. Il en a déjà _____.

I. *Answer these questions in complete French sentences.*

   1. Où a été Brigitte?
   2. Qu'est-ce que Jeanne lui a donné?
   3. Qu'est-ce que Jeanne a préparé?
   4. Qu'est-ce qu'elle a fait?
   5. Qu'est-ce qu'Adisa a commandé?
   6. À quelle heure a commencé la classe?
   7. Qu'est-ce que Pierre et Anne ont fait?
   8. Qu'est-ce qu'Adisa a fait?
   9. Qu'est-ce que Rolande a fait?
 10. Quel temps a-t-il fait hier?

Neuvième[1] Leçon

Le Transport

ALAIN Quelle matinée! Je suis allé à la gare acheter nos billets
       pour Versailles.

SUZANNE Bon. Tu as pris le métro?

ALAIN Non, je suis monté dans un autobus. Il s'est arrêté[2] juste
       à côté de la gare.

MARIO J'ai obtenu ma carte d'identité à la préfecture de police.

GINA Veux-tu me la montrer?

MARIO La voici.

GINA Je dois y aller demain. Qu'est-ce qu'on t'a demandé?

MARIO Oh, des questions typiques: «Où êtes-vous né?», etc. Tu
       peux y aller à pied.

GINA Ou peut-être à bicyclette.

(*Au téléphone*)

ÉDOUARD Tu veux aller au concert ce soir? C'est moi qui paie.

JACQUELINE Excellente idée!

ÉDOUARD Je viens te chercher en taxi à huit heures.

JACQUELINE Oh, ce n'est pas loin. Nous pouvons y aller à pied.

ÉDOUARD D'accord. À ce soir, alors.

---

[1] Note spelling change, from **neuf**.
[2] The *accent circonflexe* (ˆ) often indicates that there was an *s* in the original spelling.
This clue may help to determine the meaning: **hôpital, arrête** (one *stops* when one
is *arrested*), **pâtisserie**, etc.

Questions sur le dialogue

1. Alain est allé à la gare?
2. Est-ce que les billets sont pour Paris?
3. Alain a pris le métro ou l'autobus?
4. Qu'est-ce que Mario a obtenu?
5. Qu'est-ce qu'on lui a demandé à la préfecture de police?
6. Gina peut y aller à pied?
7. Jacqueline veut aller au concert?
8. Jacqueline veut y aller en taxi ou à pied?

Transportation

ALAIN   What a morning! I went to the station to buy our tickets for Versailles.

SUZANNE   Good. Did you take the subway?

ALAIN   No, I got on[a] a bus. It stopped right next to the station.

MARIO   I got my identity card at police headquarters.

GINA   Will you[b] show it to me?

MARIO   Here it is.

GINA   I have to go there tomorrow. What did they ask you?

MARIO   Oh, typical questions: "Where were you born?" etc. You can walk there.

GINA   Or perhaps (go) by bicycle.

(*On the telephone*)

ÉDOUARD   Do you want to go to the concert this evening? I'm paying.[c]

JACQUELINE   Excellent idea!

ÉDOUARD   I'll come for you in a taxi at eight.

JACQUELINE   Oh, it isn't far. We can walk there.

ÉDOUARD   OK. Until this evening, then.

[a] Literally, *I went up into*

[b] *Do you want to*

[c] Literally, *It's I who am paying.*

REMARQUES CULTURELLES

Travel. In France, the most popular mode of public transportation for long trips is the train. French trains are very comfortable and fast, and they generally run on good schedules.

For short trips, many people take the bus. Some very modern buses are mostly reserved for tourist charters. Regular bus lines tend to use older buses which leave a lot to be desired.

In the cities, bus service is generally efficient and popular. In fact, during the rush hour it is almost too popular. People are literally packed in like sardines.

Observez le style art nouveau. «Tu as pris le métro?»

Taxis are more comfortable than buses and are generally very rapid, though a little expensive. Paris taxi drivers drive notoriously fast and are very daring in heavy traffic.

In addition to buses and taxis, Paris has the famous **métro**, an excellent subway system. Its modern, rubber-tired trains move swiftly and quietly.

France has good air service to all major cities within the country, as well as abroad, for those who can afford it.

In recent years, there has been a dramatic increase in the number of automobiles in France. As a result, most cities are struggling to solve problems of traffic congestion.

Most French people like to travel, whether in France or abroad. During their annual vacation, they almost always head for the sea, the mountains, or some place else for a change of pace.

PRONONCIATION

French [l]

FRENCH	ENGLISH
belle	*bell*
mal	*mall*
Michèle	*shell*
allez	*alley*

French [ɲ]

Allemagne, montagne, campagne, Agnès, agneau, vigne, signe

EXPLICATIONS

1. The *passé composé* (with **être**)

The past participle of verbs conjugated with **être** must agree in gender and number with the subject.

(Pierre) Je suis **allé**.	*I went.*
(Estelle) Je suis **allée**.	*I went.*
(Pierre et Estelle) Nous sommes **sortis**.	*We went out (We have gone out.)*
(Estelle et Marie) Nous sommes **sorties**.	*We went out. (We have gone out.)*
Monique, tu es **restée**?	*Monique, did you remain? (Monique, have you remained?)*
À quelle heure êtes-vous **arrivée**, Madame?	*At what time did you arrive, Madame?*

1. Although most French verbs use **avoir** + past participle to form the *passé composé*, below are some of the verbs that use **être** + past participle.

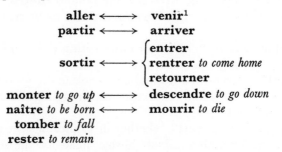

¹ **Revenir** (*to come back*) and **devenir** (*to become*) are conjugated like **venir.**

On sort du métro à la station Bastille.

2. Most of these verbs show motion to or from a certain place. Thus, it may be easier to learn them by pairs.
3. The past participle of these verbs agrees with the subject (add **-e** for the feminine, and **-s** for the plural).

> Où êtes-vous **allé**, Jacques?
> Où êtes-vous **allée**, Marie?
> Où êtes-vous **allés**, Jacques et Pierre?
> Où êtes-vous **allées**, Marie et Estelle?

4. The past participle of most of these verbs is regular. A few, however, are irregular.

venir	**venu**
naître	**né**
mourir	**mort**

A. À quelle heure est-elle partie pour Versailles? *Répondez.*
    arrivée à Versailles?
    descendue de l'autobus?
    revenue de Versailles?
    rentrée chez elle?

B. LE PROFESSEUR   Quand êtes-vous arrivé(e) à Versailles? (lundi)
   L'ÉTUDIANT(E)   J'y suis arrivé(e) lundi.

   Quand est-il arrivé à Paris? (mardi)
   Quand sont-ils arrivés à Bruxelles? (mercredi)
   Quand êtes-vous arrivées à Londres? (jeudi)
   Quand est-elle arrivée à Québec? (samedi)
   Quand es-tu arrivé(e) à Dakar? (dimanche)

C. LE PROFESSEUR   Quand êtes-vous parti(e) de chez vous? (en mai
   L'ÉTUDIANT(E)   J'en suis parti(e) en mai.

   Quand est-elle partie de chez elle? (décembre)
   Quand est-il parti de chez lui? (septembre)
   Quand sont-ils partis de chez eux? (mars)
   Quand êtes-vous parti(e) de chez vous? (mai)
   Quand est-ce que je suis parti(e) de chez moi? (janvier)

D. LE PROFESSEUR   Je vais en France.
   L'ÉTUDIANT(E)   Je suis allé(e) en France.

   Je vais en France.[1]
   Il part à six heures.
   Elles sortent de la maison.
   Tu entres dans le restaurant.
   Je descends de l'autobus.
   Vous arrivez à la gare.
   Elle vient du Canada.
   Je rentre le soir à neuf heures.
   Il monte dans le taxi.
   Ils tombent de leur moto.

E. Il est né aux États-Unis. Et vous?
   Et Adisa?
   Et Françoise?
   Et vos parents?
   Et Molière?

[a] *You're a tourist. Answer the questions that you're asked at a hotel.*

F. *Vous êtes touriste. Répondez aux questions qu'on vous pose à l'hôtel.*[a]

1. Où êtes-vous né(e)?
2. Quand êtes-vous parti(e) de chez vous?
3. Quand êtes-vous allé(e) à l'aéroport chez vous?
4. Quand êtes-vous arrivé(e) en France?
5. Êtes-vous venu(e) à l'hôtel en taxi ou en autobus?

---

[1] The verbs in this exercise are usually followed by a preposition. Note especially **entrer dans** (*to enter*).

«Je viens te chercher en taxi à huit heures.»

2. The *passé composé* of reflexive verbs

Il **s'est levé** à huit heures.	*He got up at 8:00.*
Elle **s'est lavée**.	*She washed (herself).*
Ils **se sont rasés**.	*They shaved (themselves).*

1. All reflexive verbs use **être** in the *passé composé*.
2. The past participle agrees with the reflexive pronoun when the pronoun is the direct object of the verb. This occurs most of the time.

> Elles **se** sont **levées** tard.   *They got up late.*

3. In a few verbs (such as **se laver**, **se brosser**), the reflexive pronoun may be either a direct or an indirect object.

Elle **s'est lavée**.   *She washed herself.*
Elle **s'est lavé** les mains.   *She washed her hands.*

In the first example, the direct object is **se** (*herself*). Since it precedes the verb, the past participle agrees with it.

    In the second example, **se** is the indirect object (*for herself*). The direct object is **les mains**. Since it comes after the verb, there is no change in the past participle.[1]

4. The negative is formed as follows.

Je **ne** me suis **pas** levé à huit heures.
Elle **ne** s'est **pas** lavée.
Elle **ne** s'est **pas** lavé la figure.

5. Word order in questions is as follows.

Est-ce que Jean s'est rasé?
S'est-il rasé?

3. The *passé composé* of **se lever**

(Pierre)	Je **me suis levé**.	(Pierre et Jean)	Nous **nous sommes levés**.
(Anne)	Je **me suis levée**.	(Anne et Louise)	Nous **nous sommes levées**.

(Pierre)	Tu **t'es levé**.	(Pierre)	Vous **vous êtes levé**.
(Anne)	Tu **t'es levée**.	(Anne)	Vous **vous êtes levée**.
		(Pierre et Anne)	Vous **vous êtes levés**.
		(Anne et Marie)	Vous **vous êtes levées**.

Il **s'est levé**.	Ils **se sont levés**.
Elle **s'est levée**.	Elles **se sont levées**.

A. Je me suis levé(e) à huit heures. *Répétez.*
   Il, Nous, Ils, Tu, Elle, Vous

B. À quelle heure vous êtes-vous levé(e)? *Répondez.*
   Et Estelle?
   Et Max?
   Et le bébé?
   Et vos parents?

---

[1] The past participle must, however, agree with a direct object pronoun, which precedes the verb.
Elle se **les** est **lavées**.   *She washed them [hands] (for herself).*

C. *Qu'avez-vous fait hier?*
   Je _____ à sept heures. (se réveiller)
   Je _____ à 7 h 30. (se lever)
   Ensuite je _____. (se laver)
   Ensuite je _____. (se brosser les dents)
   Ensuite je _____. (se raser)
   Ensuite je _____. (s'habiller)
   Ensuite je _____. (se dépêcher)
   Le soir je _____ à onze heures. (se coucher)

D. *Répétez l'Exercice C, en substituant les sujets **il**, **elle** et **nous**.*[a]

[a] *Repeat Exercise C, substituting the subjects **il**, **elle**, and **nous**.*

E. LE PROFESSEUR   Je suis allé. (s'habiller)
   L'ÉTUDIANT(E)   Je me suis habillé(e).

   1. Il est arrivé. (se laver)
   2. Elle est entrée. (se dépêcher)
   3. Nous sommes montées. (se réveiller)
   4. Tu es retourné. (se raser)
   5. Vous êtes parti. (se coucher)
   6. Je suis venu(e). (se lever)

F. *Complete this passage by giving the correct form of the passé composé for each infinitive.*
   Ce matin Sylvie (se réveiller) à sept heures. Elle (prendre) un bain, ensuite elle (s'habiller). Elle (prendre) le petit déjeuner à la française— du café et des croissants. Elle (sortir) à 8 h 30. Devant la maison elle (monter) dans un autobus et (arriver) au travail à neuf heures. Après le travail elle (faire) des courses. Elle (rentrer) à six heures. Après le dîner elle (lire) un livre. Elle (se coucher) à 11 h 30.

4. Payer *to pay, pay for*

(*a*) The present indicative of **payer**

je **paie**	nous **payons**
tu **paies**	vous **payez**
il, elle **paie**	ils, elles **paient**

   C'est moi qui paie. *Répétez.*
        toi, lui, elle, nous, vous
   Ce sont eux
        elles

(*b*) The *passé composé* of **payer**

   J'ai trop **payé**.   *I paid too much.*

   J'ai payé le dîner. *Répétez.*
   Tu, Nous, Ils, Elle, Vous

5. Object pronouns: summary and word order

1. Summary of pronouns

	SUBJECT	DIRECT OBJECT	INDIRECT OBJECT	REFLEXIVE
SINGULAR	je	me	me	me
	tu	te	te	te
	il	le	lui	se
	elle	la		
PLURAL	nous	nous	nous	nous
	vous	vous	vous	vous
	ils elles	les	leur	se

2. Order of object pronouns

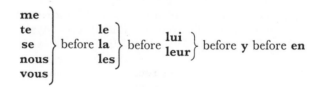

$$\left.\begin{matrix}\text{me}\\\text{te}\\\text{se}\\\text{nous}\\\text{vous}\end{matrix}\right\} \text{before} \left.\begin{matrix}\text{le}\\\text{la}\\\text{les}\end{matrix}\right\} \text{before} \left.\begin{matrix}\text{lui}\\\text{leur}\end{matrix}\right\} \text{before } \mathbf{y} \text{ before } \mathbf{en}$$

A. LE PROFESSEUR   Claire me montre la carte. *Changez.*
    L'ÉTUDIANT(E)   Claire me la montre.

Claire me montre la carte.
    nous
    leur
    lui
    vous
    te

B. Claire me montre le journal.
    vous
    leur
    lui
    te
    nous

C. Claire me donne les carottes.
>   te
>   nous
>   lui
>   leur
>   vous

D. LE PROFESSEUR   Avez-vous vu Georges à Rome?
> L'ÉTUDIANT(E)   Oui, je l'y ai vu.

> Avez-vous vu Renée à Madrid?
>   ses parents à Londres?
>   le président à Washington?
>   les enfants à la maison?
>   Estelle à Paris?

E. LE PROFESSEUR   Est-ce que Georges vous a parlé de sa visite?
> L'ÉTUDIANT(E)   Oui, il m'en a parlé.

> Est-ce que Georges vous a parlé de sa visite?
>   lui
>   nous
>   leur
>   m'
>   t'

6. Recevoir *to receive*

(*a*) The present indicative of **recevoir**

je **reçois**	nous **recevons**
tu **reçois**	vous **recevez**
il, elle **reçoit**	ils, elles **reçoivent**

A. Il reçoit une lettre très souvent. *Répétez.*
Elle, Je, Tu, Vous, Nous, Ils

B. Recevez-vous souvent un télégramme? *Répondez.*
Et vos parents?
Et votre ami(e)?
Et le professeur?
Et nous?
Et toi?

(*b*) The *passé composé* of **recevoir**

> **J'ai reçu** un cadeau.   *I received a gift.*

> J'ai reçu une bicyclette. *Répétez.*
> Mon frère, Nous, Anne, Les garçons, Tu, Vous

PRENONS LE LARGE

Prepositions of place

L'autobus s'est arrêté près de la gare.	*The bus stopped near the station.*
à côté de*	*next to*
devant*	*in front of*
derrière*	*behind*
en face de*	*opposite*
J'ai vu le livre sur* la table.	*I saw the book on the table.*
sous*	*under*

A. LE PROFESSEUR   Est-ce que l'autobus s'est arrêté près de la gare ? (1)
    L'ÉTUDIANT(E)   Oui, juste à côté de la gare.

(1) à côté de   (4) devant
(2) en face de   (5) près de
(3) derrière

B. LE PROFESSEUR   Où as-tu trouvé le livre ? (1)
    L'ÉTUDIANT(E)   Je l'ai trouvé près de la table.

(1) près de   (4) sous
(2) sur   (5) devant
(3) en face de

Le Souffleur

1. Je me suis réveillé(e)...
2. Elle est arrivée...
3. À la préfecture de police on m'a demandé:...?
4. En face de moi...
5. Il a payé...

Quelle est la question?

1. Elles sont venues d'Angleterre.
2. Je me suis levé à sept heures.
3. C'est papa qui a payé le cadeau.
4. Il est descendu du taxi.
5. Oui, je le lui ai donné.

Petites causeries

Demandez à _____ à quelle heure il s'est levé ce matin.
où elle est née.
si elle a payé la bière.
s'il s'est réveillé tard.
quand il est arrivé au cours.
quand elle est rentrée hier après-midi.
s'il va te montrer sa moto.

Parlons de vous

1. À quelle heure vous êtes-vous levé(e) ce matin?
2. À quelle heure vous êtes-vous couché(e) hier soir?
3. Où êtes-vous allé(e) ce matin?
4. À quelle heure y êtes-vous arrivé(e)?
5. Où êtes-vous né(e)?
6. Où sont nés vos parents?
7. Qui est mort le premier, le président Washington ou le président Truman?
8. À quelle heure es-tu rentré(e) hier soir?
9. Qui a payé le dîner, toi ou ton fiancé (ta fiancée)?[1]
10. Vas-tu me montrer ta moto?
11. Comment es-tu venu(e) en classe ce matin?
12. Qu'est-ce qu'il y a en face de votre maison (appartement)?
13. Êtes-vous devenu(e) fatigué(e) après les cours?
14. Est-ce que vous vous êtes brossé les dents ce matin?
15. Êtes-vous allé(e) à la préfecture de police hier après-midi?

---

[1] In your answer, use **C'est...qui...payé**.

Improvisations

Je suis fatigué(e)!

VOCABULARY   se lever, se laver, s'habiller, manger, sortir, cours, travail, déjeuner, dîner, rentrer, se coucher

TOPIC IDEAS
1. Je me suis levé(e) à sept heures ce matin.
2. Hier
3. J'ai fait beaucoup de choses.

QUESTIONS
1. As-tu fait beaucoup de choses aujourd'hui?
2. Où es-tu allé(e) ce matin?
3. Pourquoi es-tu fatigué(e)?

Enquête

Find out all you can about a trip one of your classmates took, and then tell him or her about a trip you took.

Expressions consacrées

Tous les goûts sont dans la nature.	*It takes all kinds to make a world.*
De deux maux il faut choisir le moindre.	*You have to choose the lesser of two evils.*
Tu crois au Père Noël!	*You expect too much![a]*

[a] Literally, *You believe in Santa Claus!*

Lecture culturelle

[a] *full*
[b] *atmosphere*
[c] *of answering the mail by herself*
[d] *her boss*
[e] *leaves for abroad*
[f] *reserve her seat*
[g] *sort out*
[h] *slip them into her briefcase*
[i] *to run the business affairs in progress*

La Secrétaire bilingue: un métier plein[a] de responsabilités

Cette jeune fille s'appelle Roxanne. Elle est très bien habillée; elle travaille dans un bureau moderne, à l'ambiance[b] agréable. Qu'est-ce qu'elle fait? Elle est secrétaire bilingue. Elle est capable de rédiger elle-même le courrier[c], de répondre aux appels téléphoniques et de recevoir les visiteurs. Elle fait tout cela en anglais ou bien en français puisqu'elle parle et écrit les deux langues avec une grande facilité.

Demain sa patronne[d] Mme Simon part pour l'étranger[e]. Il faut retenir sa place[f] d'avion, classer[g] les documents qu'il lui faut et les glisser dans sa serviette[h]. Pendant l'absence de Mme Simon, Roxanne continue à régler les affaires en cours[i].

Quelle est votre réponse?

1. Trouvez-vous le travail de Roxanne agréable?
2. En quoi consiste son travail?
3. Qu'est-ce qu'elle fait avec une grande facilité?
4. Qu'est-ce qu'elle doit faire quand sa patronne part pour l'étranger?
5. Qu'est-ce qu'elle fait pendant l'absence de Mme Simon?
6. Ne désirez-vous pas être secrétaire bilingue?

VOCABULAIRE

alors	*then*	le **métro**	*subway*
s'arrêter	*to stop*	**monter**	*to go up, get into (bus)*
arriver	*to arrive*	**montrer**	*to show*
la **bicyclette**	*bicycle*	**mourir**	*to die*
à bicyclette	*by bicycle*	**naître** (*past part* **né**)	*to be born*
le **billet**	*ticket*	**obtenir** (*past part*	*to obtain*
la **carte**	*card*	**obtenu**)	
carte d'identité	*identity card*	**payer**	*to pay, pay for*
chercher	*to look for; to pick up*	**peut-être**	*perhaps*
le **concert**	*concert*	le **pied**	*foot*
le **côté**	*side*	**à pied**	*on foot*
à côté de	*next to*	la **police**	*police*
derrière	*behind*	la **préfecture de**	*police headquarters*
descendre	*to go down, get off*	**police**	
devant	*in front of*	**rentrer**	*to come home, come back*
devenir	*to become*	**rester**	*to stay, remain*
en face de	*opposite*	**retourner**	*to return*
entrer (**dans**)	*to enter*	**revenir**	*to come back*
excellent(e)	*excellent*	**sous**	*under*
la **gare**	*station*	**sur**	*on*
l'**idée** *f*	*idea*	le **téléphone**	*telephone*
juste	*just, exactly*	**tomber**	*to fall*
loin	*far*	le **transport**	*transportation*
la **matinée**	*morning*	**typique**	*typical*

Marché aux puces.[a] «Cette couleur te va bien.»   [a] *Flea market*

Dixième Leçon 10

Les Vêtements

Carlos et Luisa, deux étudiants espagnols, sont allés au Prisunic, grand supermarché où on vend de tout à bon marché.

CARLOS   Voilà notre amie Madeleine qui travaille au rayon pour hommes.... Bonjour, Madeleine.

LUISA   Ça va?

MADELEINE   Bonjour. Ça va bien, merci.

CARLOS   Dites[1]. Comment trouvez-vous cette chemise jaune?

LUISA   Elle est très belle. Cette couleur te va bien.

MADELEINE   J'en ai vendu cinq aujourd'hui.

CARLOS   Bon, je la prends.

CARLOS   Regardez ces bottes-ci. Qu'en pensez-vous?

LUISA   Très chics. J'aime les bottes noires.

MADELEINE   Quelle pointure est-ce?

CARLOS   42. C'est parfait.

LUISA   Excusez-moi. Je vais au rayon pour dames.

(Vingt minutes plus tard)

LUISA   Me voici.

CARLOS   Quel joli chemisier rose!

MADELEINE   Il est même élégant. Surtout avec la jupe marron que tu as mise.

CARLOS   J'ai choisi un pull-over gris clair, un pantalon bleu foncé, deux T-shirts rouges et deux blue-jeans.

LUISA   J'ai vu une ceinture et des chaussettes blanches, mais je n'ai plus d'argent.

---

[1] Carlos is using the **vous** form because he is addressing both Luisa and Madeleine.

Questions sur le dialogue

1. Carlos et Luisa sont français?
2. Qui travaille au rayon pour hommes?
3. Comment est-ce que Luisa a trouvé la chemise jaune?
4. Carlos prend la chemise?
5. Est-ce que Luisa aime ces bottes?
6. Quelle pointure est-ce?
7. Luisa a un joli chemisier orange?
8. Qu'est-ce que Carlos a choisi?

Clothing

Carlos and Luisa, two Spanish students, have gone to Prisunic, a large supermarket where they sell everything at low prices.

CARLOS   There's our friend Madeleine who works in the men's department.... Hello, Madeleine.

LUISA   How's everything?

MADELEINE   Hello. Fine, thanks.

CARLOS   Say, what do you think of this yellow shirt?

LUISA   It's very beautiful. That color looks good on you.

MADELEINE   I've sold five of them today.

CARLOS   Good, I'll take it.

CARLOS   Look at these boots. What do you think of them?

LUISA   Very stylish. I like black boots.

MADELEINE   What size?

CARLOS   42.[1] It's perfect.

LUISA   Excuse me. I'm going to the women's department.

(*Twenty minutes later*)

LUISA   Here I am.

CARLOS   What a pretty pink blouse!

MADELEINE   It's even elegant. Especially with the brown[2] skirt that you put on.

CARLOS   I chose a light gray sweater, some dark blue pants, two red T-shirts, and two pairs of blue jeans.

LUISA   I saw a white belt and socks, but I have no more money.

---

[1] French sizes are based on the metric system. Each size increases by $\frac{2}{3}$ of a centimeter. Size 42 would be approximately size 9 in American terms.

[2] The color **marron** (*brown*) is invariable—that is, it does not change in either the feminine or the plural.

REMARQUES CULTURELLES

La Mode française. In spite of France's position as the leader of high fashion (**haute couture**), an increasing Americanization of styles is taking place, especially among the young. For example, the invasion of the T-shirt[a], beads, and blue jeans. It is interesting to note that "denim" originated in the city of Nîmes, in southern France (**de Nîmes**). At any rate, today the young (as well as the not so young) enjoy the comfort of the casual[b] style. They find it inexpensive, exciting, liberating.

The unisex style is also very much "in." As a matter of fact, it has been popular since the time of the **blousons noirs**[c] during the early sixties. (One of Gilbert Bécaud's songs is entitled "She dresses just like him.")

The trend is to the "country" look. It can be seen in the overalls (**salopettes**[d]) widely advertised even by high-fashion designers.

The "French touch" is still visible, however, in the choice of material, in the originality of design and cut, in the reasonable price, and in the elegance of the models.

Interestingly enough, these fashions, American in origin, but improved upon by the French, come back to America at extremely high prices, and have become the latest thing in French wear.

So, whether you're wearing a khaki army jacket or the latest "boutique" creation, it doesn't really matter, especially in Paris. Everything goes in the City of Light and world capital of elegance.

[a] **gilet de corps** (*underwear*) in Old French

[b] **décontracté**

[c] *young toughs known for their penchant for black leather jackets*

[d] *Something in which to get dirty, from* **sale** (*dirty*)

PRONONCIATION

French [a]

pas, âme, âge, vase, bas

French [œ]

heure, peur, sœur, seul, œuf, œil

French Consonant [b]

bébé, bon, beige, botte, brun, belle

French Consonant [p]

papa, Paul, passer, porter, parfait, paire, pantalon

EXPLICATIONS

1. Demonstrative adjectives

Comment trouvez-vous **ce** chemisier ?   *What do you think of this (that) blouse?*

Qui est **cet** homme ?   *Who is that (this) man?*

Cette couleur te va bien.   *That (this) color looks good on you.*

Ces blue-jeans et **ces** bottes sont chics.   *Those (these) blue jeans and boots are sharp.*

1. The demonstrative adjective has four forms.
    (*a*) **Ce** is used before a masculine singular noun beginning with a consonant.
    (*b*) **Cet** is used before a masculine singular noun beginning with a vowel or a mute **h.**
    (*c*) **Cette** is used before all feminine singular nouns.
    (*d*) **Ces** is used before all plural nouns.
2. The demonstrative adjective corresponds to English *this, that* in the singular, and *these, those* in the plural.
3. In most cases, the meaning of the demonstrative adjective will be clear from the context. If, however, there is any doubt, one adds **-ci** (*here*) or **-là** (*there*) to the noun preceded by the demonstrative adjective.

> Regarde ce chemisier-**ci.**   *Look at* this *blouse.*
> Allons à ce café-**là.**   *Let's go to* that *café.*

A. Regarde ce chemisier rouge. *Répétez.*
       T-shirt
       pantalon
       livre
       autobus

B. J'ai choisi cette chemise blanche. *Répétez.*
         ceinture
         brosse
         jupe
         carte

C. J'ai acheté ces chaussettes marron. *Répétez.*
         chaussures
         skis
         T-shirts
         pull-overs

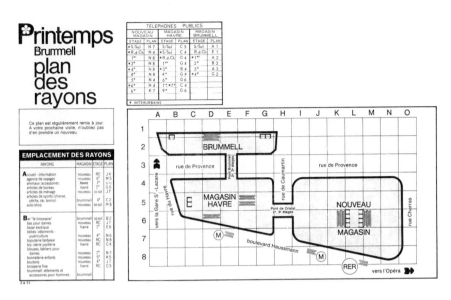

D. *Faites votre choix.*

Préférez-vous cette chemise-ci ou cette chemise-là? *Répondez.*
ces bottes-ci ou ces bottes-là?
cette jupe-ci ou cette jupe-là?
ce chemisier-ci ou ce chemisier-là?
ce pantalon-ci ou ce pantalon-là?

2. **Mettre** *to put, put on*

(*a*) The present indicative of **mettre**

je **mets**	nous **mettons**
tu **mets**	vous **mettez**
il, elle **met**	ils, elles **mettent**

(*b*) The *passé composé* of **mettre**

J'ai mis un pull-over gris.   *I put on a gray pullover.*

A. Je mets un manteau bleu. *Répétez.*
Elle, Nous, Tu, Vous, Elles

B. Il met les bottes sous la table. *Répétez.*
la chemise
les chaussures
le pantalon
le pull-over

C. LE PROFESSEUR   Qu'est-ce que tu as mis ce matin? (1)
L'ÉTUDIANT(E)   J'ai mis un blue-jean.

(1) un blue-jean
(2) une chemise rouge
(3) des chaussettes blanches
(4) une paire de chaussures noires
(5) une jupe marron

3. **Aller bien** + indirect object

Cette couleur **te va bien**.   *That color becomes you.*

A. LE PROFESSEUR   Cette couleur va bien à Marie.
L'ÉTUDIANT(E)   Cette couleur lui va bien.

Cette couleur va bien à Paul.
               à toi.
               à mes amis.
               à nous.
               à vous.
               à Madeleine et à Jeanne.
               à moi.

B. La jupe que Sylvie a portée lui va bien. *Répétez.*
La chemise
Les bottes
Les chaussures
Le pull-over

4. **Penser de** *to think of, to have an opinion of*

Que **pensez-vous de** cette chemise?   *What do you think of this shirt?*
Qu'**en penses-tu**?   *What do you think of it?*

A. LE PROFESSEUR   Comment trouves-tu ce chemisier?
L'ÉTUDIANT(E)   Que penses-tu de ce chemisier?

Comment trouves-tu cette chemise?
                     ce pantalon?
                     cette jupe?
                     ces chaussures?
                     ces chaussettes?

B. LE PROFESSEUR   Que pensez-vous de ce chemisier?
L'ÉTUDIANT(E)   Qu'en pensez-vous?

Que pensez-vous de cette chemise?
                  ce pantalon?
                  cette jupe?
                  ces chaussures?
                  ces chaussettes?

5. L'Impératif *The imperative mood*

PRESENT TENSE	IMPERATIVE	NEGATIVE
Tu **parles** français.	**Parle.**	**Ne parle pas.**
Tu **finis** la leçon.	**Finis.**	**Ne finis pas.**
Tu **attends** le bus.	**Attends.**	**N'attends pas.**
Vous **parlez** français.	**Parlez.**	**Ne parlez pas.**
Vous **finissez** la leçon.	**Finissez.**	**Ne finissez pas.**
Vous **attendez** le bus.	**Attendez.**	**N'attendez pas.**
Nous **parlons** français.	**Parlons.**	**Ne parlons pas.**
Nous **finissons** la leçon.	**Finissons.**	**Ne finissons pas.**
Nous **attendons** le bus.	**Attendons.**	**N'attendons pas.**

1. The imperative mood is used for commands: *Speak, Finish, Wait.*
2. Its forms are the same as those of the present tense, minus the subject. Note that in **-er** and some other verbs, the final **s** of the **tu** form is omitted.
3. The imperative form for **nous** corresponds to the English *let's*: **Attendons** (*Let's wait*).

A. LE PROFESSEUR   Vous voulez parlez français?
   L'ÉTUDIANT(E)   Eh bien, parlez français.

Vous voulez mettre ce pull-over?
             attendre votre fiancé(e)?
             accompagner Madeleine?
             acheter cette chemise blanche?
             regarder la télévision?
             excuser les enfants?
             choisir le menu?
Repeat in the negative.

B. LE PROFESSEUR   Tu veux parler espagnol?
   L'ÉTUDIANT(E)   Eh bien, parle espagnol.

Tu veux mettre ce blue-jean?
          finir les oranges?
          attendre le taxi?
          accompagner ton ami?
          acheter ce pantalon noir?
          regarder le programme?
          excuser tes parents?
          choisir le cadeau?
Repeat in the negative.

«C'est trop.»
«Ah, vous savez . . .»

C. LE PROFESSEUR Vous voulez parler italien?
L'ÉTUDIANT(E) Eh bien, parlons italien.

Vous voulez mettre ces bottes?
finir le livre?
attendre les autres?
accompagner nos cousins?
acheter ces jupes roses?
regarder ce film-là?
excuser nos amis?
choisir ce café-là?
Repeat in the negative.

6. The imperative with object pronouns

1. *In the affirmative*

   (*a*) Object pronouns are attached to the imperative by hyphens.
   (*b*) The direct object always precedes the indirect object.
   (*c*) The pronoun **me** becomes **moi.**

Donnez-les-lui.	*Give them to her* (*to him*).
Montre-le-moi.	*Show it to me.*

2. *In the negative*

   (*a*) Object pronouns precede the imperative.
   (*b*) The word order is the same as that given in Lesson 9, Section 5.

Ne **me le donnez** pas.	*Don't give it to me.*
Ne **les lui montre** pas.	*Don't show them to her* (*to him*).

A. LE PROFESSEUR   Regardez le livre.
   L'ÉTUDIANT(E)   Regardez-le.
   　　　　　　　　Ne le regardez pas.

   Attendez les garçons.
   Regardez la moto.
   Choisissez le pantalon.
   Excusez les enfants.
   Finissez le dessert.

B. LE PROFESSEUR   Parlons à sa mère.
   L'ÉTUDIANT(E)   Parlons-lui.
   　　　　　　　　Ne lui parlons pas.

   Parlons aux garçons.
   　　　　à son père.
   　　　　à ses parents.
   　　　　à sa sœur.
   　　　　à sa mère.

C. LE PROFESSEUR   Donne le pantalon à l'enfant.
   L'ÉTUDIANT(E)   Donne-le-lui.
   　　　　　　　　Ne le lui donne pas.

   Donne la jupe à la fille.
   　　　　les chaussures à ta sœur.
   　　　　le pantalon à ton frère.
   　　　　le livre au professeur.
   　　　　les billets à la femme.

7. The imperative with reflexive verbs

Habillez-vous.	*Get dressed.*
Ne vous habillez pas.	*Don't get dressed.*
Lève-toi.	*Get up.*
Ne te lève pas.	*Don't get up.*
Dépêchons-nous.	*Let's hurry.*
Ne nous dépêchons pas.	*Let's not hurry.*

1. The reflexive pronoun is attached to the imperative in the affirmative. It precedes the imperative in the negative.
2. The reflexive pronoun **te** becomes **toi** in the affirmative.

LE PROFESSEUR   Levez-vous.
L'ÉTUDIANT(E)   Ne vous levez pas.

Lève-toi.
Dépêchez-vous.
Habille-toi.
Réveillez-vous.
Lavons-nous.
Dépêchons-nous.
Rasez-vous.

8. The imperative: three irregular verbs

aller	**Va!**
	Allez!
	Allons!
avoir	**Aie!**
	Ayez!
	Ayons!
être	**Sois!**
	Soyez!
	Soyons!

A. Pierre, va au magasin, veux-tu? *Répétez.*
      à la police
      à ta mère
      chez toi
      à la maison

  Allez avec elle, s'il vous plaît.
      moi
      lui
      nous
      eux

Allons au restaurant ce soir.
     chez nous
     au parc
     à la gare
     au magasin

B. Sois ici avant deux heures. *Répétez.*
     à la gare à midi.
     prêt(e) à partir.

    Soyez ici avant deux heures.
     à la gare à midi.
     prêt(e) à partir.

    Soyons ici avant deux heures.
     à la gare à midi.
     prêt(e)s à partir.

9. The imperative with **y** and **en**

Allons-**y**.	*Let's go there.*
N'**y** allez pas.	*Don't go there.*
Parlez-lui-**en**.	*Talk to him about it.*
Prends-**en**.	*Take some.*
N'**en** prenez pas.	*Don't take any.*
Parlez-m'**en**.	*Speak to me about it.*

A. LE PROFESSEUR Nous allons au café, si vous voulez.
     L'ÉTUDIANT(E) Oui, allons-y.

    Nous allons au restaurant, si vous voulez.
         à la gare
         à la police
         au café
         au parc

B. LE PROFESSEUR Est-ce que nous prenons de la salade?
     L'ÉTUDIANT(E) Oui, prenons-en.

    Est-ce que nous prenons du poisson?
             des tomates?
             du dessert?
             de la pâtisserie?
             de l'eau minérale?

C. LE PROFESSEUR Parlez-moi du concert.
     L'ÉTUDIANT(E) Ne m'en parlez pas.

    Parlez-lui du concert.
       leur
       nous
       moi

PRENONS LE LARGE

Couleurs

Elle a mis un chemisier blanc.	*She put on a white blouse.*
orange*.[1]	*orange*
violet*.	*light purple*
beige*.	*beige*

Il a les yeux* bleus.	*He has blue eyes.*
cheveux bruns*.[2]	*brown hair.*
blonds*.	*blond*
roux.[3]	*red*

Vêtements

Elle a porté une robe* rouge.	*She wore a red dress.*
un maillot de bain*.	*bathing suit.*
un imperméable*.	*raincoat.*
un collant*.	*pantyhose.*
Il a porté un veston*.	*He wore a jacket.*
un chapeau*.	*hat.*

[1] As an adjective, **orange** (*orange*) is invariable.
[2] **Brun** (*brown*) is used only with hair and eye color. Otherwise **marron** is used.
[3] **Roux** (*red*) is used only with hair color. Otherwise **rouge** is used.

Interrogatoire

A. LE PROFESSEUR   Qu'est-ce que tu as porté hier? (1)
    L'ÉTUDIANT(E)   J'ai porté un chemisier orange hier.

(1) un chemisier orange
(2) un pantalon blanc
(3) des bottes blanches
(4) un veston noir
(5) des chaussettes violettes
(6) un maillot de bain bleu

B. LE PROFESSEUR   De quelle couleur sont vos yeux? (bruns)
    L'ÉTUDIANT(E)   J'ai les yeux bruns.

bleus
gris
noirs
bruns
verts

C. LE PROFESSEUR   De quelle couleur sont vos cheveux? (blonds)
   L'ÉTUDIANT(E)   J'ai les cheveux blonds.

noirs
bruns
roux
gris
blancs

D. De quelle couleur sont les cheveux de ton père? *Répondez.*
                                  de ta mère?
                                  de ta sœur?
                                  de ton frère?
                                  du professeur?

De quelle couleur sont les yeux de ton père?
                              de ta mère?
                              de ton frère?
                              de ton fiancé (ta fiancée)?
                              du professeur?

Le Souffleur

1. Préférez-vous ce...?
2. ...te va très bien.
3. Que pensez-vous...?
4. Attends...
5. Donnez-...

Quelle est la question?

1. Il a les cheveux noirs.
2. Elle a mis une jupe et un chemisier.
3. Eh bien, parlez français.
4. Oui, donnez-lui-en.
5. Oui, allons-y.

Petites causeries

Demandez à _____ si vous pouvez finir la leçon.
                     si on peut attendre l'autobus.
                     si vous pouvez mettre le pantalon noir.

Dites à _____ de vous parler en français.
                  de vous accompagner à la gare.
                  de vous donner cinq dollars.
                  d'avoir du courage.
                  d'être patient.
                  de choisir un livre.

Parlons de vous

1. Que portez-vous aujourd'hui?
2. Qu'avez-vous mis hier?
3. De quelle couleur sont vos cheveux?
4. Et vos yeux?
5. Dites-moi d'avoir de la patience.
6. Dites-moi de manger le dessert.
7. Dites-moi de revenir à neuf heures.
8. Dites-moi de partir à dix heures.
9. Quelle couleur te va bien?
10. Dites à la classe que nous allons au café.

Faites votre choix

*Choose the material (**matière**) and color(s) you prefer for each article of clothing.*
EXEMPLE (1) Je préfère une chemise de coton bleue.

MATIÈRE	COULEURS
plastique	rouge
nylon	vert(e)
coton[a]	blanc (blanche)
laine[b]	noir(e)
soie[c]	orange
tricot[d]	bleu(e)
cuir[e]	jaune
toile de Nîmes[f]	rose
	marron
	gris(e)

[a] *cotton*
[b] *wool*
[c] *silk*
[d] *knit*
[e] *leather*
[f] *denim*

1. une chemise
2. un blue-jean
3. des bottes
4. un chemisier
5. une jupe
6. un pull-over
7. un T-shirt
8. un pantalon
9. une ceinture
10. des chaussettes

11. un manteau
12. des chaussures
13. une robe
14. un collant
15. un chapeau
16. un veston
17. un maillot de bain
18. un mouchoir[g]
19. un gilet[h]
20. un pyjama[i]

[g] *handkerchief*
[h] *vest*
[i] *pajamas*

Improvisations

Les Vêtements

VOCABULARY   robe, jupe, chemisier, chemise, veston, pantalon, chaussettes, une paire de bottes

TOPIC IDEAS
1. J'ai besoin de vêtements.
2. Je suis allé au magasin.
3. Il me faut des chaussures.

QUESTIONS
1. Est-ce que tu as assez de pantalons?
2. Vas-tu acheter des vêtements?
3. Quelles couleurs préfères-tu?

Enquête

Find out from another student which items of clothing he or she is going to buy, when, and where he or she will buy them. Exchange roles.

Saynète

With another student, pretend to be in a clothing store and to buy what you need.

Expressions consacrées

Au besoin voit-on son ami. *A friend in need is a friend indeed.[a]*

Bonne renommée vaut mieux que ceinture dorée. *A good name is worth more than a golden belt.*

Les cordonniers sont les plus mal chaussés. *Cobblers wear the worst shoes.*

[a] Literally, *In need, one sees one's friend.*

Lecture culturelle

Amis et Connaissances

Je m'appelle Marie-Jeanne. Chantal est mon amie intime[a]. Nous sommes comme deux sœurs. Nous partageons[b] nos secrets, nos aventures[c], et même[d] nos vêtements!

[a] *very best friend*
[b] *share*
[c] *adventures*
[d] *even*

Deux amies étudient ensemble dans un café.

e *since*

f *Then*
g **faire**... *take a walk*

h *as*
i *still*

j **faisons**... *belong to*
k **copains** *m*, **copines** *f*
   pals
l **les uns**... *one or the*
   other
m *discuss*
n *politics*
o *have a good time*
p *Apart from*

q *merchants*
r *neighborhood*
s *enlarge*
t *circle*
u *enriches*
v *May I*

Et puis il y a Nicole et Cathie. Nous nous connaissons depuis[e] le lycée. Toutes les semaines Chantal, Nicole, Cathie et moi nous[1] étudions ensemble. Puis[f] nous allons faire un tour[g] en ville, ou au cinéma. Nous nous amusons bien toutes les quatre. Maintenant, je ne vois plus Nicole et Cathie aussi[h] souvent, mais nous sommes toujours[i] de bonnes amies.

À l'université Chantal et moi, nous faisons partie d'[j]un bon groupe de copains et de copines[k]. Nous nous réunissons de temps en temps chez les uns ou les autres[l] et discutons[m] les «profs», la politique[n], le dernier film...; nous écoutons la dernière chanson et passons du bon temps[o].

Voilà, je vous ai présenté mes amies et mes copains. À part[p] cela j'ai beaucoup de connaissances: les amis de mes parents, les voisins, les commerçants[q] du quartier[r], etc....

J'aime bien agrandir[s] le cercle[t] de mes connaissances parce que cela enrichit[u] ma vie. Puis-je[v] faire votre connaissance?

Quelle est votre réponse?

1. Avec qui est-ce que Marie-Jeanne partage ses secrets et ses vêtements?
2. Comment s'appellent les deux autres amies de Marie-Jeanne?
3. Qu'est-ce que les quatre amies font toutes les semaines?
4. Est-ce que Marie-Jeanne voit toujours Nicole et Cathie toutes les semaines?
5. Qu'est-ce que Chantal et Marie-Jeanne discutent avec leurs copains?
6. Qu'est-ce qu'ils écoutent?
7. Qui sont les connaissances de Marie-Jeanne?
8. Est-ce que Marie-Jeanne veut agrandir le cercle de ses connaissances?
9. Pourquoi?
10. Aimez-vous agrandir le cercle de vos connaissances?
11. Quelle est votre réaction à cette lettre?
12. Quelle serait (*would be*) votre réponse?

---

[1] Note that **nous** is used after a double subject which includes **moi**.

VOCABULAIRE

accompagner	to accompany	**marron** *invariable*	brown
aller bien (à)	to look good on; to be becoming (to)	**même**	even
		mettre	to put, put on
beige	beige	**noir(e)**	black
blond(e)	blond	**orange** *invariable*	orange
le **blue-jean**	blue jeans	**oublier**	to forget
la **botte**	boot	la **paire**	pair
brun(e)	brown (hair or eyes)	le **pantalon**	pants
la **ceinture**	belt	**parfait(e)**	perfect
le **chapeau**	hat	**passer**	to pass, go through
la **chaussette**	sock	la **pointure**	size (shoes)
la **chaussure**	shoe	**porter**	to wear, carry
le **chemisier**	blouse	le **pull-over**	pullover, sweater
chic	sharp, stylish	le **rayon**	section, department (store)
choisir	to choose	**rayon pour dames**	women's department
clair(e)	light (color)		
le **collant**	panty hose	**rayon pour hommes**	men's department
la **couleur**	color		
élégant(e)	elegant	la **robe**	dress
excuser	to excuse	**rose**	pink
foncé(e)	dark (color)	**rouge**	red
le **goûter**	snack	le **supermarché**	supermarket
grand(e)	big	**surtout**	especially
gris(e)	gray	le **T-shirt**	T-shirt
l'**imperméable** *m*	raincoat	**vendre**	to sell
jaune	yellow	le **veston**	jacket
la **jupe**	skirt	le **vêtement**	article of clothing
laisser	to let, leave	**violet (violette)**	violet, light purple
le **maillot de bain**	bathing suit	**yeux** *pl* (*sing* œil *m*)	eyes
le **marché**	market	**Zut!**	Rats!
à bon marché	at low prices; cheap; cheaply		

Deauville. Ce couple n'est pas sédentaire, n'est-ce pas?

Onzième Leçon

Les Sports

John Wilson, ingénieur américain, et sa femme française, Chantal, chimiste, font la connaissance de René Marty, champion de football, à une réception.

MME WILSON	Il y a longtemps que nous vous admirons, Monsieur.
M. MARTY	Vous êtes bien aimables.... Aimez-vous les sports?
M. WILSON	Eh bien, nous faisons quelquefois du tennis et du vélo.
MME WILSON	(*En riant*) Et du ski, chéri!
M. WILSON	C'est vrai. (*Il sourit*). Elle rit parce que nous avons fait connaissance en faisant du ski.
M. MARTY	Malheureusement les femmes ne jouent pas au football.... Mais dites-moi, est-ce que les Américains sont, en général, très sportifs?
M. WILSON	Ils sont plutôt spectateurs.
M. MARTY	Est-ce qu'ils regardent les matchs à la télévision autant que les Français?
MME WILSON	Oui, surtout le football américain. Ils se plantent devant la télé, et—au revoir, la famille!
M. MARTY	Je crois que les Français sont aussi sédentaires que les Américains.
M. WILSON	Oui, les parents ne sont pas sportifs, mais ils croient que leurs enfants doivent faire du sport.
MME WILSON	Enfin, c'est le fossé entre les générations!

Questions sur le dialogue

1. John Wilson est professeur?
2. Chantal Wilson est ingénieur?
3. Qui est René Marty?
4. Est-ce que les Wilson admirent M. Marty?
5. Les Wilson ont fait connaissance en faisant du tennis?
6. Est-ce que les femmes jouent au football?
7. Est-ce que les Américains sont sportifs?
8. Est-ce que les Américains regardent les matchs à la télévision?

Sports

John Wilson, an American engineer, and his French wife, Chantal, a chemist, make the acquaintance of René Marty, a soccer champion, at a reception.

[a] Literally, *It is a long time that we admire you*

MRS. WILSON   We have admired you for a long time[a], sir.
MR. MARTY   You are very kind.... Do you like sports?
MR. WILSON   Well, sometimes we play tennis or go bike riding.
MRS. WILSON   (*Laughing*) And skiing, dear!
MR. WILSON   That's right. (*He smiles.*) She's laughing because we became acquainted while skiing.
MR. MARTY   Unfortunately, women don't play soccer.... But tell me, are Americans very fond of sports, generally?

[b] Literally, *rather, instead*

MR. WILSON   They're more[b] spectators.

MR. MARTY   Do they watch games on television as much as the French?

[c] Literally, *plant themselves*

MRS. WILSON   Yes, especially football. They entrench themselves[c] in front of the TV and—good-bye, family!
MR. MARTY   I believe that the French are as sedentary as the Americans.
MR. WILSON   Yes. Parents aren't very fond of sports, but they believe that their children should participate in sports.
MRS. WILSON   Well, that's the generation gap.

REMARQUES CULTURELLES

Sports. Team sports do not have nearly the importance in France that they have in the United States. On the other hand, the French often excel at individual sports such as skiing, swimming, sailing, and mountain climbing.

Among the most popular sports in France are hunting, fishing, and **pétanque** (also known as **boules**), a bowling-like game often played in parks, which stress individual abilities rather than teamwork.

The spectator sports which draw the largest crowds are soccer matches and international rugby matches. The French feel a particu-

Saint-Malo. Des marins
français jouent aux boules.
«Un magazine français
citait les boules comme
second sport national.»

larly strong rivalry with England. The Grand Prix auto races also draw large crowds.

Another annual spectator sports event of international fame is the bicycle race known as the **Tour de France.** This event is staged during the summer, and follows more or less the same route each year. It begins in Paris, and makes a complete tour of France, going through the Alps and the Pyrenees and ending in Paris. Millions of French sports fans enthusiastically follow the daily developments in this event.

PRONONCIATION

French [g]

regardent, goûter, gris, gare, glace, Guy

French [k]

kilo, kiosque, cou, côté, carte, curé, occasion, cravate

French [m]

femme, américain, Marty, monsieur, mais, match, ma

EXPLICATIONS

1. Il y a...que and depuis

Depuis quand est-ce qu'ils l'admirent?

(a) **Il y a**[1] longtemps qu'ils l'admirent.
(b) Ils l'admirent **depuis** longtemps.

How long have they admired him?　　*They have admired him for a long time.*

Depuis quand demeure-t-elle ici?

(a) **Il y a**[1] deux ans qu'elle demeure ici.
(b) Elle demeure ici **depuis** deux ans.

How long has she been living here?　　*She has been living here for two years.*

Depuis quand m'attends-tu?　　(c) Je t'attends **depuis** 1 h 30.
How long have you been waiting for me?　　*I have been waiting for you since 1:30.*

1. To show that something has been going on for some time, and is still going on, French uses the *present* tense with **il y a...que** or **depuis** (*a* and *b* above). One says the literal equivalent of *It is two years that she is living here*, or *She lives here since two years.*
2. When speaking of a specific hour of the day, only **depuis** may be used (*c* above).

A. LE PROFESSEUR　Depuis quand faites-vous du tennis?
   L'ÉTUDIANT(E)　Il y a longtemps que je fais du tennis.
   　　　　　　　Je fais du tennis depuis longtemps.

Depuis quand faites-vous du ski?
　　　　　　　　　　　　vélo?
　　　　　　　　　　　　sport?
　　　　　　　　　　　　football?
　　　　　　　　　　　　basket-ball?

B. Il y a dix ans que j'habite ici. *Répétez.*
　　　　　　　nous
　　　　　　　ils
　　　　　　　tu
　　　　　　　elle
　　　　　　　vous

---

[1] One also hears **Ça fait...que: Ça fait longtemps qu'ils l'admirent; Ça fait deux ans qu'elle demeure ici.**

C. LE PROFESSEUR   Il fait du tennis depuis longtemps.
   L'ÉTUDIANT(E)   Il joue au tennis depuis longtemps.

Il fait du football depuis longtemps.
     basket-ball
     baseball
     football américain

2. Formation of adverbs

Malheureusement les femmes ne jouent   *Unfortunately, women don't play*
   pas au football.   *soccer.*

Nous le voyons **rarement**.   *We see him rarely.*

1. Many adverbs in French end in **-ment**. Their English equivalents usually end in *-ly*.
2. These adverbs are formed by adding **-ment** to the masculine form of the adjective, if it ends in a vowel.

   hardi(e) → hardiment

Otherwise, **-ment** is added to the feminine form of the adjective.[1]

   heureux (heureuse) → heureusement

A. *Formez des adverbes.*
joli	sérieux	clair
parfait	bête	autre
juste	triste	typique
heureux	général	franc[2]
stupide	attentif	malheureux

B. LE PROFESSEUR   Il est sérieux.
   L'ÉTUDIANT(E)   Il parle sérieusement.

Il est bête.
     triste.
     heureux.
     attentif.
     franc.
     typique.

---

[1] There are some exceptions to this rule: **gai—gaiement, précis—précisément, prudent—prudemment, constant—constamment.**
[2] The feminine form is **franche** (as in **blanc, blanche**).

3. **Rire** *to laugh* and **sourire** *to smile*

je **ris**	nous **rions**		je **souris**	nous **sourions**
tu **ris**	vous **riez**		tu **souris**	vous **souriez**
il, elle **rit**	ils, elles **rient**		il, elle **sourit**	ils, elles **sourient**

j'ai ri, etc.   **j'ai souri**, etc.

A. LE PROFESSEUR   Pourquoi as-tu ri?
    L'ÉTUDIANT(E)   J'ai pensé à[1] quelque chose d'amusant.

    Pourquoi avez-vous ri?
            a-t-il ri?
            ont-ils ri?
            a-t-elle ri?
            est-ce que j'ai ri?

B. Est-ce que vous riez autant que votre père? *Répondez.*
                         mère?
                         fiancé(e)?
                         sœur?
                         frère?
                         professeur?

C. LE PROFESSEUR   Pourquoi avez-vous souri tristement?
    L'ÉTUDIANT(E)   J'ai pensé à quelque chose de triste.

    Pourquoi avez-vous souri tristement?
                       sérieusement?
                       bêtement?
                       heureusement?
                       malheureusement?

4. **Croire** *to believe*

je **crois**	nous **croyons**
tu **crois**	vous **croyez**
il, elle **croit**	ils, elles **croient**

j'ai cru, etc.

A. LE PROFESSEUR   Je pense que tu es sportif.
    L'ÉTUDIANT(E)   Je crois que tu es sportif.

    Il pense que tu es sportif.
    Nous pensons
    Tu penses
    Elle pense
    Elles pensent
    Je pense

---

[1] **Penser à** (*to think of*) is used here in the sense of *remembering* something.

B. LE PROFESSEUR   J'ai pensé que oui.
    L'ÉTUDIANT(E)   J'ai cru que oui.

Il a pensé que non.
Elles, Nous, Je, Tu, Vous

5. The present participle

FORMATION

(nous) **parlons**	→ **parlant**	*speaking*
(nous) **finissons**	→ **finissant**	*finishing*
(nous) **attendons**	→ **attendant**	*waiting*

1. The present participle is derived from the **nous** form of the present tense, by dropping the ending **-ons** and adding **-ant**.
2. Only three exceptions occur.

être	(nous sommes)	→ **étant**	*being*
avoir	(nous avons)	→ **ayant**	*having*
savoir	(nous savons)	→ **sachant**	*knowing*

LE PROFESSEUR   finir
L'ÉTUDIANT(E)   finissons, finissant

admirer	jouer	pratiquer	être	travailler
faire	regarder	choisir	prendre	partir
rire	vouloir	connaître	lire	entrer

USES OF THE PRESENT PARTICIPLE

(a) As an adjective

When used as an adjective, the present participle agrees in number and gender with the noun it modifies.

Elle est **charmante**.	*She is charming.*
Elle regarde les enfants **dormants**.	*She is looking at the sleeping children.*
«L'homme est un roseau **pensant**.»[1]	*"Man is a thinking reed."*

---

[1] This quotation, by Blaise Pascal, seventeenth-century philosopher-mathematician, compares mankind to a reed, the feeblest in nature. Yet man is great because he is a *thinking* reed.

A. LE PROFESSEUR   C'est un livre qui intéresse.
    L'ÉTUDIANT(E)   C'est un livre intéressant.

    C'est un professeur qui intéresse.
                          charme, impose, pense, observe

B. *Repeat Exercise A, using* ***C'est une dame qui*** . . .

(*b*) *As a verb form* (**en** + present participle)

    Ne lisez pas **en mangeant**.   *Don't read while eating.*
    Mme Wilson a dit, **en riant**:   *Mrs. Wilson said, laughing, "And*
     «Et du ski, chéri!»   *skiing, dear!"*
    En étudiant on apprend.   *One learns by studying.*

1. The present participle is used with **en** to indicate either two things occurring simultaneously (first two examples above) or the means by which something is done (third example above).
2. **En** + present participle generally corresponds to English *while* or *by* + present participle. **En** is sometimes not translated (second example above).

A. LE PROFESSEUR   Comment apprend-on le français? (1)
    L'ÉTUDIANT(E)   On apprend le français en étudiant.

    (1) on étudie   (5) on fait la connaissance d'un
    (2) on lit des journaux français   Français (d'une Française)
    (3) on écoute Radio Canada   (6) on s'intéresse aux autres étudiants
    (4) on voit des films français

B. LE PROFESSEUR   Il lit et il mange.
    L'ÉTUDIANT(E)   Il lit en mangeant.

    Elle parle et elle rit.
    Elle regarde et elle mange.
    Elle dit au revoir et elle part.
    Elle a oublié son veston et elle est sortie.
    Elle s'est brossé les dents et elle a chanté.
    Elle a choisi un chemisier et elle a posé des questions.

C. Elle a dit, en riant: «Et le tennis.» *Répétez.*
              souriant, me regardant, l'accompagnant, le portant,
              les choisissant, pensant

D. LE PROFESSEUR   Comment avez-vous fait connaissance? (1)
    L'ÉTUDIANT(E)   Nous avons fait connaissance en faisant du ski.

    (1) faire du ski   (4) jouer au basket
    (2) jouer au tennis   (5) jouer au football
    (3) faire du vélo   (6) lire un livre

6. Comparisons of equality

Je crois que les Français ne sont pas **aussi**[1] sédentaires **que** les Américains.

I believe that the French are not so sedentary as the Americans.

Ils considèrent le mariage **aussi** sérieusement **que** leurs parents.

They consider marriage as seriously as their parents.

Elles regardent la télé **autant que** lui.

They look at TV as much as he.

Nous avons **autant de** café **que** vous.

We have as much coffee as you.

A. Sont-ils aussi sédentaires que les autres? *Répétez.*

> aimables
> heureux
> malheureux
> petits
> grands

B. Elles ne sont pas aussi sédentaires que les autres.

> aimables
> heureuses
> malheureuses
> petites
> grandes

C. Elles font du ski aussi attentivement que les autres.

> sérieusement
> souvent
> parfaitement
> activement

D. Elle n'a pas travaillé autant que toi.

> ri
> cru
> souri
> pratiqué les sports
> oublié

E. J'ai regardé autant de matchs que vous.

> films
> programmes
> journaux
> magazines
> jeunes filles (hommes)

[1] In the negative, **si** may be used in place of **aussi**.

PRENONS LE LARGE

Êtes-vous sportif (sportive)?

Are you fond of sports?

Nous aimons regarder un bon match.	*We like to see a good game.*
marcher*.	*to walk.*
les grandes vacances*.	*summer vacation.*
regarder une bonne équipe.	*to watch a good team.*

Je pratique le golf*.	*I participate in golf.*
le ping pong.	*ping-pong.*
le ski nautique*.	*waterskiing.*
le cyclisme.	*bicycling.*
le patinage.	*skating.*
l'alpinisme*.	*mountain climbing.*
le volley-ball.	*volleyball.*
le basket*.	*basketball.*
la natation.	*swimming.*

Êtes-vous musicien(ne)?

Are you a musician?

J'aime faire de la musique*.	*I like to play music.*
de la clarinette.[1]	*the clarinet.*
de la guitare.	*the guitar.*
du piano*.	*the piano.*
du violon.	*the violin.*

J'aime écouter* la musique.	*I like to listen to music.*

A. LE PROFESSEUR   Aime-t-il faire du tennis?
   L'ÉTUDIANT(E)   Oui, il est champion de tennis.

   Aime-t-il faire du football?
                ping-pong?
                ski nautique?
                golf?
                cyclisme?

B. LE PROFESSEUR   Êtes-vous musicien(ne)? (1)
   L'ÉTUDIANT(E)   Oui, j'aime jouer du piano.

   (1) le piano   (4) la clarinette
   (2) le violon   (5) le trombone
   (3) la guitare   (6) la flute

---

[1] One may also use **jouer de** + instrument: **J'aime jouer de la clarinette.**

C. *Vous êtes le juge. Décidez* **oui** *ou* **non**.

1. Les Américains, en général, n'aiment pas les sports.
2. Les Américains aiment mieux regarder un match que pratiquer un sport.
3. Beaucoup de parents sont sportifs.
4. Les hommes sont plus sportifs que les femmes.
5. Regarder un match à la télévision est aussi passionnant[a] que de regarder le vrai match.

[a] *exciting*

Le Souffleur

1. Il y a deux mois que...
2. En allant...
3. Il est aussi...
4. Elle a pratiqué...
5. J'ai autant de...

Quelle est la question?

1. Il a regardé attentivement le match de football.
2. Oui, je sais faire du patinage.
3. Nous étudions le français depuis trois mois.
4. On apprend à faire du piano en étudiant.
5. Non, elle n'aime pas autant de sports que moi.

Concert gratuit[a] dans le métro.

[a] *free*

Petites causeries

Demandez à _____ quels sports il (elle) pratique.
                              s'il (si elle) aime jouer au tennis.
                              s'il a autant de cousins que Paul. (Paul a dix cousins.)
                              si elle pratique le football américain.
                              s'il aime faire du piano.
                              comment il a fait la connaissance de l'ingénieur.
                              comment elle a fait la connaissance du champion.

Faites votre choix

The drawings below depict misfortunes suffered as a result of various activities. For each drawing, select as many reasons as possible from the list provided as the cause of each misfortune.

en jouant au tennis
en faisant du vélo
en jouant du piano
en faisant du ski
en jouant de la guitare
en pratiquant le ski nautique
en regardant la télé
en pratiquant l'alpinisme

en lisant un livre amusant
en pratiquant le golf
en jouant au basket
en jouant du violon
en regardant un film sentimental
en jouant de la clarinette
en jouant au football

Parlons de vous

1. Aimez-vous faire de la musique?
2. Quels sports aimes-tu?
3. Quels sports regardes-tu à la télé?
4. Mangez-vous en lisant?
5. Parlez-vous en mangeant?
6. Avez-vous fait la connaissance d'un champion de tennis?
7. Jouez-vous bien au tennis?
8. Êtes-vous ingénieur? chimiste? sportive (sportif)?
9. Depuis quand admirez-vous le professeur?
10. Croyez-vous que les enfants pratiquent beaucoup de sports?
11. Est-ce que les Chinois sont champions de ping-pong?
12. Aimes-tu faire du ski? du ski nautique?
13. Est-ce que tes parents sont musiciens?
14. Quel instrument préférez-vous, le violon ou le piano?
15. Êtes-vous aussi sédentaire que vos parents?

Improvisations

1. Les Sports

VOCABULARY	préfère, pratiquer, jouer, faire, le golf, le match, la télé, la natation
TOPIC IDEAS	1. J'aime le football. 2. Mon père est un grand sportif. 3. Mon ami joue bien au basket.
QUESTIONS	1. Quel est ton sport préféré? 2. Qui est sportif (sportive) dans ta famille? 3. Veux-tu apprendre à jouer au golf?

2. Les Grandes vacances

VOCABULARY	s'amuser, sports, faire connaissance, faire du vélo, marcher, faire du camping
TOPIC IDEAS	1. J'ai fait la connaissance de___pendant les vacances. 2. J'ai fait du camping. 3. Nous avons fait du vélo.
QUESTIONS	1. Où es-tu allé(e) pendant les grandes vacances? 2. As-tu pratiqué les sports? 3. As-tu beaucoup marché?

Enquêtes

1. *Find out three different sports one of your classmates has played, how long he or she has played them, and which he or she prefers. Change roles.*
2. *Find out which instruments a classmate has studied, how long he or she has played, and which is his or her favorite. Change roles.*

Expressions consacrées

[a] *By forging one becomes a blacksmith.*	**En forgeant on devient forgeron.** *One learns by doing.*[a]
	«En passant par la Lorraine...» *"While passing through Lorraine..."*[1]
[b] *Fortune comes while you sleep.*	**La fortune vient en dormant.** *Good things come to those who wait.*[b]

Lecture culturelle

Les Sports

[a] *teams*

[b] *professional*

[c] *confront each other*
[d] *hope*
[e] *of winning*
[f] *championship tournament*
[g] *international*

[h] *is similar*

[i] *organize*

[j] *cited*
[k] *game played with metal balls*
[l] *southern France*
[m] *game of* **boules**
[n] *game*
[o] *piglet*   [p] *steel*
[q] *popular*
[r] *takes place*   [s] *lasts*
[t] *about*

Le football est le sport national français. Il y a beaucoup d'équipes[a] d'amateurs et les grandes villes ont des équipes professionnelles[b]. Toutes les semaines ces équipes s'affrontent[c], dans l'espoir[d] de gagner[e] le championnat[f]. Les Français aiment suivre les championnats de France et les championnats internationaux[g] de football.

Le football européen n'est pas la même chose que le football américain. Aux États-Unis on l'appelle «soccer». Le sport français qui ressemble[h] au football américain est le rugby. En France on aime bien aussi jouer au basket-ball. Ce sont des clubs de basket et non les écoles qui organisent[i] les équipes.

Un magazine français citait[j] les boules[k] comme second sport national. Dans le Midi[l] on joue à la pétanque[m]. Le jeu[n] de boules ressemble au jeu américain «horseshoe» mais on joue avec une petite balle de bois appelée cochonnet[o] et des boules d'acier[p].

Un autre sport très populaire[q] en France est le cyclisme. Tous les ans a lieu[r] le Tour de France qui dure[s] environ[t] trois semaines.

Quelle est votre réponse?

1. Quel est le sport national français?
2. Y a-t-il beaucoup d'équipes d'amateurs?
3. Y a-t-il des équipes professionnelles?
4. Quel est l'espoir des équipes?
5. Qu'est-ce que les Français aiment suivre?
6. Est-ce que le football européen ressemble au football américain?
7. À quel sport français le football américain ressemble-t-il?
8. Est-ce qu'on joue au basket en France?
9. Qui organise les équipes de basket?
10. Quel est le second sport national?
11. Où joue-t-on à la pétanque?
12. À quel jeu américain le jeu de boules ressemble-t-il?
13. Qu'est-ce qu'un cochonnet?
14. Tous les combien a lieu le Tour de France?
15. Combien de temps dure-t-il?

[1] French folk song.

VOCABULAIRE

admirer	to admire	malheureusement	unfortunately
aimable	kind, nice	marcher	to walk
l'alpinisme m	mountain climbing	le match	game (sports)
aussi...que	as...as	le musicien (la	musician
autant de...que	as much...as	musicienne)	
autant que	as much as	la musique	music
le basket(-ball)	basketball	faire de la musique	to play music
le champion	champion	parce que	because
chéri(e)	dear, honey	le piano	piano
chimiste m, f	chemist	faire du piano	to play the piano
la connaissance	acquaintance	se planter	to entrench oneself, plant
faire connaissance	to become acquainted		oneself firmly
faire la	to make the acquaintance	plutôt	instead, rather
connaissance de	of	poser (une question)	to ask (a question)
croire	to believe	pratiquer	to participate in (sports)
écouter	to listen to	quelquefois	sometimes
enfin	finally, well	rarement	rarely
en général	in general, generally	la réception	reception
le football	soccer	rire	to laugh
le football	football	sédentaire	sedentary
américain		le ski nautique	waterskiing
le fossé	ditch	sourire	to smile
le fossé entre les	the generation gap	le spectateur	spectator
générations		le sport	sport
la génération	generation	faire du sport	to take part in sports
le golf	golf	sportif (sportive)	fond of sports
la guitare	guitar	le tennis	tennis
faire de la guitare	to play the guitar	vacances pl f	vacation
il y a	there is, there are	les grandes	summer vacation
Il y a deux ans que	I've been living here for	vacances	
j'habite ici.	two years.	le vélo	bicycle
l'ingénieur m	engineer	faire du vélo	to go bike riding
jouer	to play	vrai(e)	true
longtemps	for a long time		

Comment trouvez-vous le contraste entre le style gothique de Notre-Dame et le style moderne de la tour à droite?

Douzième Leçon 12

La Ville et la Campagne

M. et Mme Roger Vacheron et M. et Mme Marcel Sauvage sont venus voir leur petit-fils nouveau-né. Les parents du bébé sont sortis.

MME VACHERON	(*S'approchant du bébé*) Alors, mon petit lapin. Bonjour, mon petit mignon.
MME SAUVAGE	(*Plus timidement*) Oh, le beau poupon. (*Le bébé commence à pleurer.*)
M. VACHERON	Alors, tu vois? Tu lui as fait peur.
MME VACHERON	Mais non, tu as tort. Il a faim. Je vais chercher du lait.
MME SAUVAGE	(*En rêvant*) Je me rappelle quand notre Marie était petite.
M. SAUVAGE	Eh oui. Nous vivions à Rouen. Elle grandissait d'un jour à l'autre.
MME SAUVAGE	Plus tard, quand elle avait six ans, elle étudiait, elle lisait tout le temps.
M. VACHERON	Jacques aussi. Mais il aimait autant les sports que les études. Comme nous habitions la campagne, il y avait[1] beaucoup de choses à faire. Jacques faisait du cheval ou nageait tous les jours.
MME SAUVAGE	Vous aimiez la campagne, Monsieur?
M. VACHERON	Naturellement. À la campagne on est libre. On est au grand air.
M. SAUVAGE	Oui, mais à la ville on va au restaurant, au concert, au musée, au cinéma.
M. VACHERON	(*Sèchement*) Disons qu'on ne peut pas tout avoir!
MME VACHERON	(*En rentrant*) Voilà, mon petit chou.... Ah, je me rappelle quand nous vivions dans la ferme et que Jacques était tout petit....

[1] Imperfect of **il y a: il y avait** (*there was, there were*).

Questions sur le dialogue

1. Où sont les parents du bébé?
2. Qui commence à pleurer?
3. Qu'est-ce que Mme Vacheron va chercher?
4. Les Sauvage vivaient à Paris?
5. Quand Marie avait six ans, est-ce qu'elle jouait au tennis tout le temps?
6. Jacques aimait les sports?
7. Les Vacheron habitaient à la campagne ou à Rouen?
8. Est-ce qu'on va au concert à la campagne?

The City and the Country

Mr. and Mrs. Roger Vacheron and Mr. and Mrs. Marcel Sauvage have come to see their new grandson. The baby's parents have gone out.

MRS. VACHERON   (*Approaching the baby*) Well, my little rabbit.[1] Hello, my little darling.

MRS. SAUVAGE   (*More timidly*) Oh, the beautiful baby![a]
(*The baby begins to cry.*)

MR. VACHERON   There, you see? You've frightened him.

MRS. VACHERON   Oh no, you're wrong. He's hungry. I'm going to get some milk.

MRS. SAUVAGE   (*Dreaming*) I recall when our Marie was small.

MR. SAUVAGE   Ah, yes. We were living in Rouen. She used to grow from one day to the next.

MRS. SAUVAGE   Later, when she was six, she used to study and read all the time.

MR. VACHERON   Jacques (did) too. But he liked sports as much as his studies. Since we lived in the country, there were a lot of things to do. Jacques used to go horseback riding and swimming every day.

MRS. SAUVAGE   Did you like the country, sir?

MR. VACHERON   Of course. In the country one is free. One is out in the fresh air.

MR. SAUVAGE   Yes, but in the city you go to the restaurant, the concert, the museum, the movies.

MR. VACHERON   (*Drily*) Let's say that you can't have everything!

MRS. VACHERON   (*Returning*) There, my little cabbage... Ah, I recall when we used to live on the farm and Jacques was very[b] small...

[a] Colloquial for **bébé**

[b] Literally, *all*

[1] Terms of endearment vary. Compare: "Oh, what a cute little monkey!"

REMARQUES CULTURELLES

Villes et campagnes. Paris by itself, with 9,000,000 inhabitants, has about 18% of the total French population. In addition, France has ten other important metropolitan areas: Lyon (1,075,000), Marseilles (965,000), the Lille, Roubaix, Tourcoing complex (881,000), Bordeaux (555,000) Toulouse (440,000), Nantes (394,000), Nice (393,000), Rouen (370,000), Strasbourg (335,000), and Grenoble (332,000). But these eleven areas together contain less than 30% of the French population. There are thirty-two metropolitan areas in France with over 100,000 inhabitants each. They contain only about 34% of the people. This is in sharp contrast with the United States, where 73% of the population lives on $1\frac{1}{2}$% of the land. There are over 210 American cities with a population of 100,000 or more.

At the other extreme, approximately 16% of the French population live in rural villages of less than 2,000 inhabitants. Approximately another 50% live in small to intermediate cities of 2,000 to 100,000 people. The typical pattern, then, is to find a fairly even distribution of smaller cities and villages encompassing about two-thirds of the people. Some areas, such as the Alps and the Central Massive, have an extremely low population. But one does not find in France the tremendous expanses of uninhabited areas which one finds in the American West.

Population density is generally greater in France than in the United States, in both urban and rural areas. In the United States, 73% of the people live in single-unit dwellings, whereas only 50% do so in France. Also, in the United States, 21% of the population live on the open land. American farmers tend to live on their farms. But French farmers tend to group together in villages.

La Chapelle-sous-Brancion, Saône-et-Loire. «A la campagne on est libre.»

PRONONCIATION

French [v]

vous, Sauvage, voir, vois, rêvant, vivions

French [f]

fils, faisait, ferme, fille, français, football

French [z]

musée, zut, zone, disons, six ans, six heures, faisait

French [s]

Sauvage, sous, sur, son, grandissait, Suisse, fossé

EXPLICATIONS

1. L'Imparfait *The imperfect*

(*a*) Ils **marchaient** dans la rue.	*They were walking down the street.*
(*b*) Jacques **faisait du cheval** tous les jours.	*James used to ride a horse every day.*
(*c*) Jacques **était** tout petit.	*James was very small.*

1. The imperfect is a past tense used to describe something that *was happening* (*a* above), *habitual or repeated action in the past* (*b* above), or a *condition* (physical or mental) in the past (*c* above).
2. The imperfect of all verbs (except **être**) is formed from the **nous** form of the present indicative by dropping **-ons** and adding the endings below.

(je)	**-ais**	(nous)	**-ions**
(tu)	**-ais**	(vous)	**-iez**
(il, elle)	**-ait**	(ils, elles)	**-aient**

2. The imperfect of -er, -ir, -re verbs

1. **-er** verbs

habiter (nous **habitons**)

j'**habitais**	nous **habitions**
tu **habitais**	vous **habitiez**
il, elle **habitait**	ils, elles **habitaient**

A. J'habitais à la campagne quand j'étais petit(e). *Répétez.*
Il, Tu, Ils, Elle, Nous, Vous

B. Où habitiez-vous quand vous étiez petit(e)? *Répondez.*
Et votre père?
Et votre mère?
Et vos grands-parents?
Et votre cousine Anne?

C. LE PROFESSEUR   Parler au téléphone
L'ÉTUDIANT(E)   Je parlais au téléphone.

aller au magasin	jouer au baseball
étudier le français	penser à vous
acheter une chemise	travailler
commencer à lire	se lever

D. *Repeat Exercise C, using **il, elles, nous**.*

«Oui, mais à la ville on va
au restaurant, au concert,
au musée, au cinéma.»

2. **-ir** verbs

grandir (nous **grandissons**)
je **grandissais**	nous **grandissions**
tu **grandissais**	vous **grandissiez**
il, elle **grandissait**	ils, elles **grandissaient**

A. Il grandissait d'un jour à l'autre. *Répétez.*
Nous, Tu, Elles, Vous, Je, Ils

B. Je grandissais, mais je ne grossissais pas. *Répétez.*
Marie, Les garçons, Mon frère, Nous, Tu

C. *Repeat Exercise B, using **ils** and **vous**.*

3. **-re** verbs

attendre (nous **attendons**)
j'**attendais**	nous **attendions**
tu **attendais**	vous **attendiez**
il, elle **attendait**	ils, elles **attendaient**

A. Il attendait son dîner. *Répétez.*
Je, Tu, Ils, Nous, Elle, Vous

B. Qui attendais-tu? *Répondez.*
Et Pierre?
Et Jacques et Pierre?
Et ton père?
Et ta grand-mère?

C. LE PROFESSEUR   Vendre des vêtements
    L'ÉTUDIANT(E)   Je vendais des vêtements.

finir mon dîner	sortir le dimanche
grossir trop	rendre visite à mes grands-parents
grandir	boire du lait
apprendre l'anglais	perdre mes chaussures

D. *Repeat Exercise C, using* **tu** *and* **vous**.

4. Imperfect of **se lever** [1]

je **me levais**	nous **nous levions**
tu **te levais**	vous **vous leviez**
il, elle **se levait**	ils, elles **se levaient**

A. Je me levais à sept heures. *Répétez.*
    Tu, Ils, Nous, Elles, Vous, Je

B. LE PROFESSEUR   Je me lève à sept heures.
    L'ÉTUDIANT(E)   Je me levais à sept heures.

Je me lève à sept heures.
Il se lave tous les matins.
Elle s'habille avant le petit déjeuner.
Je me brosse les dents après le dîner.
Ils se couchent à onze heures.
Nous nous réveillons à huit heures.

3. Imperfect of **être**

j'**étais**	nous **étions**
tu **étais**	vous **étiez**
il, elle **était**	ils, elles **étaient**

A. J'étais fatigué(e) hier. Et toi?
    Et lui?
    Et tes parents?
    Et Hélène?
    Et les bébés?

B. Où étiez-vous lundi?
             mardi?
             la semaine passée?
             en vacances?
             l'été dernier?

[1] The reflexive verbs which you have learned all follow the pattern of **se lever**.

4. **Vivre** *to live*

1. *Present*

je **vis**	nous **vivons**
tu **vis**	vous **vivez**
il, elle **vit**	ils elles **vivent**

A. Sophie et Annette vivent en France. Et toi?
   Et vous (*pluriel*)?
   Et votre frère?
   Et vos grands-parents?
   Et le président français?

B. LE PROFESSEUR J'habite la Suisse.
   L'ÉTUDIANT(E) Je vis en Suisse.

   J'habite la France.
         l'Italie.
         les États-Unis.
         le Canada.
         le Sénégal.

Le sacre de Napoléon 1er, par David. Musée du Louvre.

2. *Imperfect*

je **vivais**	nous **vivions**
tu **vivais**	vous **viviez**
il, elle **vivait**	ils, elles **vivaient**

A. Sophie vivait près de Marseille. *Répétez.*
Ils
Tu
Nous
Je
Vous
Elles

B. Où vivait Napoléon?
Washington?
Beethoven?
Molière?
Louis XIV?

5. Il y a + period of time

Il y a + a period of time corresponds to English period of time + *ago.*

Je vivais à Paris **il y a dix ans**.	*I was living in Paris ten years ago.*
Il y a un an que nous étions en France.	*A year ago we were in France.*

A. Parliez-vous français il y a un an? *Répondez.*
espagnol
russe
allemand
italien
anglais

B. Viviez-vous dans une ferme il y a dix ans? *Répondez.*
Et vos parents?
Et votre ami?
Et le fermier?
Et la famille du fermier?

C. Quel âge avais-tu il y a cinq ans? *Répondez.*
Et ton frère?
Et ta sœur?
Et ton père?
Et ta mère?

6. **Faire peur à** *to frighten*

Tu vois? Tu lui **as fait peur**.   *You see? You frightened him.*
Quand elle était petite, les animaux   *When she was small, animals frightened*
     lui **faisaient peur**.   *her.*

A. LE PROFESSEUR   Pourquoi pleures-tu?
   L'ÉTUDIANT(E)   Le professeur m'a fait peur.

    Pourquoi pleure-t-elle?
    Et eux?
    Et le bébé?
    Et les autres professeurs?
    Et la femme du professeur? (le mari du professeur?)
    Et le président?

B. Beaucoup de choses me faisaient peur. *Répétez.*
       personnes
       livres
       films
       programmes
       professeurs

7. **Avoir raison** *to be right,* **avoir tort** *to be wrong*

Il a raison.   *He is right.*
Tu avais tort.   *You were wrong.*

A. Ils croient que j'étais en France. Ils ont raison. *Répétez.*
       nous
       tu
       elles
       vous
       il
       je

B. Il croyait que j'avais vingt ans, mais il avait tort. *Répétez.*
       tu
       nous
       ils
       vous
       elle
       je

C. *Soyez le juge. Répondez:* «*Il a raison*» *ou* «*Il a tort.*»

Roger croit que
- qu'il neige généralement en Californie.
- que les bébés aiment le lait.
- que le fermier habite dans une ferme.
- qu'on va au théâtre à la campagne.
- qu'on regardait la télé il y a cent ans.
- qu'on allait au cinéma il y a cinquante ans.

8. Les Pronoms relatifsᵃ **qui** and **que**

(a) **Qui** *Who, which, that*

C'est Mme Dupont. **Elle** l'a dit.	*It's Mme Dupont. She said it.*
C'est Mme Dupont **qui** l'a dit.	*It's Mme Dupont who said it.*
Voici le journal. **Il** annonce les programmes.	*Here is the newspaper. It announces the programs.*
Voici le journal **qui** annonce les programmes.	*Here is the newspaper that announces the programs.*

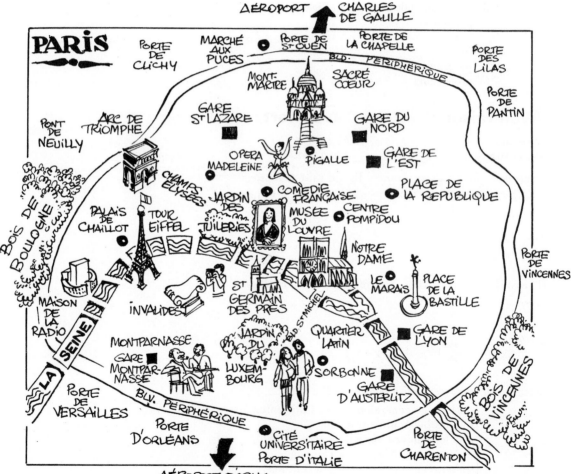

1. In the examples above, **qui** is a relative pronoun which connects each pair of sentences and replaces the subject of the second sentence.
2. When referring to persons, its English equivalent is *who*; when referring to things, *which* or *that*.
3. **Qui**, like the subject it replaces, comes before the verb.

(*b*) **Que** *Whom, which, that*

Où est la dame? Je **la** cherche.	*Where is the lady? I'm looking for her.*
Où est la dame **que** je cherche?	*Where is the lady (that) I'm looking for?*
Voilà le livre. Je **l'**ai vu.	*There's the book. I saw it.*
Voilà le livre **que** j'ai vu.	*There's the book (that) I saw.*

1. In the examples above, **que** is a relative pronoun which connects each pair of sentences and replaces the direct object (**la, l'**) of the second sentence.
2. When referring to persons, its English equivalent is *whom* or *that*; when referring to things, *which* or *that*.
3. **Que** comes before the subject and verb of the clause that it introduces.

A. Voilà l'homme qui m'a parlé. *Répétez.*
   la femme
   le professeur
   le garçon
   les personnes

B. Voici le café que tu cherches. *Répétez.*
   le cinéma
   la ferme
   le musée
   le théâtre

C. *Faites votre choix.*

   1. C'est un homme _____ je n'aime pas.
   2. Où sont les choux _____ vous avez plantés?
   3. Voici le café _____ me plaît beaucoup.
   4. Voilà le café _____ tu aimes.
   5. Connais-tu cet homme _____ nous a dit bonjour?
   6. Voilà les livres _____ nous lisons.
   7. Où est le journal _____ annonce les programmes?

PRENONS LE LARGE

La Campagne et la Ville

The Country and the City

À la campagne on peut ...
    marcher.
    respirer*.
    être libre.
    aller à la pêche.
    faire du cheval.
    nager*.
    être tranquille*.
    être au grand air.

In the country one can ...
    walk.
    breathe.
    be free.
    go fishing.
    go horseback riding.
    swim.
    be quiet.
    be in the open air.

À la ville on peut ...
    être indépendant*.
    aller au concert.
    aller au cinéma.
    aller au restaurant.
    aller au théâtre*.[1]
    aller au musée.
    aller au café*.
    aller au grand magasin*.

In the city one can ...
    be independent.
    go to a concert.
    go to the movies.
    go to a restaurant.
    go to the theater.
    go to a museum.
    go to the café.
    go to the department store.

Le Souffleur

1. Il y a cinq ans...
2. Quand j'étais plus jeune...
3. Il faisait...
4. Nous allions...
5. Parliez-vous...?

Quelle est la question?

1. J'habitais à New York quand j'étais petit(e).
2. Elle préfère la ville.
3. Oui, j'y allais tous les jours.
4. C'est la grand-mère qui a fait peur à l'enfant.
5. Elles ne parlaient pas français il y a un an.

---

[1] Remember that **th** in French is pronounced like **t**: **thé**, **théâtre**.

Petites causeries

Demandez à _____ si elle habitait en France il y a cinq ans.

s'il vivait à la campagne quand il avait dix ans.

s'il étudiait beaucoup.

si elle nageait beaucoup.

s'il (si elle) faisait du cheval à l'âge de cinq ans.

où il (elle) demeurait il y a trois ans.

à quelle heure il (elle) se levait quand il (elle) était
plus jeune.

Parlons de vous

1. Où habitiez-vous quand vous étiez petit(e)?
2. Étiez-vous sportif (sportive)?
3. Quels sports aimiez-vous?
4. Est-ce que tu jouais bien au tennis?
5. Est-ce que tu habitais dans une ferme il y a dix ans?
6. Où habitaient tes parents quand ils étaient plus jeunes?
7. Que faisiez-vous quand je vous ai téléphoné?
8. Où étiez-vous l'été dernier?
9. Est-ce que tu étudiais beaucoup à l'âge de dix ans?
10. Est-ce que tu me connaissais il y a deux ans?
11. Est-ce que tu voulais aller aux classes quand tu étais petit(e)?
12. Préfériez-vous la bière ou le lait quand vous aviez sept ans?
13. Portiez-vous un pantalon quand vous aviez deux ans?
14. Est-ce que tes parents t'excusaient quand tu perdais tes vêtements?
15. Est-ce qu'il neigeait beaucoup quand vous étiez petit(e)?

Faites votre choix

Indicate which drawing best describes your reaction to the activities below.

1. étudier
2. habiter la campagne
3. habiter la ville
4. aller au concert
5. lire
6. vivre dans une ferme
7. aller au cinéma
8. nager
9. aller au restaurant
10. être au grand air
11. faire du cheval
12. aller au musée
13. être libre
14. avoir une famille nombreuse
15. être mère (père)

(A)

(B)

(C)

Improvisations

1. Quand j'étais enfant...

VOCABULARY   école, jouer, apprendre, ans, étudier, faire du cheval, aller à la pêche, campagne, vacances, ville, musée, cinéma, restaurant

TOPIC IDEAS
1. Avant je n'étudiais pas beaucoup.
2. Quand j'étais enfant j'aimais faire du cheval.
3. J'allais en vacances à la campagne.

QUESTIONS
1. À quelle école allais-tu quand tu étais petit(e)?
2. Quelle langue parlait-on chez toi?
3. Où habitais-tu quand tu avais quatre ans?
4. Faisais-tu souvent du cheval?

2. Pourquoi je préfère vivre à la ville (à la campagne)

VOCABULARY   théâtre, concert, café, la pêche, nager, faire du cheval, au grand air, indépendant

TOPIC IDEAS
1. Avant j'habitais à la campagne.
2. Je préfère vivre à la ville.
3. Je préfère vivre à la campagne.

QUESTIONS
1. À quelle heure te levais-tu pour aller à l'école?
2. Aimes-tu la musique classique?
3. Pourquoi préfères-tu vivre à la ville (à la campagne)?

Enquêtes

1. *Find out five things another student used to do as a child, then change roles.*
2. *Find out whether another student prefers to live in the city or in the country, and why. Change roles.*

Expressions consacrées

Il vaut mieux tenir que courir.	*A bird in the hand is worth two in the bush.*[a]
Tout nouveau tout beau.	*A new broom sweeps clean.*[b]
Petit à petit l'oiseau fait son nid.	*Rome wasn't built in a day.*[c]
Tu avais la poire et le fromage!	*You had your cake and ate it too.*[d]

[a] *It's better to hold (to what you have) than to run (after something else).*
[b] *All new all beautiful.*
[c] *Little by little the bird makes its nest.*
[d] *You had the pear and the cheese.*

Lecture culturelle

Le Pétrochimiste: un métier rempli d'aventures[a]

Je m'appelle Charles Martin. En ce moment je travaille en Afrique du Nord. Vous croyez que le travail d'un pétrochimiste est monotone, calme et ennuyeux[b], n'est-ce pas? Vous vous trompez[c], messieurs-dames[d]. Pour moi c'est la grande aventure d'appartenir à une équipe de prospection[e] à la recherche de l'or noir[f].

J'analyse aussi le pétrole brut[g] et le gaz naturel à la sortie des puits[h], et les puits se trouvent partout dans le monde. Si le pétrochimiste parle plusieurs[i] langues, comme l'arabe, le français et l'anglais, cette profession offre l'occasion de connaître le monde et de jouir de la vie[j].

[a] *filled with adventures*
[b] *boring*
[c] *you are wrong*
[d] *ladies and gentlemen*
[e] **d'appartenir...** *to belong to an exploration team*
[f] *looking for black gold*
[g] *crude oil*
[h] *as they come out of the wells*
[i] *several*
[j] *enjoy life*

Quelle est votre réponse?

1. Quel métier voulez-vous faire?
2. Aimez-vous la science et les mathématiques?
3. N'avez-vous jamais eu l'idée de devenir ingénieur ou pétrochimiste?
4. Aimez-vous faire des recherches scientifiques dans un laboratoire?
5. Qu'est-ce qu'on peut faire avec l'or noir?
6. Est-ce que l'arabe est une langue importante? Pourquoi?

VOCABULAIRE

l'**air** m	air	**naturellement**	naturally
être au grand air	to be in the open air	**nouveau-né(e)**	newborn
s'approcher de	to approach	le **petit-fils**	grandson
le **café**	café	la **peur**	fear
la **campagne**	country, countryside	**faire peur à**	to frighten
le **cheval**	horse	**pleurer**	to cry
faire du cheval	to go horseback riding	le **poupon**	baby (slang)
le **chou**	cabbage; sweetheart (slang)	la **raison**	reason
le **cinéma**	movies	**avoir raison**	to be right
comme	as, since	**se rappeler**	to recall
l'**étude** f	study	**respirer**	to breathe
la **ferme**	farm	**rêver**	to dream
le **fermier**	farmer	**sèchement**	drily
grandir	to grow	le **temps**	time
le **grand magasin**	department store	**tout le temps**	all the time
il y a (cinq ans)	(five years) ago	le **théâtre**	theater
indépendant(e)	independent	**timide(ment)**	timid(ly)
le **lapin**	rabbit	le **tort**	wrong
mignon(ne)	darling, cute; darling (noun)	**avoir tort**	to be wrong
		tranquille	quiet, tranquil
nager	to swim	**vivre**	to live

Troisième Révision

(LEÇONS 9–12)

A. *Mettez les verbes au passé composé.*

1. Elle part de chez elle à sept heures.
2. Ils entrent au musée.
3. Je descends de l'autobus.
4. Il tombe de sa moto.
5. Nous sortons du concert.
6. Elles vont en France.
7. À quelle heure arrivez-vous, Madame?
8. Quand revient-elle de Montréal?
9. Je monte dans le taxi.
10. Il vient nous voir lundi.

B. *Qu'est-ce que vous avez fait hier?*

1. Je _____ à sept heures. (se réveiller)
2. Je _____ à 7 h 15. (se lever)
3. Ensuite je _____. (se laver)
4. Ensuite je _____. (s'habiller)
5. Je _____ pour arriver au travail à 8 h 30. (se dépêcher)

C. *Remplacez les mots en italiques par des pronoms.*[b]

1. Il a parlé *à Jean* de sa visite.
2. J'ai vu *les garçons* au musée.
3. Nous avons donné *le bébé à sa mère.*
4. Elle est arrivée chez *sa sœur* à midi.
5. Il a montré *la carte à Marc et à moi.*

D. **Les adjectifs démonstratifs (ce, cet, cette, ces)**

1. J'ai aimé _____ chemise, mais pas _____ chemisier.
2. _____ bottes me plaisent beaucoup.
3. _____ homme-ci est aussi grand que _____ homme-là.
4. Elle a choisi _____ jupe.
5. Ils vont prendre _____ piano.

E. *Complétez chaque phrase avec une des expressions suivantes*[a] *:* **aussi...que, autant que, autant de...que.**

1. Il était _____ grand _____ son père.
2. Ils aimaient les sports _____ les études.
3. Elle avait _____ café _____ moi.
4. Il y avait _____ magasins à Québec _____ à Rouen.
5. Tu ne travailles pas _____ ton frère.

F. **L'Impératif**
Read each command, replacing the words in italics with object pronouns.

1. Donnez *les livres à ton frère.*
2. Regardez *la moto.*
3. Lisez *la lettre à votre mère.*
4. Accompagnons *nos cousins au cinéma.*

[a] *Complete each sentence with one of the following expressions.*

[b] *Replace the words in italics with pronouns.*

216

5. Rendez visite *à vos amis.*

Change the commands below into the
negative.

6. Habille-toi!
7. Dépêchons-nous!
8. Levez-vous.
9. Lave-toi.
10. Couche-toi!

G. Depuis quand...?
Answer each question in two ways,
using **il y a** *and* **depuis.**

1. Depuis quand faites-vous du
   ski?
2. Depuis quand joue-t-il au
   tennis?
3. Depuis quand faites-vous du
   piano?
4. Depuis quand me connaissez-
   vous?
5. Depuis quand étudiez-vous
   le français?

H. Le Participe présent
Complete the sentences with the
appropriate present participle.

1. On apprend le français en
   _____. (étudier)
2. Elle a posé une question en
   _____. (rire)
3. Il a mangé en _____. (lire)
4. Il a oublié son veston
   en _____. (sortir)
5. Elle a choisi une robe en
   m'_____. (attendre)

I. L'Imparfait

MAINTENANT (*Now*)

1. Je ne sors pas.
2. Il va aux cours.
3. Elles habitent en France.
4. Je le vois souvent.
5. Nous ne lisons pas beaucoup.
6. Tu ne joues pas au football.
7. Vous vivez à la campagne.
8. Je fais du ski.
9. Elle ne se maquille pas.
10. Je choisis mes vêtements.

J.
Using the information in the pictures,
answer these questions in complete
French sentences.

1. Où habitaient les Vacheron?
2. Que buvait le bébé?
3. Que faisait la dame?
4. Que faisait Jacques?
5. Où habitait Mme Sauvage?
6. Où allaient-ils?
7. Quel âge avait Marie, cinq
   ou quinze ans?
8. Que faisait Jean?
9. Que portait ton amie?
10. Qu'est-ce que je faisais?

AVANT (*Formerly*)

Je _____ beaucoup.
Il n'y _____ pas.
Elles _____ aux États-Unis.
Je le _____ rarement.
Nous _____ beaucoup.
Tu _____ tous les jours.
Vous _____ à la ville.
Je n'en _____ pas.
Elle _____ assez souvent.
Ma mère me les _____.

«Voyons. Nous avons besoin de tomates.»

Treizième Leçon

Les Emplettes

HÉLÈNE	Tu as fait la vaisselle, Suzanne?
SUZANNE	Pas encore. Je finissais mes devoirs. Et toi?
HÉLÈNE	J'ai fait la lessive pendant que tu étudiais. Je vais maintenant à la boulangerie.
SUZANNE	Ah, c'est vrai. Nous allons faire nos emplettes aujourd'hui. À ton retour je vais avec toi au marché.

(*Hélène arrive à la boulangerie.*)

LA BOULANGÈRE	Bonjour, Mademoiselle. Vous désirez?
HÉLÈNE	Donnez-moi un de ces pains, s'il vous plaît.
LA BOULANGÈRE	Celui-là?
HÉLÈNE	Non, je crois que ceux-là sont plus frais.
LA BOULANGÈRE	Oh! Mademoiselle, tout est frais.
HÉLÈNE	Bon, je le prends.

(*Ensuite Hélène arrive à la pâtisserie.*)

HÉLÈNE	Donnez-moi un de ces gâteaux au chocolat, s'il vous plaît.
LA PÂTISSIÈRE	Oui, Mademoiselle. C'est tout, Mademoiselle?
HÉLÈNE	Ah oui! Je ne veux pas grossir!

(*Hélène et Suzanne arrivent au marché.*)

SUZANNE	Voyons. Nous avons besoin de tomates.
HÉLÈNE	Celles-là sont belles.
SUZANNE	Oui, mais elles sont moins solides que celles-là.
HÉLÈNE	Voilà des carottes. Je crois que c'est tout?
SUZANNE	Non, mais je suis fatiguée. Laissons pour demain la boucherie, la laiterie et l'épicerie.

Questions sur le dialogue

1. Qui finissait les devoirs?

2. Qu'est-ce qu'Hélène a fait?

3. Où va Hélène?

4. Hélène désire combien de pains?

5. Hélène prend combien de ces gâteaux au chocolat?

6. Suzanne et Hélène ont besoin de tomates?

7. Est-ce que celles-là sont belles?

8. Qui est fatigué?

Shopping

HÉLÈNE	Have you done the dishes, Suzanne?
SUZANNE	Not yet. I was finishing my homework. And you?
HÉLÈNE	I did the laundry while you were studying. Now I'm going to the bakery.
SUZANNE	Oh, yes. We're going to go shopping today. When you come back[a] I'll go[1] with you to the market.

[a] Literally, *At your return*

(*Hélène arrives at the bakery.*)

BAKER'S WIFE	Good morning, miss. What would you like?
HÉLÈNE	Give me one of those breads, please.
BAKER'S WIFE	This one?
HÉLÈNE	No, I think that those are fresher.
BAKER'S WIFE	Oh, miss, everything is fresh.
HÉLÈNE	Good. I'll take it.

(*Next, Hélène arrives at the pastry shop.*)

HÉLÈNE	Give me one of these chocolate cakes, please.
PASTRY SHOP OWNER	Yes, miss. Is that all, miss?
HÉLÈNE	Oh, yes! I don't want to gain weight!

(*Hélène and Suzanne arrive at the market.*)

SUZANNE	Let's see. We need some tomatoes.
HÉLÈNE	These are beautiful.
SUZANNE	Yes, but they are not as solid as[b] these.
HÉLÈNE	There are some carrots. I think that's all?
SUZANNE	No, but I'm tired. Let's leave the butcher shop, the dairy, and the grocery store for tomorrow.

[b] *They are less solid than*

[1] Note that in French, as in English, the present tense is often used to express the immediate future: **J'y vais plus tard** (*I'm going there later*).

«Donnez-moi un de ces pains, s'il vous plaît.»

REMARQUES CULTURELLES

1. **Les Magasins.** Although France has some large, popular supermarkets, the small, privately owned specialty shop is still the most common type of business. One buys bread at the **boulangerie**, pastry at the **pâtisserie**, milk and dairy products at the **laiterie**, beef at the **boucherie**, pork and poultry at the **charcuterie**, fruit and vegetables at the **épicerie**. One may buy wood at a **chantier de bois** (*wood* or *lumber yard*), but must go to a **quincaillerie** (*hardware store*) to buy nails and tools. One buys household cleaning articles and toiletries at a **droguerie**, but drugs are bought at a **pharmacie.** Such stores exist in virtually every neighborhood, and make shopping in France an interesting experience.

Le Marché. Most French cities have at least one open-air market-place. Some are permanent markets, open every day. Others may be open only one or two days a week; these are run by traveling merchants who have a regular round of neighborhoods or villages to visit. Each merchant has a particular spot where he or she sets up shop each day or week the market is open. The stands in the marketplace are all specialized: One sells fruit, another pasta, another vegetables, another butter and cheese, and so on. Prices are generally posted, but a certain amount of haggling often takes place.

EXPLICATIONS

1. The Imperfect and the *passé composé*

Pendant que tu **étudiais** j'**ai fini** la lessive.	*While you were studying, I finished the laundry.*
Tu **as fait** la vaisselle?	*Have you done the dishes?*
Je **finissais** mes devoirs.	*I was finishing my homework.*

1. In the examples above, the imperfect is used when the speaker is describing an action that *has not yet been completed*.

tu **étudiais**	*you were studying*
je **finissais**	*I was finishing*

2. The *passé composé* is used when the speaker describes an action as *already completed*.

j'**ai fini**	*I finished*
tu **as fait**	*you have done*

A. Pendant que tu cherchais le journal, je l'ai trouvé. Le voilà. *Répétez.*

> le magazine
> le pain
> le lait
> le chocolat
> le portrait

B. LE PROFESSEUR   Où alliez-vous? (1)
   L'ÉTUDIANT(E)   J'allais au marché.

(1) au marché
(2) à la boulangerie
(3) à la pâtisserie
(4) à la laiterie
(5) à l'épicerie
(6) à la boucherie

C. Quand elle est rentrée, il faisait la vaisselle. *Répétez.*

> la lessive.
> du tennis.
> du piano.
> du golf.

D. Quand il est rentré, je faisais la vaisselle. *Répétez.*

> faisais la lessive.
> dormais.
> me lavais la tête.
> préparais le dîner.
> prenais du café.

2. Demonstrative pronouns

(un journal)	**Celui-ci?** Non, **celui-là**.	*This one? No, that one.*
(des tomates)	**Celles-ci** sont moins délicieuses que **celles-là**.	*These are less delicious than those.*

1. Demonstrative pronouns are used to avoid the repetition of a noun. They have four forms.

	SINGULAR	PLURAL
MASCULINE	**celui-ci** (-là)	**ceux-ci** (-là)
FEMININE	**celle-ci** (là)	**celles-ci** (-là)

2. The suffixes **-ci** and **-là** indicate closeness or distance respectively (as in **voici** and **voilà**).

3. Demonstrative pronouns may be used with **de** to show possession. In such cases, **-ci** and **-là** are not used.

Ce veston et **celui de** mon frère	*This jacket and my brother's (that of my brother)*
Ces chaussettes et **celles de** Pierre	*These socks and Pierre's (those of Pierre)*

A. LE PROFESSEUR   Voulez-vous cette tomate?
    L'ÉTUDIANT(E)   Non, je préfère celle-là.

    Voulez-vous ce gâteau?
                cette orange?
                ces œufs?
                ces fruits?
                cette salade?

B. LE PROFESSEUR   Est-ce que ce pain te plaît?
    L'ÉTUDIANT(E)   Celui-là me plaît mieux.

    Est-ce que cette glace te plaît?
                ce fromage
                cette bière
                cette limonade
                ce marché

C. LE PROFESSEUR   Aimez-vous ce pantalon?
    L'ÉTUDIANT(E)   Non, je préfère celui de Jean.

    Aimez-vous ce veston?
                cette chemise?
                ces chaussures?
                ces vêtements?
                ce pantalon?

3. Comparisons of inequality

1. *Adjectives and Adverbs*

Ceux au chocolat sont **plus frais que** les autres.	*Those with chocolate are fresher than the others.*
Celles-là sont **moins chères que** les autres.	*These are less expensive than the others.*
Il lisait **moins souvent que** moi.	*He used to read less often than I.*

plus + $\left\{\begin{array}{l}\text{adjective } (\textbf{frais})\\ \text{adverb } (\textbf{souvent})\end{array}\right\}$ + **que**   *more...than*

moins + $\left\{\begin{array}{l}\text{adjective } (\textbf{chères})\\ \text{adverb } (\textbf{souvent})\end{array}\right\}$ + **que**   *less...than*

A. LE PROFESSEUR   Ces journaux sont intéressants.
   L'ÉTUDIANT(E)   Oui, ils sont plus intéressants que les autres.

   Ces œufs sont frais.
   Ces tomates sont délicieuses.
   Ces haricots sont délicieux.
   Ces salades sont fraîches.
   Ces magasins sont grands.

B. LE PROFESSEUR   Cette épicerie est grande.
   L'ÉTUDIANT(E)   Oui, mais elle est moins grande que l'autre.

   Ce marché est grand.
   Cette orange est délicieuse.
   Ce pain est frais.
   Cette tomate est solide.
   Ce gâteau est bon.

C. LE PROFESSEUR   Cet homme parle franchement.
   L'ÉTUDIANT(E)   Oui, plus franchement que l'autre.

   Cet homme parle franchement.
                   sincèrement.
                   bêtement.
                   tristement.
                   attentivement.
                   sérieusement.

2. *Nouns*

Il a **plus de** frères **que** moi.   *He has more brothers than I.*
Elle a **moins de** patience **que** lui.   *She has less patience than he.*
J'ai **plus de** six cousins.   *I have more than six cousins.*

Plus de and **moins de** are used before a noun to show comparisons,
and before a numeral.

A. Paul avait moins de patience que lui. *Répétez.*
                              nous.
                              moi.
                              toi.
                              eux.
                              elle.

B. Elle avait plus de courage que moi. *Répétez.*
            patience
            compassion
            enthousiasme
            intelligence
            indépendance

3. *Irregular Comparisons:* **meilleur**, **mieux** better[1]

Cette orange est **bonne**.	*This orange is good.*
Celle-là est **meilleure**.	*That one is better.*

Je travaille **bien**.	*I work well.*
Elle travaille **mieux**.	*She works better.*

A. LE PROFESSEUR   Ce gâteau est bon.
    L'ÉTUDIANT(E)   Mais celui-là est meilleur que l'autre.

Cette pâtisserie
Ces oranges
Ce pain
Cette salade
Ces gâteaux

B. LE PROFESSEUR   Il travaille bien.
    L'ÉTUDIANT(E)   Mais elle travaille mieux que lui.

Il parle bien.
   danse
   joue
   chante
   travaille

4. Irregular plural of nouns and adjectives

SINGULAR	PLURAL
un **cheval**	des **chevaux**
un **chou**	des **choux**[2]
un **gâteau**	des **gâteaux**
un **cheveu**	des **cheveux**
beau	**beaux**
général	**généraux**

1. Most nouns ending in **-al** in the singular change the ending to **-aux** in the plural.
2. All nouns ending in **-eu** and **-eau**, and some ending in **-ou**, add **-x** in the plural.
3. Adjectives ending in **-eau** in the masculine singular add **-x** in the plural.
4. Most masculine adjectives ending in **-al** in the singular change the ending to **-aux** in the plural.

---

[1] Although English uses the same comparative for both **good** and **well** (*good, better; well, better*), French uses different comparatives for **bon** and **bien**: **bon, meilleur; bien, mieux.**

[2] There is a well-known French folk song entitled «**Savez-vous planter les choux?**»

Change the words in italics into the plural. Reread the entire sentence.

1. Il lisait *le journal libéral.*
2. Il y avait *un cheval* à la ferme.
3. J'ai vu *le nouveau général* en France.
4. Voici *un beau cadeau* pour maman.
5. Elle a acheté *un manteau.*
6. Nous buvions *l'eau minérale.*

5. S'en aller *to go away*

je **m'en vais**	nous **nous en allons**
tu **t'en vas**	vous **vous en allez**
il, elle **s'en va**	ils, elles **s'en vont**

je **m'en suis allé(e)**, etc.[1]
je **m'en allais**, etc.

IMPÉRATIF

Allez-vous-en!	*Go away!*
Va-t-en!	*Go away!*
Allons-nous-en!	*Let's go away!*

A. LE PROFESSEUR   Il paie.
   L'ÉTUDIANT(E)   Il paie et s'en va.

Il dit au revoir.
Il achète des tomates.
Il choisit un pain.
Il prend son veston.
Il finit le dessert.
Il paie.

B. LE PROFESSEUR   Je partais quand Chantal a téléphoné.
   L'ÉTUDIANT(E)   Je m'en allais quand Chantal a téléphoné.

Je partais quand Chantal a téléphoné.
Il
Vous
Elles
Tu
Ils

C. *Give the French imperative of the commands below.*

1. *Go away!* (**vous** form)
2. *Get out of here!* (**tu** form)
3. *Let's get out of here!*

---

[1] The *passé composé* for this verb is rather complicated, so the student is advised to use **je suis sorti** or **je suis parti**, etc.

PRENONS LE LARGE

Comment avez-vous trouvé le candidat?   *What did you think of the candidate?*

C'était[1] un candidat libéral.	*He was a liberal candidate.*
loyal.	*loyal*
moral.	*moral*
spécial.	*special*
amical.	*friendly*
brutal.	*brutal*
local.	*local*
original.	*original*
	(eccentric)
indépendant.	*independent*
démocrate.	*Democratic*
républicain.	*Republican*
socialiste.	*Socialist*
communiste.	*Communist*

Change the sentences above into the plural (**C'étaient**[2] **des...**).

Note: More than one hundred French adjectives end in **-al**; their English equivalents can easily be guessed. How many, in addition to those listed above, can you guess?

[1] Imperfect of **c'est**: *he, she was.*
[2] Imperfect of **ce sont**: *they were.*

Le Souffleur

1. C'était un candidat...
2. Pendant que tu étudiais,...
3. ...celui-là.
4. ...plus...que...
5. Je finissais...

Quelle est la question?

1. J'ai trouvé le candidat original.
2. Oui, c'est tout pour aujourd'hui.
3. Elle faisait la vaisselle pendant que je travaillais.
4. Je préfère celle-ci.
5. Ensuite elles vont à la pâtisserie.

Petites causeries

Demandez à _____ comment elle a trouvé le candidat.
si elle a voté.
pour quel candidat il a voté.
ce qu'il a fait dans la maison.
si ces tomates-ci sont plus solides que celles-là.
s'il dormait quand vous avez téléphoné.
où elle allait quand vous l'avez vue.
s'il préfère ce cours ou celui d'un autre professeur.

«Comment avez-vous trouvé le candidat?»

Parlons de vous

1. Est-ce que vous faites la vaisselle?
2. Quel autre travail faites-vous à la maison?
3. Est-ce que tu dormais quand je t'ai posé cette question?
4. Où allais-tu quand je t'ai vu?
5. Pourquoi êtes-vous allé à la pâtisserie?
6. Avez-vous fait la lessive cette semaine?
7. Que faisiez-vous quand je suis entré?
8. Avez-vous plus de patience que vos parents?
9. Qui a moins d'enthousiasme, le professeur ou les étudiants?
10. Êtes-vous allé dîner à la pharmacie?
11. Où donc?[a]
12. Qui fait la vaisselle chez vous en général?
13. Qu'est-ce que vous aimez mieux, la musique classique, ou le «rock»?
14. Comment s'appelle votre meilleur(e) ami(e)?
15. Avez-vous plus de frères que de sœurs?

[a] *Where then?*

Votre opinion, s'il vous plaît

*Tell whether the foods below are derived from animals (**d'origine animale**) or vegetables (**d'origine végétale**).*

1. pain
2. tomates
3. bifteck
4. omelette[a]
5. carottes
6. vinaigre[b]
7. haricot
8. oranges
9. yaourt[c]
10. lait
11. soupe de tomates
12. gâteau
13. pizza
14. pâtisserie
15. rosbif
16. café
17. chocolat
18. salade
19. vin
20. poisson

[a] *omelet*

[b] *vinegar*, from **vin** (*wine*) + **aigre** (*sour*)

[c] *yogurt*

Improvisations

Mon Programme pour demain

VOCABULARY	je vais, se lever, faire la lessive, la vaisselle, mes emplettes, la boulangerie, le marché, la pâtisserie
TOPIC IDEAS	1. Demain 2. Mes emplettes 3. Demain je vais faire beaucoup de choses.
QUESTIONS	1. À quelle heure vas-tu te lever? 2. Qu'est-ce que tu vas faire avant de sortir? 3. Où vas-tu faire tes emplettes?

Enquêtes

1. *Find out four household chores a classmate used to do, then change roles.*
2. *Find out four things a classmate will buy to eat at home. Change roles.*

Expressions consacrées

La richesse ne fait pas le bonheur.	*Money isn't everything.*[a]	[a] *Riches (alone) do not bring happiness.*
Pas à pas on va bien loin.	*Slow and steady wins the race.*[b]	[b] *Step by step one goes far.*
Patience et longeur de temps font plus que force ni que rage.	*Patience and time do more than strength and anger.*	

Une page d'une édition des *Fables* du dix-huitième siècle.[a]

[a] *century*

Lecture culturelle

Le Corbeau et le Renard

Une Fable de Jean de La Fontaine (1621–1695)

Maître Corbeau[a], sur un arbre perché[b],
Tenait en son bec[c] un fromage.
Maître Renard[d], par l'odeur alléché[e],
Lui tint à peu près ce langage[f]:
«He! bonjour, Monsieur du Corbeau,
Que vous êtes joli! que vous me semblez beau!
Sans mentir, si votre ramage[g]
Se rapporte[h] à votre plumage[i],
Voux êtes le phénix des hôtes de ces bois[j].»
À ces mots le Corbeau ne se sent pas de joie;
Et, pour montrer sa belle voix[k],
Il ouvre un large bec, laisse tomber sa proie[l].
Le Renard s'en saisit[m], et dit: «Mon bon Monsieur,
Apprenez que tout flatteur[n]
Vit aux dépens[o] de celui qui l'écoute.
Cette leçon vaut bien un fromage, sans doute.»
Le Corbeau, honteux[p] et confus[q],
Jura[r], mais un peu tard, qu'on ne l'y prendrait plus[s].

[a] *Master Crow*
[b] *perched*
[c] *beak*
[d] *Master Fox*
[e] *enticed by the odor*
[f] **Lui...** *spoke to him approximately as follows*

[g] *warbling*
[h] *is similar*
[i] *feathers*
[j] **le phénix...** *the phoenix of the hosts of these woods*

[k] *voice*

[l] *prey*

[m] **s'en...** *seized it*

[n] *flatterer*
[o] *at the expense*
[p] *ashamed*
[q] *embarrassed*
[r] *Vowed*
[s] **qu'on...** *that he'd never be caught again*

Quelle est votre réponse?

1. Où est Maître Corbeau?
2. Qu'est-ce qu'il a dans son bec?
3. Qui veut le fromage?
4. Qu'est-ce que le Renard dit au Corbeau?
5. Est-ce que cela fait plaisir au Corbeau?
6. Pourquoi Maître Corbeau ouvre-t-il son bec?
7. Que fait Maître Renard?
8. Qu'est-ce qui vaut bien un fromage?
9. Est-ce que le Corbeau est content de lui?
10. Écoutez-vous les flatteurs?

VOCABULAIRE

s'en aller	*to go away*	la **laiterie**	*dairy*
la **boucherie**	*butcher shop*	la **lessive**	*laundry*
la **boulangerie**	*bakery*	faire la **lessive**	*to do the laundry*
la **boulangère**	*baker's wife*	le **magazine**	*magazine*
celle *f* (**celles** *pl*)	*the one, that (those)*	**meilleur(e)**	*better*
celle-ci (-là)	*this one, (that one)*	**moins**	*less*
celui *m* (**ceux** *pl*)	*the one, that (those)*	**pas encore**	*not yet*
celui-ci (-là)	*this one (that one)*	le **pâtissier** (la	*pastry shop owner*
c'était (**c'étaient**)	*he, she was (they were)*	**pâtissière**)	
devoirs *pl m*	*homework*	**pendant**	*during*
l'**emplette** *f*	*purchase*	**pendant que**	*while*
faire des **emplettes**	*to go shopping*	le **retour**	*return*
ensuite	*then, next*	**solide**	*solid*
l'**épicerie** *f*	*grocery store*	la **vaisselle**	*dishes*
le **gâteau**	*cake*	faire la **vaisselle**	*to do the dishes*
gâteau au chocolat	*chocolate cake*		

Marché à Rouen.

Un médecin de campagne. (Charente-Maritime)

Quatorzième Leçon 14

La Santé

MME VERDURIN   Albert, lève-toi. Tu dois aller au bureau.

M. VERDURIN   Je ne peux pas. Je suis malade.

MME VERDURIN   Comment? Qu'est-ce que tu as?

M. VERDURIN   J'ai très chaud.

MME VERDURIN   Qu'est-ce qui te fait mal?

M. VERDURIN   J'ai mal à la tête, à la gorge et à l'estomac.

MME VERDURIN   Je me demande si tu as attrapé la grippe. Attends. Je vais chercher le thermomètre.

(Cinq minutes plus tard)

MME VERDURIN   Non, heureusement pas de fièvre.

M. VERDURIN   J'ai commencé à tousser tout à l'heure.

MME VERDURIN   Vraiment? Tu n'as rien de cassé par hasard—la jambe, le bras? Je vais téléphoner au docteur Cottard.

(Plus tard)

MME VERDURIN   Le médecin pense que ce n'est pas grave. Tu dois garder le lit.

M. VERDURIN   Oh, c'est aujourd'hui que le patron veut me voir à dix heures. Je vais me lever lentement.

MME VERDURIN   Tu es sûr, Albert?

M. VERDURIN   Oui, ça va un peu mieux.

MME VERDURIN   Bon. Je vais préparer ton petit déjeuner. *(À elle-même)* Quelle guérison extraordinaire!

Questions sur le dialogue

1. Albert doit aller au bureau?
2. Comment va Albert?
3. Qu'est-ce que Mme Verdurin va chercher?
4. Est-ce que M. Verdurin a de la fièvre?
5. À qui est-ce que Mme Verdurin va téléphoner?
6. Est-ce que le médecin pense que c'est grave?
7. Qui veut voir M. Verdurin à dix heures?
8. M. Verdurin va au bureau?

Health

MME VERDURIN	Albert, get up. You have to go to the office.
M. VERDURIN	I can't. I'm sick.
MME VERDURIN	What? What's the matter with you?[a]
M. VERDURIN	I'm very warm.
MME VERDURIN	What's hurting you?
M. VERDURIN	I have a headache, a sore throat, and a stomachache.[b]
MME VERDURIN	I wonder if you've caught the flu. Wait. I'm going to get[c] the thermometer.

a Literally, *What have you?*

b Literally, *I have a pain in the head, throat, and stomach*
c Literally, *I'm going to look for*

(Five minutes later)

MME VERDURIN	No, no fever, fortunately.
M. VERDURIN	I began to cough just now.
MME VERDURIN	Really? You don't have anything broken by chance—your leg, your arm? I'm going to call Dr. Cottard.

(Later)

MME VERDURIN	The doctor thinks that it's not serious. You have to stay in bed.
M. VERDURIN	Oh, it's today that the boss wants to see me at 10:00. I'm going to get up slowly.
MME VERDURIN	You're sure, Albert?
M. VERDURIN	Yes, I'm feeling a little better.
MME VERDURIN	Good. I'm going to get your breakfast ready. *(To herself)* What an extraordinary recovery!

REMARQUES CULTURELLES

Doctors. Most French doctors set up office in their apartment. They usually set aside three rooms to receive their patients in—a waiting room, an office, and an examination room. The waiting room is usually tastefully furnished. It often contains antiques, fine paintings, art objects.

Pharmacies. Drugstores in France sell only medicines and certain toiletries. The pharmacist not only fills prescriptions, but also has the authority to treat minor injuries and advise his clients about them.

Hospitals and clinics. Contrary to American terminology, where a "clinic" often implies free consultation, French **hôpitaux** are not expensive and are open to the general public, whereas the French clinic is a private institution, much used by the middle class. French hospitals are usually very large, with patients' beds being placed one after the other, as in American wards. Often the French hospital is not very modern. Those who can afford the smaller, private clinics prefer them.

Medical payments and doctors' fees. During the presidency of Charles De Gaulle, the government instituted a system of **assurances sociales** (*social insurance*) whereby people are insured for 75% of medical and doctors' expenses, including prescriptions. Then, too, a majority of French people belong to a **mutuelle** (a kind of insurance group), which pays the remaining 25% of expenses associated with illness.

Ce médecin est vietnamien.

Cognac. Une pharmacie.

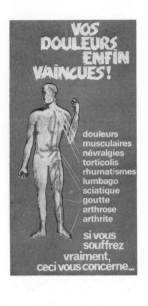

douleurs
musculaires
névralgies
torticolis
rhumatismes
lumbago
sciatique
goutte
arthrose
arthrite

si vous
souffrez
vraiment,
ceci vous concerne...

EXPLICATIONS

1. La Santé: Expressions utiles

1. Avoir mal (à)

Où **as-tu mal**?	*Where does it hurt?*
J'ai **mal à** la[1] gorge.	*I have a sore throat.*

Il a mal à la gorge. *Répétez.*
Je, Vous, Gigi, Marcel et Gilberte, Nous

2. Faire mal (à)

Qu'est-ce qui **te fait mal**?	*What's hurting you?*
J'ai mal au dos.	*My back hurts.*

LE PROFESSEUR   Qu'est-ce qui te fait mal? (1)
L'ÉTUDIANT(E)   J'ai mal au dos.

(1) le dos   (5) la jambe
(2) la main   (6) le bras
(3) la tête   (7) l'estomac
(4) les dents

3. Avoir de la fièvre

Est-ce que le garçon **a de la fièvre?**	*Does the boy have a fever?*

A. J'ai de la fièvre. *Répétez.*
   Tu, Ils, Nous, Elle, Vous

B. Je n'ai plus de fièvre. *Répétez.*
   Les étudiants, Le champion de football, La boulangère, Nous, Tu

2. Pronoms interrogatifs *Interrogative pronouns*

1. Qui? Who? Whom?

Qui est là?	*Who is there?*
Qui cherchez-vous?	*Whom are you looking for?*

Qui, used for persons, may occur as either the subject of the question or the direct object of the verb, which follows it.

---

[1] Note that parts of the body in French are preceded by the definite article, not by a possessive adjective.

A. LE PROFESSEUR   Qui a mal à la tête? (moi)
   L'ÉTUDIANT(E)   Moi, j'ai mal à la tête.

   Qui a mal à la tête? (moi)
                à la gorge? (lui)
                à la jambe? (elle)
                à l'estomac? (nous)
                au bras? (toi)

B. Qui cherchez-vous? *Répétez.*
       regardez-vous?
       désirez-vous?
       connaissez-vous?
       voyez-vous?

2. **Qui** *Whom* and **Quoi** *What* after prepositions

   Avec **qui** vas-tu?   *With whom are you going?*
   De **quoi** parlait-elle?   *What was she speaking of?*[1]

After a preposition, **qui** (*whom*) is used for persons and **quoi** (*what*) is used for things.

A. *Interrogatoire*
   Avec qui allez-vous?   De qui parlez-vous?
   Chez qui allez-vous?   À qui avez-vous dit cela?

B. De quoi parlait-il? *Répondez.*
   Et elle?   Et vous?
   Et Paul et Richard?   Et lui?

3. **Qu'est-ce qui? Qu'est-ce que?** *What?*

   Qu'est-ce qui se passe?   *What is happening?*
   Qu'est-ce que vous voulez?   *What do you want?*

Qu'est-ce qui is used as the *subject* of a question, and **qu'est-ce que** is used as the *direct object* of the verb, which follows it.

A. Qu'est-ce qui se passe? *Répétez.*
              arrive?
              te fait mal?
              vous intéresse?
              est arrivé?

B. Qu'est-ce que vous voulez voir? *Répétez.*
                 boire?   manger?   jouer?   acheter?

[1] Note that although you may say in English *What was she speaking of?*, in French you cannot separate the preposition and **quoi**: **De quoi parlait-elle?**

3. Même **+** Disjunctive pronouns

Je l'ai fait **moi-même**.	*I did it myself.*
Ils l'ont fait **eux-mêmes**.	*They themselves did it.*
Marie, chantez-le **vous-même**.	*Marie, sing it by yourself.*
Marie et Chantal, chantez-le **vous-mêmes**.	*Marie and Chantal, sing it by yourselves.*

1. **Même** is added to a disjunctive pronoun to emphasize that this pronoun, not some other one, is meant.
2. There is no change in the feminine: **elle-même**. But in the plural, **-s** is added: **vous-mêmes**.
3. This construction may go at the beginning or at the end of a clause.

Reread each sentence, adding **-même** *and a disjunctive pronoun corresponding to the subject.*

Je lui ai téléphoné.	Elle l'a fait.
Il l'a vu.	Ils sont allés.
Nous l'avons dit.	

4. Negative expressions with **ne**

(*a*) **Ne . . . pas** *Not*

Il **ne** téléphone **pas**.	*He doesn't call.*

(*b*) **Ne . . . plus** *No longer*

Elle **n'**était **plus** malade.	*She was no longer sick.*

(*c*) **Ne . . . jamais** *Never*

Nous **ne** nous voyons **jamais**.	*We never see each other.*

(*d*) **Ne . . . personne** *No one*

Il **n'**a vu **personne**.	*He didn't see anyone (He saw no one).*

(*e*) **Personne ne . . .** *No one*

Personne n'est entré.	*No one entered.*

(*f*) **Ne . . . rien** *Nothing*

Il **ne** me dit **rien**.	*He doesn't tell me anything (He tells me nothing).*

(*g*) **Rien ne . . .** *Nothing*

Rien n'est cassé?	*Nothing is broken.*

1. All negative constructions used in complete sentences[1] are composed of **ne** plus another word.
2. When using a negative expression other than **pas**, do not also use **pas**.

> Je **ne** vous vois **pas**.   *I don't see you.*
> Je **ne** vous vois **jamais**.   *I never see you.*

A. Je n'ai plus mal à la gorge. *Répétez.*
   Il, Vous, Elle, Tu, Nous, Ils

B. LE PROFESSEUR   Est-elle toujours malade?
   L'ÉTUDIANT(E)   Non, elle n'est plus malade.

   Est-elle toujours malade?   indépendante?
                    contente?   intéressante?
                    triste?

C. LE PROFESSEUR   Allez-vous souvent en France?
   L'ÉTUDIANT(E)   Non, je n'y vais jamais.

   Allez-vous souvent en France?   à la campagne?
                    au cinéma?   à la classe de français?
                    au théâtre?

D. LE PROFESSEUR   Qui voit-il?
   L'ÉTUDIANT(E)   Il ne voit personne.

   Qui voit-il?   rase-t-il?
       regarde-t-il?   lave-t-il?
       aime-t-il?

E. LE PROFESSEUR   Qui est arrivé?
   L'ÉTUDIANT(E)   Personne n'est arrivé.

   Qui est arrivé?   monté?
        parti?   descendu?
        sorti?   venu?

F. LE PROFESSEUR   Qu'est-ce que vous avez dit?
   L'ÉTUDIANT(E)   Je n'ai rien[2] dit.

   Qu'est-ce que vous avez dit?
                    elle, tu, nous, ils

G. LE PROFESSEUR   Qu'est-ce qui te fait mal?
   L'ÉTUDIANT(E)   Rien ne me fait mal.

   Qu'est-ce qui te fait mal?
                    lui, me, leur, vous

[1] In a one-word answer, **ne** is omitted: **Qui est là? Personne.**
[2] In the *passé composé*, **rien** usually precedes the past participle.

PRENONS LE LARGE

Docteur, docteur! Au secours!   *Doctor, doctor! Help!*

(*a*) J'ai la jambe cassée.   *I have a broken leg.*
　　　 la main cassée.   *hand.*
　　　 le crâne cassé.   *skull.*
　　　 le pied cassé.   *foot.*
　　　 le doigt* cassé.   *finger.*
　　　 le nez* cassé.   *nose.*
　　　 une dent cassée.   *tooth.*
　　　 un ongle* cassé.   *nail.*

J'ai mal à l'oreille*.   *I have an earache.*
J'ai mal au cœur*.   *I am nauseous.*

LE PROFESSEUR　　Qu'est-ce qui lui est arrivé? (1)
L'ÉTUDIANT(E)　　Il s'est cassé le pied.

(1) le pied   (3) l'oreille   (5) le nez
(2) le doigt   (4) une dent   (6) un ongle

(*b*) J'ai parlé à l'infirmière*.   *I spoke with the nurse.*
　　 L'infirmière m'a fait une piqûre.   *The nurse gave me an injection.*
　　 Le médecin m'a donné des vitamines*.   *The doctor gave me vitamins.*
　　　　　　　　　　　 une ordonnance*.   *a prescription.*
　　　　　　　　　　　 un médicament*.   *a medication.*
　　 J'ai mal aux dents. Je vais chez le dentiste*.   *I have a toothache. I'm going to the dentist.*
　　 Je vais à l'hôpital*.   *I'm going to the hospital.*
　　 Il marche avec des béquilles.   *He walks with crutches.*
　　 Il est dans le plâtre.   *He's in a (plaster) cast.*
　　 Je dois garder le lit.   *I have to stay in bed.*
　　 J'ai attrapé un rhume*.   *I caught a cold.*

Le Souffleur

1. L'enfant avait mal...
2. Qu'est-ce qui...?
3. Je me suis...
4. Il a attrapé...
5. Le médecin dit...

Quelle est la question?

1. J'ai mal à l'oreille.
2. Non, je n'ai rien de cassé.
3. Elle n'avait pas de fièvre.

4. Personne n'est arrivé.
5. Rien ne s'est passé.

Petites causeries

Demandez à _____ où elle a mal.
si elle a de la fièvre.
s'il a fait cela lui-même.
si elle a mal aux pieds.
s'il avait souvent mal aux dents quand il était petit.
qui elle regarde.
avec qui il va au café.

Parlons de vous

1. Avez-vous mal à l'oreille?
2. Qu'est-ce qu'on emploie[a] pour marcher si on a la jambe cassée?   [a] *What does one use?*
3. Étiez-vous souvent malade quand vous étiez petit(e)?
4. Qu'est-ce qui te fait mal? (Use **rien**)
5. As-tu de la fièvre?
6. Tu n'as rien de cassé?
7. Pourquoi étiez-vous à l'hôpital?
8. Comment s'appelle la personne qui aide le médecin?
9. Avez-vous téléphoné au médecin? (Use **moi-même**).
10. Qui as-tu vu? (Use **personne**.)
11. Depuis quand as-tu mal au bras?
12. Habitez-vous toujours à Québec? (Use **ne...plus**.)
13. Voyagez-vous souvent au Japon? (Use **jamais**.)
14. Aimez-vous aller chez le dentiste? Pourquoi y allez-vous?
15. Avez-vous attrapé un rhume? La grippe?

Votre opinion, s'il vous plaît

If you were a doctor, how would you judge the illnesses and symptoms below? (Use either **C'est grave** *or* **Ce n'est pas très grave**.)

1. 7 degrés de fièvre
2. le nez cassé
3. mal à la tête
4. une dent cassée
5. mal aux cheveux[a]
6. la grippe
7. mal aux dents
8. mal à la gorge
9. la jambe cassée
10. l'appendicite
11. un rhume
12. le bras cassé
13. mal à l'estomac
14. mal au cœur
15. mal à l'oreille

[a] *a hangover* (literally, *pain in one's hair*)

Improvisations

1. Chez le Médecin

VOCABULARY   médecin, fièvre, piqûre, infirmière, médicaments, grippe, rhume, vitamines, ordonnance

TOPIC IDEAS
1. J'ai attrapé la grippe.
2. Je n'aime pas les piqûres.
3. Le médecin m'a donné beaucoup de médicaments.

QUESTIONS
1. Où as-tu mal?
2. Qu'est-ce que le médecin a dit?
3. Depuis quand as-tu de la fièvre?
4. Est-ce que le médecin t'a donné une ordonnance?
5. Es-tu allé(e) à la pharmacie?

2. Une Catastrophe

VOCABULARY   accident, automobile, cassé, jambe, bras, nez, dent, ongle, grave, plâtre, béquilles

TOPIC IDEAS
1. Je me suis cassé la jambe (le bras, etc.).
2. Ma mère s'est cassé le nez (un ongle, etc.).
3. Quelle catastrophe!

QUESTIONS
1. Est-il difficile de marcher avec des béquilles?
2. Étais-tu en automobile avant l'accident?
3. Depuis quand es-tu à l'hôpital?

Enquête

Find out the details of an accident or illness another student has had. Change roles.

Saynète

With two other students, write a short sketch involving a doctor, a nurse, and a patient. (The "doctor" might question the "patient," the "nurse" might say the "patient" is going to get an injection, and so on.)

Expressions consacrées

À votre santé!	*Cheers!* (*To your health!*)
Prudence est mère de sûreté.	*An ounce of prevention is worth a pound of cure.*[a]
À cœur vaillant, rien d'impossible.	*To the courageous*[b] *nothing is impossible.*
Médecin, guéris-toi toi-même.	*Physician, heal thyself.*

[a] *Prudence is the mother of safety.*
[b] *To the valiant heart*

Lecture culturelle

Le Tour de Gaule d'Astérix

Excerpt from *Le Tour de Gaule d'Astérix*, texte de Goscinny, dessins de Uderzo, pp. 5–7. Copyright 1965 by Dargaud.

attaquer *to attack*	**refusez** *refuse*	**poussez** *push*	**par personne** *apiece*
Gaulois *Gallic*	**porter** *to carry*	**À la queue** *Get in line*	**Par pitié!** *Have pity!*
pilum *Roman spear*	**se faire porter pâles** *to*	**tout le monde** *everybody*	**comptés** *counted*
aussitôt *soon*	*get on the sick list*	**bousculez** *shove*	

Ne vous disputez plus   **se faire massacrer** *to get*
  Stop arguing   *massacred*
pas la peine *not worth*   **prévenu** *warned*

VOCABULAIRE

arriver	*to arrive; to happen*	le **mal**	*hurt, evil, pain*
attraper	*to catch*	**faire mal (à)**	*to hurt*
le **bras**	*arm*	**avoir mal à la tête**	*to have a headache*
le **bureau**	*office*	**malade**	*sick*
casser	*to break*	**malade** *m, f*	*sick person*
le **cœur**	*heart*	le **médecin**	*doctor*
avoir mal au cœur	*to be nauseous*	le **médicament**	*medicine, medication*
se demander	*to wonder*	**moi-même**	*myself*
dentiste *m, f*	*dentist*	**ne...jamais**	*never*
le **docteur**	*doctor*	**ne...plus**	*no longer*
le **doigt**	*finger*	le **nez**	*nose*
l'**estomac** *m*	*stomach*	l'**ongle** *m*	*nail, fingernail*
extraordinaire	*extraordinary*	l'**ordonnance** *f*	*prescription*
la **fièvre**	*fever*	l'**oreille** *f*	*ear*
avoir de la fièvre	*to have a fever*	**se passer**	*to happen*
garder	*to guard, keep*	le **patron**	*boss*
garder le lit	*to stay in bed*	la **personne**	*person*
la **gorge**	*throat*	**ne...personne**	*no one*
grave	*serious, grave*	**préparer**	*to prepare*
la **grippe**	*flu*	**qu'est-ce qui**	*what (subject)*
la **guérison**	*recovery, cure*	le **rhume**	*cold*
le **hasard**	*chance, accident*	la **santé**	*health*
par hasard	*by chance*	**sûr(e)**	*sure*
l'**hôpital** *m*	*hospital*	**téléphoner**	*to telephone, call*
l'**infirmière** *f*	*nurse*	le **thermomètre**	*thermometer*
lentement	*slowly*	**tousser**	*to cough*
le **lit**	*bed*	**tout à l'heure**	*just now; in a few minutes*
		la **vitamine**	*vitamin*

Une journaliste et un photographe sur le lieu d'une manifestation politique[a] à Paris.

[a] *at the scene of a political demonstration*

Quinzième Leçon 15

Le Travail et les Vacances

Deux journalistes parlent de leurs vacances.

SYLVIE   Où irez-vous en vacances cet été?

JULIEN   Nous avons l'intention de faire du camping et d'aller à la pêche. Comme j'ai envie de solitude!

SYLVIE   De solitude! Vous aurez de la chance si vous trouvez un terrain. Il paraît que le camping est devenu très populaire.

JULIEN   Ça se peut. Mais je suis optimiste. Et qu'est-ce que vous ferez, toi et Paul?

SYLVIE   Pas de tentes pour nous. Nous passerons les nôtres à la campagne avec mes parents. Là il y aura de la solitude.

JULIEN   Mes parents nous ont invités aussi. Mais je préfère être seul avec Martine. Je leur écrirai que nous ne pouvons pas venir.

SYLVIE   La vérité c'est que ce travail commence à m'ennuyer. Plus je pense aux vacances plus j'ai envie de partir.

JULIEN   Quand tu seras en vacances tu auras envie de rentrer, comme l'année passée.

SYLVIE   Sans doute.

JULIEN   Tiens! Il est presque deux heures. Ce matin je n'ai pas pris le petit déjeuner.

SYLVIE   Et moi j'ai pris le mien très tôt. Allons Chez Dupont.

Questions sur le dialogue

1. Qui parle des vacances?
2. Qu'est-ce que Julien a l'intention de faire?
3. Est-ce que le camping est très populaire?
4. Est-ce que Julien est optimiste?
5. Est-ce que Julien préfère passer les vacances avec ses parents?
6. Est-ce que Sylvie pense aux vacances?
7. Qu'est-ce que Julien n'a pas pris ce matin?
8. Où vont-ils déjeuner?

Work and Vacation[1]

Two journalists are talking about their vacation.

SYLVIE   Where will you go on vacation this summer?

JULIEN   We plan to go camping and fishing. How I long for solitude!

SYLVIE   Solitude! You'll be lucky if you find a campsite. It seems that camping has become very popular.

JULIEN   That may be. But I'm optimistic. And what will you and Paul do?

SYLVIE   No tents for us. We'll spend ours in the country with my parents. There'll be solitude there!

JULIEN   My parents have invited us too. But I prefer to be alone with Martine. I'll write them that we can't come.

SYLVIE   The truth is that this work is beginning to bore me. The more I think about the vacation, the more I feel like leaving.

JULIEN   When you are[2] on vacation you will feel like coming back, like last year.

SYLVIE   Probably.

JULIEN   Say! It's almost two o'clock. This morning I didn't eat breakfast.

SYLVIE   And I had mine very early. Let's go to "Chez Dupont."

REMARQUES CULTURELLES

[a] *Spare time*

Les Loisirs[a]

1. *Weekends.* Most people in France do not have a full two-day weekend. Working all day, or half a day, on Saturday is common. Schools are generally in session Saturday, with students getting a day off in the middle of the week. Sunday is the only day of the week that an entire family might have off.

[1] The French equivalent of *vacation* is always in the plural: **vacances**.
[2] After **quand**, French uses the future tense, whereas English uses the present tense.

2. *Fishing* is an extremely popular activity in France, especially among men. France has many waterways—rivers, streams, and canals —so a fishing spot is usually within easy walking or biking distance. Excellent trout streams can be found in some mountainous areas. The most common fishing method in France is with a pole and line, for some quiet fishing from the bank.

3. *Dancing* is also a popular activity in France. Friends like to gather at someone's home for a **surprise-partie** (usually a spontaneous get-together with potluck refreshments) and put on records for dancing.

Following weddings, many people have a banquet followed by a dance, which may last all night.

Une famille se promène[a] à la campagne.

[a] walking

«Comme j'ai envie de solitude!»

In both the city and the country in the summer there are **fêtes** with street dancing. These are often centered around the 14th of July (Bastille Day), but the dates may be spread throughout the summer so that people from one community can go to other communities. The festivities often last several days. In the cities, they are usually neighborhood affairs; a tent may be set up in a square, and nightly dancing may be held over a two-week period. It is also common to set up "midway attractions" in stands along the sidewalks.

Fête du printemps à Paris.

1. **Le Futur** *The future*

Nous **resterons** chez nous.	*We shall remain at home.*
Il **choisira** un terrain.	*He will choose a campsite.*
Je **vendrai** la maison.	*I shall sell the house.*
Quand tu **seras** là, tu **seras** content.	*When you are there you will be happy.*

(*a*) *Formation of the Future*

1. To form the future, all verbs in French add a single set of endings to the future stem: **-ai, -as, -a, -ons, -ez, -ont.** (These endings are almost exactly like the present tense of **avoir.**)
2. All regular verbs add these endings to the infinitive: **rester, resterai.**
3. All regular **-re** verbs drop the **-e** before adding the endings: **vendre, vendrai.**[1]

(*b*) *Uses of the Future*

1. The future is used almost as in English, to indicate something that *will take place.*
2. If the future action is very close to the present, one may use **aller** + infinitive.

Je **vais acheter** un cadeau cet après-midi.	*I am going to buy a gift this afternoon.*

3. After **quand** or **lorsque** (*when*), if future time is implied, the future tense must be used.[2]

Quand tu **seras** là...	*When you are there...*

A. Où passerez-vous les vacances? *Répondez.*
   Et votre ami(e)?
   Et votre sœur?
   Et vos parents?
   Et votre fiancé(e)?

B. Nous ne resterons pas chez nous. *Répétez.*
   Je, Ils, Vous, Elle, Tu, Nous

C. Il choisira un terrain. *Répétez.*
   Je, Elles, Vous, Tu, Nous, Il

[1] Verbs irregular in the present may be completely regular in the future. Thus all **-re** verbs except **être** and **faire** are regular in the future: **Je prendrai, il mettra,** etc.
[2] In English, the present tense is used after *when* in this situation.

D. LE PROFESSEUR   Allez-vous finir votre travail maintenant?
L'ÉTUDIANT(E)   Non, je le finirai demain.

Allez-vous finir votre leçon maintenant?
                        vos emplettes
                        vos vacances
                        vos devoirs
                        votre travail

E. Je ne vendrai pas la maison en décembre. *Répétez.*
Ils, Nous, Tu, Elle, Vous, Je

F. LE PROFESSEUR   Apprends-tu l'italien?
L'ÉTUDIANT(E)   Non, je l'apprendrai l'année prochaine.

Apprends-tu l'espagnol?
                le russe?   l'allemand?   le japonais?   la musique?

G. LE PROFESSEUR   Est-ce qu'il s'est couché tout à l'heure?
L'ÉTUDIANT(E)   Non, il se couchera plus tard.

Est-ce qu'il s'est lavé tout à l'heure?
                        s'est levé
                        s'est habillé
                        s'est rasé
                        s'est brossé les cheveux

2. Irregular future[1]

1. aller (j'irai, etc.)

Où irez-vous en vacances? *Répondez.*
Et eux?   Et elle?   Et le professeur?   Et nous?

2. avoir (j'aurai, etc.)

A. Vous aurez de la chance si vous trouvez un terrain. *Répétez.*
                                une tente.
                                une maison.
                                un hôtel.
                                une plage.

[a] **il y aura**   *there will be*

B. Est-ce qu'il y aura[a] des Canadiens chez vous? *Répondez.*
                Japonais
                Français
                Russes
                journalistes chinois

---

[1] You need memorize only the **je** form, since the stem does not change, and the endings are always regular.

3. **devoir** (**je devrai**, etc.)

Je devrai le faire la semaine prochaine. *Répétez.*
Nous, Tu, Il, Ils, Elle, Vous, Elles, Je

4. **être** (**je serai**, etc.)

Quand tu seras en vacances tu seras content. *Répétez.*
> je
> ils
> nous
> elles
> vous
> tu

5. **faire** (**je ferai**, etc.)

A. Elle ne fera pas la lessive s'il pleut. *Répétez.*
Je, Nous, Tu, Vous, Il, Ils, Elle

B. On dit qu'il fera beau demain. *Répétez.*
> du soleil
> moins chaud
> plus frais
> du vent
> moins froid

6. **falloir** (**il faudra**[1])

Cet été il faudra acheter des vêtements. *Répétez.*
> une tente.
> un vélo.
> des chaussures.
> un chapeau de soleil.

7. **pouvoir** (**je pourrai**, etc.)

LE PROFESSEUR   Qui pourra me faire une piqûre? (l'infirmière)
L'ÉTUDIANT(E)   L'infirmière pourra vous faire une piqûre.

Qui pourra me donner des vitamines? (l'infirmière)
Qui pourra me donner une ordonnance? (le médecin)
Qui pourra me vendre du pain? (la boulangère)
Qui pourra me vendre du gâteau? (la pâtissière)
Qui pourra me faire une piqûre? (l'infirmière)

---

[1] **Falloir** is used only in the third person singular.

8. **savoir** (**je saurai**, etc.)

Quand il arrivera, je le saurai. *Répétez.*

elle	tu
nous	vous
il	elle
tu	ils
il	je

9. **venir** (**je viendrai**, etc.)

A. Viendrez-vous en classe demain? *Répondez.*
Et le professeur? Et les autres étudiants?

B. Quand viendrez-vous chez moi? *Répondez.*
Et elle? Et eux?

10. **voir** (**je verrai**, etc.)

Nous le verrons demain. *Répétez.*
Ils, Je, Tu, Elle, Vous, Nous

11. **vouloir** (**je voudrai**, etc.)

Quand Fifi viendra, nous voudrons la voir. *Répétez.*

tu
ils
elle
vous
je

12. **se lever**[1] (**je me lèverai**, etc.)

Je me lèverai tard quand je serai à la plage. *Répétez.*
Tu, Nous, Ils, Elle, Il, Vous, Je

13. **acheter**[1] (**j'achèterai**, etc.)

Quand j'aurai vingt ans j'achèterai une moto. *Répétez.*

ils
nous
vous
tu
elle

---

[1] Verbs like **se lever** and **acheter**, which take *l'accent grave* (`) in some forms of the present, take this accent in *all* forms of the future.

Mettez au futur.[a]

[a] *Put into the future.*

A. LE PROFESSEUR   Apprenez-vous vos leçons?
   L'ÉTUDIANT(E)   Non, je les apprendrai demain.

   Faites-vous vos devoirs?
   Êtes-vous fatigué(e)?
   Sortez-vous aujourd'hui?
   Prenez-vous un taxi?
   Dites-vous la vérité?
   Vous cassez-vous la jambe aujourd'hui?

B. Est-ce qu'il lui a téléphoné ce matin? *Répondez.*
                   a étudié la leçon?
                   est parti pour l'Europe?
                   s'est rasé ce matin?
                   a mis son veston noir?
                   a choisi un pantalon?

3. Plus...plus *The more...the more,*
Moins...moins *The less...the less*[1]

Plus j'attends **plus** j'ai faim.   *The more I wait, the hungrier I get.*
Moins j'étudie **moins** j'apprends.   *The less I study, the less I learn.*

A. Plus je pense à mes vacances plus je suis fatigué(e). *Répétez.*
        il
        nous
        tu
        elle
        elles
        je

B. Moins je mange moins je grossis. *Répétez.*
        choisis   trouve.
        étudie   sais.
        apprends   oublie.
        mange   grossis.

---

[1] One may also encounter **Plus...moins** and **Moins...plus.**
   Plus j'étudie **moins** je sais.   *The more I study, the less I know.*
   Moins elle cherche **plus** elle trouve. *The less she looks, the more she finds.*

4. Possessive pronouns

	LE LIVRE	LES LIVRES	LA CLASSE	LES CLASSES	
(je)	le **mien**	les **miens**	la **mienne**	les **miennes**	*mine*
(tu)	le **tien**	les **tiens**	la **tienne**	les **tiennes**	*yours*
(il, elle)	le **sien**	les **siens**	la **sienne**	les **siennes**	*his, hers*
(nous)	le **nôtre**	les **nôtres**	la **nôtre**	les **nôtres**	*ours*
(vous)	le **vôtre**	les **vôtres**	la **vôtre**	les **vôtres**	*yours*
(ils, elles)	le **leur**	les **leurs**	la **leur**	les **leurs**	*theirs*

1. Possessive pronouns in French replace possessive adjectives + noun. They are always preceded by the definite article: **mon livre** → **le mien.**
2. There are four forms of the possessive pronoun corresponding to **je**, **tu**, and **il** (**elle**), and three corresponding to **nous**, **vous**, and **ils** (**elles**), whose masculine and feminine plural forms are the same.
3. Possessive pronouns agree in number and gender with the noun they replace, not with the person to whom something belongs: **la mère de Pierre** → **la sienne** (*his*); **le père de Marie** → **le sien** (*hers*).
4. Note the *accent circonflexe* (ˆ) on **nôtre(s)** and **vôtre(s)**.[1]

A. LE PROFESSEUR Il aime ses idées. (je)
     L'ÉTUDIANT(E) J'aime les miennes.

     J'aime mes opinions. (vous)
     Elle n'aime pas ses problèmes. (il)
     Nous aimons notre candidat. (elles)
     Il aime ses idées. (je)
     Gérard n'aime pas ses responsabilités. (tu)
     Je n'aime pas mes cours. (nous)

B. Il a ses médicaments et j'ai les miens. *Répétez.*
     son chocolat
     son pain
     sa pâtisserie
     sa boulangerie
     ses opinions

---

[1] Note the difference in pronunciation between **notre** [nɔtre] and **nôtre** [notr], and **votre** [vɔtr] and **vôtre** [votr].

C. LE PROFESSEUR   J'ai mangé le bifteck.   (...les poissons.)
   L'ÉTUDIANT(E)   Zut alors! C'était le mien.   (C'étaient les miens.)

   J'ai mangé le bifteck.
             le dessert.
             la pâtisserie.
             les oranges.
             les gâteaux.
             les fruits.

D. LE PROFESSEUR   Est-ce que votre opération a été grave?   (1)
   L'ÉTUDIANT(E)   Pas aussi grave que la vôtre.

(1) la vôtre   (4) la leur
(2) la sienne   (5) la tienne
(3) la nôtre

5. Écrire *to write*

   j'écris   nous **écrivons**
  tu **écris**   vous **écrivez**
il, elle **écrit**   ils, elles **écrivent**

j'ai écrit, etc.
j'écrivais, etc.
j'écrirai, etc.

A. LE PROFESSEUR   Qu'est-ce que vous écrivez?   (1)
   L'ÉTUDIANT(E)   J'écris une lettre.

(1) une lettre   (4) un livre
(2) un article   (5) un message
(3) un poème   (6) mes devoirs

B. Le journaliste a écrit un article. *Répétez*.
  Le président
  Le dentiste
  L'artiste
  Le pianiste

C. À qui écrivez-vous? *Répétez*.
             nous?
             elle?
             ils?
             tu?

D. Il écrivait quand elle est entrée. *Répétez*.
  Elle, Nous, Mon fiancé, Les étudiants, Je, Il, Tu

6. S'ennuyer *to be bored*[1]

je **m'ennuie**   nous **nous ennuyons**
tu **t'ennuies**   vous **vous ennuyez**
il, elle **s'ennuie**   ils, elles **s'ennuient**

je **me suis ennuyé(e)**, etc.
je **m'ennuyais**, etc.
je **m'ennuierai**, etc.[2]

A. Les étudiants s'ennuient en classe. *Répétez.*
    Le professeur, Les filles, Les garçons, Les étudiants, Tout le monde

B. Je me suis ennuyé(e) hier soir. *Répétez.*
                         la semaine passée.
                         jeudi.
                         en vacances.
                         lundi.

C. Est-ce que tu t'ennuyais chez elle? *Répétez.*
              il
              nous
              vous
              elles
              je
              tu

D. Je crois que vous ne vous ennuierez pas. *Répétez.*
                    elle
                    je
                    on
                    ils
                    tu
                    vous

[1] **S'ennuyer** follows the same pattern as **payer. Ennuyer** (without a reflexive
pronoun) means *to bore, bother, annoy:* **Cela m'ennuie** *That annoys (bores) me.*
[2] Note that the **y** changes to **i** in all forms of the future tense.

PRENONS LE LARGE

iste = *-ist*

Mon oncle (Ma tante) est dentiste.	*My uncle (aunt) is a dentist.*
réaliste.	*a realist.*
optimiste.	*an optimist.*
pessimiste.	*a pessimist.*
socialiste.	*a socialist.*
spécialiste.	*a specialist.*
idéaliste.	*an idealist.*
journaliste.	*a journalist.*
artiste.	*an artist.*
pianiste.	*a pianist.*
organiste.	*an organist.*
individualiste.	*an individualist.*

A. *Connaissez-vous...?*
Connaissez-vous un(e) optimiste? Qui?
idéaliste? journaliste? pianiste? pessimiste? réaliste? dentiste?

B. *Faites un portrait.*
Describe someone you know using as many words ending in **-iste** *as you can.*

C. *Faites des recherches.*[a]
How many other words can you find in the dictionary that fit this pattern? (Have you read **L'Immoraliste** *by André Gide?)*

[a] *Do some research*

Le Souffleur

1. Nous passerons...
2. L'optimiste...
3. Il faudra...
4. La mienne...
5. Qui pourra...?

Quelle est la question?

1. Nous passerons nos vacances chez mes parents.
2. Il se couchera plus tard.
3. Il y aura des Canadiens chez nous.
4. J'aurai vingt ans le 20 avril.
5. Non, j'apprendrai mes leçons demain.

Petites causeries

Demandez à _____ s'il est pessimiste.
si elle est pianiste.
si elle est optimiste.
si le professeur est réaliste.
où il (elle) ira en vacances.
s'il (si elle) sera content(e) de rester à la maison?
s'il a son livre ou le tien?
quand elle ira à la pêche.

Parlons de vous

1. Où irez-vous en vacances cet été?
2. Aimez-vous la solitude?
3. Où trouvez-vous de la solitude?
4. Est-ce que tu t'ennuies en vacances?
5. As-tu tes livres ou les miens?
6. Plus je travaille...
7. Quand finira cette classe?
8. Aimez-vous aller à la pêche? Est-ce romantique?
9. Quand aurez-vous votre anniversaire?
10. Quel âge aurez-vous?
11. À quelle heure te lèveras-tu demain?
12. Qui vous donnera des médicaments?
13. Êtes-vous optimiste ou pessimiste? Plus ou moins que vos parents?
14. Qu'est-ce que tu achèteras pour l'anniversaire de ton ami(e)?
15. Préférez-vous mes chemises ou les vôtres?

Votre opinion, s'il vous plaît

Complete the sentences, describing why you like or dislike the professions below.
Je veux être (Je ne veux pas être) dentiste parce que...

> journaliste
> artiste
> pianiste
> organiste
> architecte
> ingénieur
> médecin
> pharmacien[a]
> professeur

[a] *pharmacist*

Improvisations

1. **Mon Programme pour demain**

VOCABULARY	sortir, étudier, acheter, tard, classe, aider, cadeau, avoir besoin, se lever, vacances
TOPIC IDEAS	1. Demain 2. Le cadeau que j'achèterai pour mon (ma) meilleur(e) ami(e) 3. Demain je n'aurai pas besoin d'étudier.
QUESTIONS	1. À quelle heure te lèveras-tu demain? 2. Que feras-tu avant d'aller en classe? 3. Achèteras-tu un cadeau pour ton père ou pour ta mère?

2. **Les Grandes vacances**

VOCABULARY	aller à la pêche, la plage, la solitude, la campagne, le camping, s'ennuyer, acheter, tente, vêtements
TOPIC IDEAS	1. L'été prochain je ferai du camping. 2. J'aime la solitude. 3. Le camping est devenu très populaire.
QUESTIONS	1. Pourquoi iras-tu à la campagne? 2. Pourquoi feras-tu du camping? 3. Qu'est-ce que tu achèteras avant de partir? 4. Quand partiras-tu en vacances?

Enquêtes

1. *Find out four things a classmate will do on vacation next summer, then change roles.*
2. *Find out three different traits which a classmate believes characterize his or her personality. Reverse roles.*

Expressions consacrées

Ne raconte pas ta vie; elle est pleine de trous; elle est comme le gruyère.	*Don't tell your life's story; it's full of holes; it's like Swiss cheese.*
Il est comme un poisson dans l'eau. (Il est dans son élément.)	*He's like a fish in water. (He's in his element.)*
Ça a fini en queue de poisson.	*The ending was a letdown.*[a]
L'oisiveté est mère de tous les vices.	*Idleness is the mother of all vice.*

[a] *sports events*

[b] *international games*
[c] *apply myself*

[d] **recueillir**... *collect, verify, and transmit*
[e] *all the news*

[f] *opportunity*

Lecture culturelle

Le Correspondant de presse: un métier fascinant

Me voici en Suisse. Depuis quelques années je suis en Europe comme correspondant de presse. Je m'intéresse surtout aux événements sportifs[a]. On m'appelle correspondant mais je suis aussi photographe. Je dois interviewer presque tous les jours les champions des divers jeux internationaux[b]. C'est pour cela que j'ai dû m'appliquer[c] sérieusement à apprendre plusieurs langues. Je dois aussi suivre les Jeux Olympiques. Je dois recueillir, vérifier et transmettre[d] toutes les nouvelles[e] d'intérêt au public américain et au public canadien.

Quelle est votre réponse?

1. Que fait ce jeune homme en Suisse?
2. À quoi s'intéresse-t-il?
3. Avec qui a-t-il l'occasion[f] de parler?
4. Croyez-vous que tout le monde parle anglais?
5. Quel métier avez-vous choisi?

VOCABULAIRE

avoir de la chance	*to be lucky*
avoir envie (de)	*to feel like, yearn for*
avoir l'intention	*to intend, plan*
le camping	*camping*
faire du camping	*to go camping*
Ça se peut.	*It's possible.*
le doute	*doubt*
sans doute	*probably*
sans aucun doute	*without a doubt*
écrire	*to write,*
ennuyer	*to bore, bother*
s'ennuyer	*to be bored*
inviter (à)	*to invite*
journaliste *m, f*	*journalist*
lorsque	*when*
le mien (la mienne)	*mine*
moins . . . moins	*the less . . . the less*
le (la) nôtre	*ours*
optimiste *m, f*	*optimist; (adj) optimistic*
paraître	*to seem*
parents *pl m*	*parents; relatives*
la pêche	*fishing*
aller à la pêche	*to go fishing*
plus . . . plus	*the more . . . the more*
populaire	*popular*
presque	*almost*
la solitude	*solitude*
la tente	*tent*
le terrain	*site, campsite*
tôt	*early*
la vérité	*truth*

« Cela fait du bien de se détendre après une journée dure.»

Seizième Leçon

Le Café à terrasse

NICOLE   Cela fait du bien de se détendre après une journée dure.

GEORGES   Surtout à la terrasse d'un café, en regardant passer tout ce beau monde. Hé regarde! Voilà Yvette et Bernard.

GEORGES   Salut! Venez prendre un verre. Asseyez-vous.

BERNARD   Qu'est-ce qu'on célèbre[1]?

NICOLE   C'est la fête de Georges. J'espère que vous n'avez pas oublié la tradition.[2]

YVETTE   Ah, la tradition! Voilà une chose avec laquelle on ne joue pas.

GEORGES   Bon, soyons fidèles à la tradition; je vous paie la tournée.

BERNARD   Georges, tu es un ami sur qui l'on peut compter.

LE GARÇON   Messieurs-dames?

YVETTE   Un panaché pour moi.

BERNARD   Un cognac.

     (*Quelques minutes plus tard*)

BERNARD   À ta santé!

YVETTE   Bonne fête, Georges!

[1] **Célébrer** is conjugated like **préférer**. See **Cinquième Leçon**.

[2] See *Remarques culturelles*, p. 268.

Questions sur le dialogue

1. Est-ce que cela fait du bien de se détendre?
2. Où sont Nicole et Georges?
3. Qu'est-ce qu'on célèbre?
4. Est-ce que la tradition est une chose avec laquelle on joue?
5. Qui paie la tournée?
6. Qui est un ami sur qui l'on peut compter?
7. Qu'est-ce qu'Yvette désire?
8. Et Bernard?

The Sidewalk Café

a It does (one) good	NICOLE	It's great[a] to relax after a hard day.[1]
	GEORGES	Especially at a sidewalk café watching all the beautiful people go by. Hey, look! There are Yvette and Bernard.
b Literally, a glass	GEORGES	Hi! Come and have a drink[b]. Sit down.
	BERNARD	What are we celebrating?
	NICOLE	It's Georges' saint's day. I hope that you haven't forgotten the tradition.
c play with	YVETTE	Ah, tradition! There's something one doesn't trifle with[c].
d I'm paying the round for you.	GEORGES	OK, let's be true to tradition; the drinks are on me.[d]
e on whom one can count	BERNARD	Georges, you're a friend one can count on[e].
	WAITER	Ladies and gentlemen?[2]
	YVETTE	A "panaché" for me.
	BERNARD	A cognac.
		(*A few minutes later*)
	BERNARD	To your health!
	YVETTE	Happy saint's day, Georges!

REMARQUES CULTURELLES

Les fêtes. Each day of the year on the French calendar honors a particular saint of the Roman Catholic Church. French law requires that every citizen's first name be taken from the list of saints (though one need not choose the name of the saint on whose day one is born) or from the name of a national hero (whose name, except for some of the ancient Celts, was taken from a saint). Thus, one day out of each year will correspond to a person's saint's name. That day is that person's

---

[1] **Journée, matinée,** and **soirée** express the *entire duration* of a *day, morning,* and *evening.*
[2] Note that the word order is reversed in French in this traditional phrase.

«En France la plupart des prénoms sont tirés du calendrier.»

fête. On one's **fête**, one receives gifts from family and close friends. In turn, one has to buy a drink for everyone. If one has a lot of friends, it could cost a lot of money. For that reason, some people prefer to stay at home on their **fête**!

MAI

1 St Joseph Travailleur	17 St Pascal
2 St Athanase	18 Ste Juliette
3 St Alexandre	19 St Yves
4 Ste Monique	20 St Bernardin de Sienne
5 St Hilaire	21 Ste Gisèle
6 Ste Judith	22 St Émile
7 St Stanislas	23 Ste Rita de Casia
8 St Désiré	24 Ste Angèle
9 St Grégoire	25 St Urbain
10 Ste Solange	26 St Philippe Véri
11 St Mamert	27 Ste France
12 Ste Jeanne d'Arc	28 St Germain
13 St Servais	29 St Maximin
14 St Pacame	30 St Ferdinand
15 Ste Denise	31 Ste Pétronille
16 St Honoré	

EXPLICATIONS

1. Relative pronouns **qui** *whom* and **lequel** *which*

Paul est un ami sur **qui**[1] on peut **compter**.

Paul is a friend on whom one can count.

C'est un **médicament** sur **lequel** on peut compter.

It's a medicine on which one can count.

Ce sont les **dictionnaires** sans **lesquels** je ne peux pas étudier.

These are the dictionaries (which) I can't study without.

C'est une **tradition** avec **laquelle** on ne joue pas.

This is a tradition (which) one doesn't trifle with.

Voici les **vitamines** sans **lesquelles** il ne peut pas exister.

Here are the vitamins without which he can't exist.

1. **Qui** (*whom*) refers to persons only, and is used after a preposition.
2. Note that **lequel** is composed of two parts: **le + quel**. When it refers to a feminine or plural noun, both parts must change to agree: **laquelle, lesquels, lesquelles.**
3. The four forms of **lequel** are used after a preposition and usually refer to things, but sometimes may be used to refer to persons.

A. LE PROFESSEUR   J'ai pensé à cette jeune fille toute la matinée.
   L'ÉTUDIANT(E)   Voilà la jeune fille à qui j'ai pensé.

   J'ai pensé à cet homme toute la matinée.
                  ce garçon
                  ces enfants
                  ce jeune homme
                  ces femmes

B. LE PROFESSEUR   Le garçon a dormi sur cette table.
   L'ÉTUDIANT(E)   Voici la table sur laquelle il a dormi.

   Le garçon a dormi devant ce garage.
                     derrière la télévision.
                     sous cette table.
                     sur le terrain.
                     près de cette maison.

C. *Donnez la forme appropriée du pronom* **lequel.**[a]
   Ce sont les terrains sur _____ nous avons fait du camping.
   Ce sont les chèques avec _____ ils ont payé les vitamines.
   Ce sont les vitamines pour _____ j'ai payé 50 francs.
   Ce sont les gâteaux sans _____ elle ne peut pas exister.
   Ce sont les livres dans _____ il a trouvé la lettre.

[a] *Give the appropriate form of the pronoun* **lequel.**

---

[1] **Lequel** might also be used here.

2. **Lequel** following **à** and **de**

1. Remember these contractions.

> **à + le → au**
> **à + les → aux**
>
> **de + le → du**
> **de + les → des**

2. When **lequel**, **lesquels**, and **lesquelles** follow **à** or **de**, the same contractions occur.

C'est l'hôtel **duquel** je parlais.	*This is the hotel of which I was speaking.*
Voici le café **auquel** nous allons.	*Here is the café to which we are going.*
Ce sont les livres **desquels** je t'ai écrit.	*These are the books of which I wrote you.*
Où sont les vitamines **auxquelles** tu pensais?	*Where are the vitamins about which you were thinking?*

3. **Laquelle** does not change.

C'est la moto **à laquelle** je rêve.	*It's the motorcycle about which I am dreaming.*
C'est la ville **de laquelle** je parlais.	*It's the city of which I was speaking.*

A. Voilà la maison à laquelle nous allons. *Répétez.*
> le café
> les magasins
> l'hôpital
> la clinique
> le restaurant

B. Connaissez-vous la tradition de laquelle je parlais? *Répétez.*
> le café
> les fêtes
> l'hôpital
> l'université
> les villes

3. The relative pronoun **dont** *of whom, whose, of which*

(*a*) Voici le professeur **dont** j'ai parlé.	*Here is the professor of whom I spoke.*
(*b*) C'est le médecin **dont** vous connaissez l'infirmière.	*This is the doctor whose nurse you know (of whom you know the nurse).*
(*c*) C'est le café **dont** il parle.	*This is the café of which he is speaking.*

1. **Dont**, referring to persons, may be used in place of **de qui** (*a* above).
2. **Dont** replaces **de** + relative pronoun (**de qui**, **duquel**, etc.) in most situations (*b* above).
3. When referring to things, **dont** is the equivalent of **duquel**, etc., and means *of which* (*c* above).

Les Choux de Creteil. Compare the style of these apartments with that of the apartments in the Place des Vosges.

A. LE PROFESSEUR   Parlais-tu de ce garçon?
    L'ÉTUDIANT(E)   Oui, c'est le garçon dont je parlais.

   Parlais-tu de cette dame?
              ce bébé?
              ces champions?   (**Ce sont**...)
              cette étudiante?
              ce garçon?

B. C'est l'homme dont je connais le fils. *Répétez.*
                          la fille.
                          les parents.
                          l'oncle.
                          la grand-mère.
                          les cousins.

C. LE PROFESSEUR   Voilà la maison. Il parle de la maison.
    L'ÉTUDIANT(E)   Voilà la maison dont il parle.

   Voilà le café. Il parle du café.
       le garage.   l'université.
       le restaurant.   la maison.

La Place[a] des Vosges. La place la plus ancienne de Paris.

[a] *square*

4. The adverb **où**

Voici la maison **où** je demeure.	*Here is the house where I live.*
C'est l'heure **où** nous dînons.	*This is the time when we dine.*

1. **Où** is used to show *place where* and *time when.*
2. When the meaning of **où** is *where*, one may also use a preposition + a form of **lequel.**

Voici la maison **dans laquelle** je demeure.	*Here is the house in which I live.*

A. LE PROFESSEUR   Voici la maison dans laquelle j'ai grandi.
   L'ÉTUDIANT(E)   Voici la maison où j'ai grandi.

Voici le restaurant dans lequel je déjeune.
    l'université dans laquelle j'étudie.
    les magasins dans lesquels je fais mes emplettes.
    le café dans lequel je me détends.

B. LE PROFESSEUR   C'est la saison. Pendant cette saison on va en vacances.
   L'ÉTUDIANT(E)   C'est la saison où on va en vacances.

C'est la saison. Pendant cette saison on travaille.
    on reste à la maison.
    on fait du camping.
    on va aux cafés.
    on va à la pêche.
    on n'a pas de classes.

5. **Vouloir dire** *to mean*

je **veux dire**, etc.
j'**ai voulu dire**, etc.
je **voulais dire**, etc.
je **voudrai dire**, etc.

Qu'est-ce que tu **veux dire**?	*What do you mean?*
Je **veux dire** un cadeau pour papa.	*I mean a gift for Dad.*

1. **Je veux dire** = *I mean* (literally, *I want to say*). What one "wants to say" is what one "means."
2. **Vouloir** changes according to subject and tense, but **dire** is invariable.

A. Que voulez-vous dire? *Répétez.*
   Il, Elle, Tu, Ils, Vous

B. Je voulais dire bonjour, et j'ai dit au revoir. *Répétez.*

bon	mauvais.
petit	grand.
sortez	entrez.
montez	descendez.
terminez	commencez.

6. S'asseoir *to sit down*

je **m'assieds**	nous **nous asseyons**
tu **t'assieds**	vous **vous asseyez**
il, elle **s'assied**	ils, elles **s'asseyent**

L'IMPÉRATIF

je **me suis assis**(e), etc.   **Assieds-toi.**
je **m'asseyais**, etc.   **Asseyez-vous.**
je **m'assiérai**, etc.   **Asseyons-nous.**

7. Valoir *to be worth*[1], valoir mieux *to be better*

LE PRÉSENT
il vaut (mieux)

LE FUTUR
il vaudra (mieux)

A. L'amour vaudra bien quelques sacrifices. *Répétez.*
   La santé
   La tradition
   La solitude
   L'indépendance
   La maternité

B. Il vaut mieux rester à la maison que s'ennuyer. *Répétez.*

s'asseoir	se fatiguer.
avoir un dictionnaire	demander toujours au professeur.
partir en vacances	travailler tout le temps.
être optimiste	être pessimiste.
être indépendant	être dépendant.

[1] Although **valoir** may be used in all persons, it is most commonly used in the third person singular: **il vaut**, **il vaut mieux**; and so on.

PRENONS LE LARGE

Quel est ton prénom*?   *What is your first name?*
Mon prénom est sur le calendrier*.   *My first name is on the calendar.*
Quelle est l'origine de ton prénom?   *What is the origin of your first name?*

A. *L'origine de quelques noms géographiques* américains*[a]
Racine (Wisconsin)   ← **la racine** *root*
Eau Claire (Wisconsin)   ← **l'eau claire** *clear water*
Baton Rouge (Louisiana)   ← **le bâton rouge** *red stick*
Detroit (Michigan)   ← **le détroit** *strait*

[a] *The origin of a few American geographical names*

Combien d'autres noms d'origine français savez-vous? Qu'est-ce qu'ils veulent dire?

B. On peut compter sur les impôts.   *One can count on taxes.*
              la mort*.   *death.*
              la neige en hiver.   *snow in winter.*
              la chaleur* en juillet.   *heat in July.*
              la pluie en automne.   *rain in autumn.*
              les fourmis à un pique-nique   *ants at a picnic.*

Pouvez-vous continuer cette liste?

C. Cela fait du bien de se détendre.   *It does (one) good to relax.*
              se reposer*.   *rest.*
              s'asseoir à la terrasse d'un café. *sit down at a sidewalk café.*

Quelles autres choses vous font du bien?

Le Souffleur

1. Cela fait du bien...   4. Voilà...où...
2. ...toute la journée.   5. On peut compter sur...
3. Il vaut mieux...

Quelle est la question?

1. Il me téléphone tout le temps.   4. Je veux dire que je m'ennuie.
2. J'ai pensé à cette jeune fille.   5. Cela fait du bien de me détendre.
3. Voilà le café où nous irons.

Petites causeries

Demandez à _____ si elle (s'il) sait l'origine du nom de son pays.

l'origine de son prénom.

s'il y a un café à terrasse dans sa ville.

si elle (s'il) veut prendre un verre.

ce qu'on célèbre le 4 juillet.

s'il (si elle) aime aller au café.

si elle (s'il) est une personne sur qui l'on peut compter.

où il (elle) aime se détendre.

s'il (si elle) prendra un panaché ou une bière.

Parlons de vous

1. Où aimez-vous vous détendre après une journée dure?
2. Voulez-vous prendre un verre?
3. Qu'est-ce qui te fait du bien?
4. Est-ce que tu demeures dans la maison où tu es né(e)?
5. Dormiras-tu toute la matinée quand tu seras en vacances?
6. Êtes-vous jamais allé(e) à un café à terrasse?
7. Est-ce que l'idéalisme vaut bien quelques sacrifices?
8. Et la maternité? Et la paternité?
9. Est-ce que vous célébrez le 4 ou le 14 juillet?
10. Qui célèbre le 14 juillet?
11. Y a-t-il un café à terrasse près d'ici?
12. Est-ce que cela vous fait du bien de jouer du piano?
13. Où est le livre dont tu me parlais?
14. À quelle heure prendras-tu le dîner?

Faites votre choix

For each drawing, select as many statements as possible that describe it.

C'est la saison où on va au café.

C'est la saison où on travaille dur.

C'est la saison où on aime rester près de la cheminée.

C'est la saison où on va en vacances.

C'est la saison où on fait du camping.

C'est la saison où on n'a pas de classes.

C'est la saison où on a très froid.

C'est la saison où on fait du vélo.

C'est la saison où on va à la pêche.

C'est la saison où on reste à la maison.

NOVEMBRE
☉ 6 h 39 à 16 h29
1	L	**TOUSSAINT**
2	M	**Défunts**
3	M	S. Hubert
4	J	S. Charles
5	V	Sᵉ Sylvie
6	S	Sᵉ Bertille ☽
7	D	Sᵉ Carine
8	L	S. Geoffroy
9	M	S. Théodore
10	M	S. Léon
11	J	**Armistice 1918**
12	V	S. Christian
13	S	S. Brice
14	D	S. Sidoine ☾
15	L	S. Albert
16	M	Sᵉ Marguerite
17	M	Sᵉ Elisabeth
18	J	Sᵉ Aude
19	V	S. Tanguy
20	S	S. Edmond
21	D	*Présent. de Marie* ●
22	L	Sᵉ Cécile
23	M	S. Clément
24	M	Sᵉ Flora
25	J	Sᵉ Catherine L.
26	V	Sᵉ Delphine
27	S	S. Séverin
28	D	**Avent** ◐
29	L	S. Saturnin
30	M	S. André

Improvisation

C'est ma fête

VOCABULARY   la fête, l'anniversaire, aujourd'hui, le prénom, le calendrier, payer, un verre, venir, content, l'origine, le professeur, la Saint-Valentin, La Sainte-Monique

TOPIC IDEAS
1. C'est aujourd'hui la Saint(e)-(Robert, Monique...).
2. Mon prénom n'est pas sur le calendrier.
3. Je suis content(e) de vous voir. Asseyez-vous.

QUESTIONS
1. Est-ce aujourd'hui ta fête ou ton anniversaire?
2. N'as-tu pas de fête?
3. Vas-tu me payer un verre?
4. Quelle est l'origine de ton prénom?
5. Est-ce aujourd'hui la fête du professeur?
6. Est-ce aujourd'hui la Saint-Valentin?

Enquête

Find out another student's first name, what it means, whether he or she has a saint's day, and if he or she celebrates it. Change roles.

Expressions consacrées

La fête passée, adieu le saint.	*When saint's day is over, the saint is forgotten.*
Il vaut mieux s'adresser à Dieu qu'à ses saints.	*It's better to speak to God than to his saints.*
Comme on connaît les saints, on les honore.	*To get what you want from someone, get to know him.*[a]
Paris vaut bien une messe.[1]	*Paris is well worth (going to) a mass.*

[a] *As one knows the saints one honors them.*

Lecture culturelle

La Fête

En France la plupart des prénoms sont tirés du calendrier où chaque jour de l'année est la fête d'un saint de l'église catholique. Par exemple, le 29 avril est la Saint-Robert, le 11 août la Sainte-Suzanne. Une personne nommée Robert aura donc sa fête le 29 avril.

L'État civil français refuse d'enregistrer des prénoms d'origine étrangère. Un prénom français est toujours acceptable, pourvu qu'il

---

[1] Said by Henry IV when he was offered the throne of France on condition that he convert from Protestantism to Catholicism.

soit[a] français—même s'il ne se trouve pas dans le calendrier.

En principe la fête n'est pas aussi importante que l'anniversaire. Néanmoins[b] il arrive que l'on reçoive ce jour-là des cartes de vœux[c] où même un cadeau; et la tradition veut[d] que l'on paie à boire à ses amis.

[a] **pourvu**... *provided that it is*

[b] *Nevertheless*
[c] **des cartes**... *greetings cards*
[d] *demands*

Quelle est votre réponse?

1. En France d'où viennent la plupart des prénoms?
2. Et aux États-Unis?
3. Est-ce que votre prénom est tiré du calendrier?
4. Savez-vous des prénoms qui figurent sur le calendrier?
5. Quand est la Saint-Robert? (la Saint-Valentin?)
6. Est-ce que la fête est aussi importante que l'anniversaire?
7. Quand recevez-vous des cartes de vœux?
8. Que veut la tradition?
9. Est-ce que cette tradition existe aux États-Unis?
10. En principe qui paie à boire aux États-Unis?

VOCABULAIRE

Pour qui achète-t-elle une carte de vœux? Qui sait?

s'asseoir	*to sit down*
le **calendrier**	*calendar*
cela fait du bien	*it does one good*
célébrer	*to celebrate*
la **chaleur**	*heat*
la **chose**	*thing*
le **cognac**	*brandy, cognac*
compter	*to count*
dont	*of whom, whose; of which*
dur(e)	*hard, heavy*
espérer	*to hope*
la **fête**	*holiday; saint's day*
Bonne fête!	*Happy holiday! Happy saint's day!*
fidèle	*faithful, true*
le **garçon**	*waiter*
géographique	*geographic(al)*
Hé!	*Hey!*
jouer	*to play, trifle with*
la **journée**	*day, whole day*
lequel (laquelle)	*which*

messieurs-dames	*ladies and gentlemen*
le **monde**	*people; world*
la **mort**	*death*
l'**origine** *f*	*origin*
le **panaché**	*mixed drink (beer and lemon-lime soda)*
par	*by, for*
le **prénom**	*first name*
quelques	*a few*
se reposer	*to rest*
la **soirée**	*evening, whole evening*
la **terrasse**	*sidewalk*
café à terrasse	*sidewalk café*
la **tournée**	*round (of drinks)*
la **tradition**	*tradition*
valoir	*to be worth*
valoir mieux	*to be better*
le **verre**	*glass*
prendre un verre	*to have a drink*
vouloir dire	*to mean*
vrai(e)	*true*

Quatrième Révision

A. **L'Imparfait ou le passé composé**
1. Quand tu (téléphoner) je (dormir).
2. Quand il (entrer) elle (faire) la vaisselle.
3. Quand vous (rentrer) nous (préparer) le dîner.
4. Quand il (partir) je (se laver) la figure.
5. Quand nous (arriver) elle (prendre) du café.

B. *Remplacez les mots en italiques par des pronoms démonstratifs.*[a]

   [a] *Replace the words in italics with demonstrative pronouns.*

   EXEMPLE   J'ai trouvé *ces chaussures-ci.*
   J'ai trouvé *celles-ci.*
   1. Je préfère *ces tomates-ci.*
   2. Il a acheté *ce chocolat-là.*
   3. Ils vont à *cette boulangerie-là.*
   4. Veux-tu *ces petits gâteaux-ci?*
   5. Elle a choisi *ce marché-là.*

C. **Comparaisons**
   Complétez en faisant la comparaison indiquée.[b]

   [b] *Complete, making the comparisons indicated.*

   1. Ces fruits sont solides. Ceux-là sont _____. (+)
   2. Ce chocolat est délicieux. Celui-ci est _____. (−)
   3. Cette pâtisserie est bonne. Celle-là est _____. (+)
   4. Il lisait souvent. Moi je lisais _____. (+)
   5. Elle parle franchement. Nous parlons _____. (−)

D. *Complétez les phrases suivantes en employant un des interrogatifs (**Qui?**, **Qu'est-ce qui?**, **Qu'est-ce que?**).*
   1. _____ se passe?
   2. _____ cherchez-vous, Monsieur?
   3. Avec _____ avez-vous parlé au téléphone?
   4. _____ je peux faire pour vous, Madame?
   5. _____ a mal à la tête? Moi.

E. **La Négation (ne...pas, ne...plus, *etc.*)**
   1. Heureusement qu'elle n'est _____ malade.
   2. Qu'est-ce qui s'est passé? _____ ne s'est passé.
   3. _____ n'est entré.
   4. Elle n'habite _____ à la campagne; elle habite en ville.
   5. Je viens d'arriver. Je ne connais _____.

F. Le Futur

EXEMPLE   Apprenez-vous les
verbes?

**Non, je les
apprendrai demain.**

1. Faites-vous vos devoirs?
2. Êtes-vous fatigué(e)?
3. Sortez-vous ce soir?
4. Prend-il un taxi aujourd'hui?
5. A-t-il téléphoné ce matin?
6. A-t-elle mis sa robe rouge?
7. Ont-ils choisi un pantalon?

G. Le Pronom possessif

1. Il a ses médicaments et j'ai
   _____.

2. Vous passerez vos vacances à
   la montagne; il passera _____
   à la campagne.

3. Il verra ses cousins et nous
   verrons _____.

4. J'ai mangé mon dîner et elle
   a mangé _____.

5. J'écrirai à ma mère et tu
   écriras à _____.

H. Les Pronoms relatifs (lequel, dont) et l'adverbe où

1. Voici la table sous _____ le
   garçon a dormi.
2. C'est le chèque avec _____
   j'ai payé le veston.
3. Voilà l'hôtel _____ je te
   parlais.
4. C'est la profession _____
   il rêve.
5. Ce sont les marchés _____
   nous faisons nos emplettes.
6. Voici le café _____ nous
   irons.
7. C'est la maison _____ je
   suis né(e).

I. *Using the information in the pictures, answer these questions in complete French sentences.*

1. Que faisait-il lorsque tu es
   arrivé(e)?
2. Comment as-tu trouvé le
   candidat?
3. Qu'est-ce qui te fait mal?
4. Qui est arrivé?
5. Où iront les Dupont en
   vacances?
6. À quelle heure se
   couchera-t-il?
7. Comment seras-tu quand tu
   y arriveras?
8. Pourquoi l'étudiant
   regarde-t-il l'heure?
9. Quelle est sa profession?
10. Qu'est-ce qui leur fait du
    bien?

Dix-septième Leçon 17

Le Cinéma

GÉRARD   Tu es vraiment en avance aujourd'hui!

LUCIEN   Je pense bien! Cela fait deux semaines que j'attends la conférence de Truffaut.

GÉRARD   Ça serait bien si c'était lui notre professeur habituel!

LUCIEN   Surtout si nous pouvions voir un de ses films chaque fois.

GÉRARD   Heureusement que nous suivons ce cours pendant qu'il fait son tour de conférences.

LUCIEN   Oui alors. Il paraît qu'il va faire un tour à l'étranger après ça.

GÉRARD   On dirait que la salle est pleine à craquer.

LUCIEN   Oh! Le voilà!

(Après le film et la conférence l'audience réagit: «Formidable! Passionnant! Profond!»)

GÉRARD   Je ne sais pas ce que tu en penses, mais après ça j'ai presque envie de devenir metteur en scène.

LUCIEN   Moi je ne peux penser qu'à cette femme sensationnelle que Truffaut a découverte pour le rôle principal dans son prochain film.

GÉRARD   Oui, j'aimerais bien savoir où l'on rencontre une personne comme ça. Quel magnétisme!

LUCIEN   Eh bien, viens. Allons tenter notre chance sur les Grands Boulevards.

GÉRARD   Si nous la rencontrions, elle ne voudrait pas nous adresser la parole.

LUCIEN   Tu pourrais toujours lui dire que tu es metteur en scène!

Questions sur le dialogue

1. Qui est en avance aujourd'hui?
2. Qu'est-ce que Lucien attend?
3. Où est-ce que M. Truffaut va faire un tour?
4. Est-ce que la salle est pleine?
5. Après le film et la conférence, que dit l'audience?
6. Qui a presque envie de devenir metteur en scène?
7. Qui a du magnétisme?
8. Où vont Gérard et Lucien?

The Movies

GÉRARD	You're really early today!
LUCIEN	You said it![a] I've been waiting two weeks for Truffaut's lecture.
GÉRARD	It would be great if he were our regular professor.
LUCIEN	Especially if we could see one of his films each time.
GÉRARD	It's a good thing that[b] we're taking this course while he's on his lecture tour.
LUCIEN	Oh, yes.[c] It seems he's going to make a tour abroad after that.
GÉRARD	It looks as if[d] there's standing room only[e].
LUCIEN	Oh, there he is!

(*After the film and the lecture, the audience reacts: "Fantastic! Thrilling! Profound!"*)

GÉRARD	I don't know what you think about it, but after that I almost feel like becoming a director.
LUCIEN	I can only think about that sensational woman that Truffaut discovered for the main role in his next film.
GÉRARD	Yes, I'd like to know where you meet a person like that. What magnetism!
LUCIEN	Well, come on. Let's try[f] our luck on the Grands Boulevards[1].
GÉRARD	If we did meet her, she wouldn't want to speak to us[g].
LUCIEN	You could always tell her that you're a director!

[a] Literally, *I think well!*

[b] *Happily*

[c] Literally, *Yes, then.*
[d] *One would say that*
[e] *the room is full to bursting*

[f] *tempt*
[g] Literally, *address a word to us*

REMARQUES CULTURELLES

1. **Le cinéma.** Despite television, the movies remain a popular form of entertainment in France for people of all ages. Before going into a French movie theater, you might wish to be aware of several cultural points. The price of tickets generally varies depending on the location of the seats. Balcony seats are the most expensive. Upon

[1] A series of lively boulevards with many sidewalk cafés.

Jeanne Moreau au Festival du Film à Cannes.

entering, one will not see any refreshment counter. An **ouvreuse** (*female usher*) shows you to your seat, and should be given a tip. The show generally starts with the news, a documentary or short-subject film, and often a cartoon. This is followed by an intermission during which advertisements are projected on the screen and refreshments are sold by the **ouvreuses**, who move up and down the aisles. The refreshments usually include various types of candy and ice cream bars. After the intermission, the main film is shown.

2. **Le Festival de Cannes.** This is the big annual event of the movie industry in France, and an important one internationally. Top films from many nations are shown and internationally known stars gather for a week of activity in Cannes on the **côte d'Azur** (*French Riviera*). It is also a popular tourist attraction.

EXPLICATIONS

1. Le Conditionnel *The conditional*

J'aimerais savoir où l'on rencontre une personne comme ça.	*I'd like to know where you meet a person like that.*
Comment **réagirais**-tu?	*How would you react?*
On **dirait** que la salle est pleine à craquer.	*It seems that there's standing room only.*

(a) *Formation of the conditional*

1. To form the conditional, all verbs in French add a single set of endings to the conditional stem: **-ais**, **-ais**, **-ait**, **-ions**, **-iez**, **-aient**. (These are the same endings that are used to form the imperfect.)
2. All verbs have the same stem in the conditional as they have in the future (see Lesson 15).

(b) *Use of the conditional*

1. The conditional corresponds to English *would* + verb.

j'**irais**	*I would go*
Il **serait** ici.	*He would be here.*

2. As the name suggests, when this tense is used, a condition is implied or expressed.

EXPRESSED CONDITION

J'irais avec vous si j'avais le temps.	*I would go with you if I had the time.*

IMPLIED CONDITION

Comment **réagiriez**-vous (si vous étiez là)?	*How would you react (if you were there)?*

A. J'aimerais voir un bon film. *Répétez.*
   Les garçons, Ma sœur, Nous, Tu, Vous, Je

B. LE PROFESSEUR   Quel film choisiriez-vous?   (1)
    L'ÉTUDIANT(E)   Je choisirais un film de Renoir.

(1) un film de Renoir
(2) un film de Truffaut
(3) un film de Godard
(4) un film d'Agnès Varda
(5) un film sérieux
(6) un film comique
(7) un film en couleur
(8) un film en noir et blanc

C. LE PROFESSEUR   Qu'est-ce que tu lui dirais?
    L'ÉTUDIANT(E)   Je lui dirais la vérité.

Et elle?   Et eux?   Et vous?   Et le metteur en scène?   Et moi?

D. Suivrais-tu le cours de mathématiques? *Répondez.*
                    géographie?
                    japonais?
                    cinéma?
                    ce professeur?

E. LE PROFESSEUR   Il se détendra.
    L'ÉTUDIANT(E)   Il se détendrait.

Elle s'entraînera.	Vous vendrez la maison.
Je me fatiguerai.	Il se couchera tôt.
Elles joueront du piano.	Ils apprendront la leçon.
Tu te reposeras.	Je sortirai à six heures.
Nous rêverons.	Elle mangera une orange.
Ils prendront un verre.	Vous grossirez.
J'écrirai une lettre.	J'agirai aussi.

2. Irregular verbs in the conditional [1]

Verbs that are irregular in the future are also irregular in the conditional.
They have the same stem in both forms.

1. **Aller**

j'**irai**	*I will go*
j'**irais**	*I would go*

Où irais-tu en vacances? *Répondez.*
En quel mois irais-tu?
Quel jour irais-tu?
Avec qui irais-tu?
Pour combien de temps irais-tu?

2. **S'asseoir**

je **m'assiérai**	*I will sit down*
je **m'assiérais**	*I would sit down*

Je m'assiérais, mais je ne suis pas fatigué(e). *Répétez.*
                    je n'ai pas le temps.
                    je ne veux pas rester.
                    je dois aller au travail.
                    je suis pressé(e).

[1] You need only memorize the **je** form, since the endings are always regular.

3. Avoir

j'aurai   *I will have*
j'aurais   *I would have*

A. Si la vie était parfaite, nous aurions plus de loisirs. *Répétez.*
moins de travail.
plus d'argent.
moins de problèmes.
plus de confiance.
moins de peur.

B. **Il y aurait** (*There would be*)

Il a dit qu'il y aurait un bon film. *Répétez.*
un bon metteur en scène.
un rôle passionnant.
une bonne conférence.
un acteur formidable.

4. Devoir

je **devrai**   *I will have to*
je **devrais**   *I would have to, ought to*

Vous devriez écrire des lettres. *Répétez.*
acheter des chaussures.
lire plus de livres.
sortir avec mes amis.
faire une promenade.

5. Être

je **serai**   *I will be*
je **serais**   *I would be*

Je serais acteur (actrice), mais je n'ai pas de talent. *Répétez.*
chanteur (chanteuse)   patron (patronne)
ingénieur   aviateur (aviatrice)

6. Faire

je **ferai**   *I will do, make*
je **ferais**   *I would do, make*

Avec plus d'argent que ferais-tu? *Répondez.*
plus de patience
plus de loisirs
plus de sentiment
plus de talent

7. Falloir

| il **faudra** | *it will be necessary* |
| il **faudrait** | *it would be necessary* |

Il faudrait acheter des vêtements. *Répétez.*
                    un veston.
                    des chaussures.
                    une chemise.
                    un pantalon.

8. Pouvoir

| je **pourrai** | *I will be able* |
| je **pourrais** | *I would be able* |

Elle ne pourrait pas vivre sans amour. *Répétez.*
                              courage.
                              idéalisme.
                              patience.
                              cette classe.
                              ce professeur.

9. Savoir

| je **saurai** | *I will know* |
| je **saurais** | *I would know* |

Si elle était amoureuse, je le saurais avant toi. *Répétez.*
            fâchée
            nerveuse
            contente
            ambitieuse
            sérieuse

10. Valoir

| il **vaudra** | *it will be worth* |
| il **vaudrait** | *it would be worth* |

A. La liberté vaudrait bien quelques sacrifices. *Répétez.*
   La santé   La solitude
   La tradition   L'idéalisme

B. Il vaudrait mieux rester à la maison. *Répétez.*
                    aller au cinéma.
                    voir un bon film.
                    aller à la conférence.
                    s'asseoir à la terrasse d'un café.

11. Venir

je **viendrai**	*I will come*
je **viendrais**	*I would come*

LE PROFESSEUR　Viendrais-tu la chercher en taxi?　(1)
L'ÉTUDIANT(E)　Je viendrais si j'avais de l'argent.

(1) si j'avais de l'argent
(2) si j'avais du courage
(3) si j'avais le temps
(4) si je n'avais pas de voiture
(5) si j'allais à la conférence

12. Voir

je **verrai**	*I will see*
je **verrais**	*I would see*

Il verrait ce film, mais il est trop occupé. *Répétez.*
　　　　ce programme
　　　　cette comédie
　　　　ces étudiants
　　　　ce match de football

13. Vouloir

je **voudrai**	*I will want*
je **voudrais**	*I would want, would like*

LE PROFESSEUR　Elle voudrait devenir metteur en scène.
L'ÉTUDIANT(E)　J'aimerais mieux un autre métier.

Elle voudrait devenir metteur en scène.
　　　　　　　　　astronaute.　　　　ingénieur.
　　　　　　　　　médecin.　　　　　danseuse.
　　　　　　　　　auteur.

14. Se lever[1]

je **me lèverai**	*I will get up*
je **me lèverais**	*I would get up*

Il a dit qu'il se lèverait tard. *Répétez.*
　　　　　　　　　de bonne heure.
　　　　　　　　　à huit heures.
　　　　　　　　　après sa femme.
　　　　　　　　　avant ses enfants.
　　　　　　　　　l'après-midi.

[1] Verbs like **se lever** and **acheter**, which take *l'accent grave* (`` ` ``) in some forms of the present, take this accent in *all* forms of the conditional.

François Truffaut dirige une scène de son film,
«Argent de poche»[a].

[a] *"Small Change"*

15. Acheter

j'achèterai	*I will buy*
j'achèterais	*I would buy*

J'achèterais une moto mais il me faut de l'argent. *Répétez.*
            une robe
            des blue-jeans
            une montre
            des disques

ᵃ *Supplementary exercise*

16. **Exercice supplémentaire**[a]

LE PROFESSEUR   A-t-il appris les verbes?
L'ÉTUDIANT(E)   Non, il a dit qu'il les apprendrait demain.

Est-il allé aú cinéma ce soir?
A-t-elle eu du travail?
Ont-ils été à la conférence?
A-t-il fait un tour la semaine passée?
Est-ce que Jean a pu t'accompagner cet après-midi?
Êtes-vous venu(e) ce matin?
Est-ce que Georges les a vus aujourd'hui?
A-t-il voulu voir le film ce soir?
Est-ce qu'ils se sont levés tôt?
As-tu acheté un cadeau pour le professeur?

3. **Si** clauses

SI CLAUSE	RESULT CLAUSE
Si **j'ai** de l'argent, *If I have money,*	je **vais** toujours au cinéma. *I always go to the movies.* j'**irai** au cinéma demain. *I will go to the movies tomorrow.*

Si j'**avais** de l'argent, j'**irais** au cinéma.
If I had money, I would go to the movies.

1. In French, as in English, when the **si** clause is in the *present* tense, the result clause may be in either the present tense or the future tense.
2. When the **si** clause is in the *imperfect*, the result clause is in the conditional.
3. The result clause may also precede the **si** clause.

   J'irais au cinéma si j'avais de l'argent.

A. Ça serait bien si Truffaut était notre professeur. *Répétez.*
                              était notre metteur en scène.
                              montrait ses films.
                              parlait à la conférence.
                              faisait un tour.
                              découvrait une actrice sensationnelle.

B. Si j'avais le temps, j'irais au café. *Répétez.*
   Tu, Vous, Nous, Il, Elles, Je

C. LE PROFESSEUR   Si tu vas à la conférence, tu verras le metteur en scène.
   L'ÉTUDIANT(E)   Si tu allais à la conférence, tu verrais le metteur en scène.

1. Si tu veux voir le film, je paierai pour toi.
2. Si elle aime ces gâteaux, il les lui donnera.
3. Si nous voyons un beau veston, nous l'achèterons.
4. Si je trouve des citrons, j'en choisirai un.
5. S'il fait beau, elle mettra l'autre chemisier.
6. Si tu as soif, tu commanderas un citron pressé.
7. Si elle étudie plus, elle apprendra mieux le français.
8. Si nous dormons moins, nous serons moins fatigués.
9. Si je me réveille plus tôt, je me raserai.
10. Si tu vas à la conférence, tu verras le metteur en scène.

4. Ne...que *only*

Je **n'**ai **que** dix francs.   *I have only ten francs.*
Il **n'**y allait **que** rarement.   *He used to go there only rarely.*

A. LE PROFESSEUR   Combien de films as-tu vu?   (1)
   L'ÉTUDIANT(E)   Je n'ai vu que deux films.

(1) deux
(2) trois
(3) un
(4) quelques
(5) quatre ou cinq

B. Il n'y allait que rarement. *Répétez.*
   Ils, Tu, Vous, Je, Nous, Elle, Il

5. Ouvrir *to open*

j'**ouvre**	nous **ouvrons**
tu **ouvres**	vous **ouvrez**
il, elle **ouvre**	ils, elles **ouvrent**

j'**ai ouvert**, etc.

1. **Ouvrir**, in the present, is conjugated like an **-er** verb.
2. **Couvrir** (*to cover*) and **découvrir** (*to discover*) are conjugated exactly like **ouvrir**.
3. The present tense and the past participle are irregular; forms for the other tenses studied so far are regular.

A. Si je veux entrer, j'ouvre la porte. *Répétez*.
   nous
   tu
   vous
   elle
   elles
   je

B. Il a découvert un film sensationnel. *Répétez*.
   une personne
   un metteur en scène
   un théâtre
   un acteur

6. **Suivre** *to follow, to take a course* [1]

je **suis**	nous **suivons**
tu **suis**	vous **suivez**
il, elle **suit**	ils, elles **suivent**

j'ai suivi, etc.

A. Quels cours suivez-vous cette année? *Répondez*.
   Et votre ami(e)?
   Et les autres étudiants?
   Et votre fiancé(e)?
   Et votre père?

B. L'année dernière j'ai suivi un cours de mathématiques. *Répétez*.
   français.
   italien.
   cinéma.
   théâtre.

7. The past participle used as an adjective

Elles ont **ouvert** la porte.	*They opened the door.*
La porte est **ouverte**.	*The door is open.*
Elle a **fermé** les fenêtres.	*She closed the windows.*
Les fenêtres sont **fermées**.	*The windows are closed.*
Arrivée, elle a ouvert la porte et elle est entrée.	*Having arrived (once she arrived), she opened the door and went in.*
La leçon **finie**, il est sorti.	*Having finished the lesson (the lesson having been finished), he left.*

[1] Hereafter only irregular tenses will be given.

1. The past participle (like the present participle) may be used as an adjective.
2. As such it agrees in gender and number with the noun it modifies.
3. The past participle sometimes corresponds to the English phrase *having done* (something) or (something) *having been done*.

A. LE PROFESSEUR   Avez-vous ouvert votre livre?
   L'ÉTUDIANT(E)   Oui, il est ouvert.

   Avez-vous choisi le menu?
               acheté les fruits?
               préparé les hors-d'œuvre?
               fini la soupe?
               pressé les citrons?
               fait la vaisselle?

B. *Complétez en utilisant le participe passé de l'infinitif.*[a]
   _____ à Paris, il est allé à son hôtel.   (arriver)
   _____ de la voir, il lui a acheté du champagne.   (enchanter)
   Le dîner _____, il n'avait plus faim.   (finir)
   La maison _____, ils demeurent dans un appartement. (vendre)
   Le passé _____, ils sont devenus amis.   (oublier)

[a] *Complete, using the past participle of the infinitive.*

PRENONS LE LARGE

1. Le Cinéma

C'était un film en noir et blanc.	*It was a black-and-white film.*
en couleur.	*color*
comique.	*funny*
tragique.	*tragic*
triste.	*sad*
policier.	*detective*
d'amour*.	*love*
C'était un navet.	*It was a flop (turnip).*
Cet acteur* jouait bien.	*This actor was good (played well).*
Cette actrice* est sensationnelle.	*This actress is terrific.*
C'est une vedette de cinéma.	*She is a movie star.*

Nommez[a] un acteur que vous préférez.   [a] *Name*
Qui est votre actrice favorite?
Nommez une grande vedette de cinéma.
Quelle sorte de film vous fait rire?
Et pleurer?
Quelle sorte de film vous fait peur?
Qui est plus sensationnel, votre professeur ou Paul Newman?

2. Les Mots en -isme[a]

[a] *Words ending in -ism*

Quel magnétisme!	*What magnetism!*
optimisme!	*optimism!*
réalisme!	*realism!*
pessimisme!	*pessimism!*
idéalisme!	*idealism!*
socialisme!	*socialism!*
communisme!	*communism!*
impressionisme!	*impressionism!*
activisme!	*activism!*
dynamisme!	*dynamism!*

Quelle qualité devrait avoir un grand acteur?
Un metteur en scène?
Nommez deux partis politiques.
De quelle école était Renoir?
Quel est le contraire du romantisme?

3. Tôt ou tard*

Sooner or later

Tu es vraiment de retour*?	*Are you really back?*
en retard*?	*late?*
Il s'est levé de bonne heure*.	*He got up early.*
Elle est arrivée à l'heure*.	*She arrived on time.*
avant moi.	*before me.*
Nous avons étudié longtemps.	*We studied a long time.*
Sont-ils déjà* venus?	*Have they come yet (already)?*
Ils ne sont pas encore venus.	*They have not yet come.*
Je l'ai vu une fois.	*I saw him one time.*
encore une fois*.	*again.*

S'il se levait à six heures du matin, ce serait _____.
Elle n'est arrivée ni en avance ni en retard. Elle est arrivée _____.
Nous nous connaissons depuis vingt-cinq ans; c'est _____.
Sont-ils déjà ici? Non, ils ne sont pas _____ arrivés.
Ayez de la patience! _____ vous apprendrez le français.

Le Souffleur

1. Cet acteur...
2. Ce film...
3. J'aimerais...
4. Cela fait...
5. Si j'étais riche...

Quelle est la question?

1. Non, il s'est levé de bonne heure.
2. Oui, on dirait qu'il pleut.
3. Elles ne sont pas encore arrivées.
4. Je préfère les films d'amour.
5. Si j'avais de l'argent, j'irais en France.

Petites causeries

Demandez à _____ si elle aimerait aller au cinéma.

s'il voudrait être metteur en scène.

s'il serait content d'aller en France.

s'il vaudrait mieux être acteur ou professeur.

si elle pourrait fermer la porte.

ce qu'elle ferait si elle était riche.

pourquoi il a été en retard.

depuis quand il (elle) étudie le français.

quel film il (elle) aimerait voir ce soir.

Parlons de vous

1. Vous êtes-vous levé(e) de bonne heure ou tard ce matin?
2. Aimerais-tu mieux aller au cinéma ou rester en classe?
3. Voudrais-tu être metteur en scène?
4. Quel métier te plairait mieux?
5. Est-ce que cette classe est pleine à craquer?
6. Et une boîte de sardines?
7. Quelle sorte de film préférez-vous?
8. Prendrais-tu un verre avec moi si je le payais?
9. Depuis quand étudiez-vous le français?
10. Que ferais-tu si tu étais riche?
11. Qu'est-ce qu'il faudrait acheter si on voulait faire du camping?
12. Est-ce qu'un professeur de français doit être un bon acteur?
13. Combien d'argent as-tu?   (Use **ne ... que**).
14. Qui a découvert l'Amérique?
15. Qu'est-ce qui vaudrait bien quelques sacrifices?

Improvisations

1. Le Film

VOCABULARY	bon, mauvais, un vrai navet, comique, tragique, les acteurs, le metteur en scène, plaire, noir et blanc, couleur, musique, jouer, bien, mal
TOPIC IDEAS	1. J'irais bien[a] voir ce film encore une fois. 2. J'ai vraiment aimé les acteurs. 3. Ce film était un vrai navet.
QUESTIONS	1. Est-ce que le film t'a plu? 2. Est-ce que le film finit bien? 3. Est-ce que c'était comique ou tragique? 4. Que penses-tu du metteur en scène? 5. Est-ce que les acteurs jouaient mal? 6. Est-ce que c'était en noir et blanc ou en couleur?

[a] *I'd gladly go*

2. Si j'étais riche

VOCABULARY	l'argent, travailler, acheter, des ennuis, voyager, visiter, en vacances
TOPIC IDEAS	1. Je voudrais un mari (une femme) riche. 2. Si j'étais riche, je visiterais l'Europe. 3. Si j'étais riche, je n'aurais plus d'ennuis.
QUESTIONS	1. Si tu étais riche, serais-tu charitable? 2. Où irais-tu en vacances? 3. Est-ce que les étudiants sont riches en général?

Enquêtes

1. *Find out if another student would prefer to be an actor or a director and why. Reverse roles.*
2. *Find out three things your classmate would like to do on the weekend. Reverse roles.*

Expressions consacrées

Si Paris n'était pas si grand, on le mettrait en bouteille.	*If Paris were not so big, one would put it into a bottle.*
Qui se ressemble s'assemble.	*Birds of a feather flock together.*
Qui veut la fin veut les moyens.	*You can't get something for nothing.*[a]

[a] *Whoever wants the end wants the means*

Lecture culturelle

Le Metteur en scène: un métier artistique

Je suis Thomas Cartier. On dit que le metteur en scène est un artiste, mais pour diriger[a] un groupe d'acteurs et de techniciens et réaliser[b] une œuvre filmée il faut avoir le talent et la patience d'un vrai psychologue.

[a] *to direct*
[b] *to produce*

En tant que[c] metteur en scène je suis chargé de choisir les décors,[d] d'inspirer les acteurs à traduire fidèlement[e] la pensée de l'auteur ou bien à lui donner une interprétation croyable[f]. Pour accomplir cela il faut avoir beaucoup d'expérience en tant qu'acteur et technicien. Est-ce qu'il faut savoir plusieurs langues? Je crois bien! J'ai besoin de comprendre à fond[g] la culture et la langue des diverses civilisations du monde.

[c] *As*
[d] *scenery, sets*
[e] *faithfully*
[f] *believeable*

[g] **à fond** *in depth*

Quelle est votre réponse?

1. Est-ce que ce métier vous intéresserait? Pourquoi?
2. Rêvez-vous d'être un jour un metteur en scène célèbre?
3. Est-ce que vous avez de l'expérience en tant qu'acteur?
4. Pourquoi est-ce qu'un grand metteur en scène devrait connaître la langue et la culture de diverses civilisations?
5. Est-ce qu'il y a d'autres métiers qui vous intéresseraient dans la cinématographie[h]?
6. Vous n'aimez pas ce métier? Eh bien, que ferez-vous plus tard?

[h] *filmmaking*

VOCABULAIRE

l'**acteur** *m*	actor	le **magnétisme**	*magnetism*
l'**actrice** *f*	actress	le **metteur en scène**	*director*
adresser	to address	**ne ... que**	*only*
l'**amour** *m*	love	**ouvrir**	*to open*
l'**audience** *f*	audience	**paraître**	*to appear, seem*
l'**avance** *f*	advance	la **parole**	*word*
en avance	early	**adresser la parole (à)**	*to speak (to)*
le **boulevard**	boulevard	**passionnant(e)**	*thrilling, exciting*
la **chance**	luck	**plein(e)**	*full*
tenter notre chance	to try our luck	**principal(e)**	*main, principal*
chaque	each	**profond(e)**	*deep, profound*
la **conférence**	lecture	**réagir**	*to react*
couvrir	to cover	**rencontrer**	*to meet*
craquer	to burst	le **retard**	*delay*
découvrir	to discover	**être en retard**	*to be late*
encore	still, yet	le **retour**	*return*
encore une fois	again	**être de retour**	*to be back*
étranger (étrangère)	foreign	le **rôle**	*role*
à l'étranger	abroad	la **salle**	*room, hall*
le **film**	film	**sensationnel(le)**	*sensational, terrific*
la **fois**	time	**suivre**	*to follow*
formidable	formidable, fantastic	**suivre un cours**	*to take a course*
habituel(le)	usual	**tôt ou tard**	*sooner or later*
l'**heure** *f*	hour	le **tour**	*tour*
à l'heure	on time	**faire un tour**	*to make a tour*
de bonne heure	early		
Je pense bien!	You said it!		

Dix-huitième Leçon

18

Le Magasin de disques

SIMONE   Qu'est-ce que tu vas acheter?

YVES   Je voudrais un disque de Chopin, s'il n'est pas trop cher.

SIMONE   Vraiment? Lequel?

YVES   Les nocturnes.

SIMONE   Oh, que tu es sentimental! Je crois que la plupart des étudiants aimeraient mieux Édith Piaf.

YVES   Surtout que Piaf n'est pas sentimentale!

SIMONE   Touché.

SIMONE   En parlant des sentiments, ce qui est intéressant c'est que nous sommes et romantiques et pratiques.

YVES   Oui, on n'est plus obligé d'avoir le goût soi-disant masculin ou féminin.

SIMONE   Ce que tu dis est vrai. Toi, tu es à la fois tendre et passionné.

YVES   Eh bien. Et les disques?

SIMONE   Voici la section des chanteuses. Ah! «La Vie en rose.»[1]

Questions sur le dialogue

1. Où sont Simone et Yves?
2. Quel disque préfère Yves?
3. Et Simone?
4. Est-ce que Simone trouve qu'Yves n'est pas sentimental?
5. Selon Yves, est-ce qu'Édith Piaf est sentimentale?
6. Est-ce qu'on est obligé d'être ou pratique ou romantique?
7. Où se trouvent les disques de Piaf?
8. Comment s'appelle une chanson très populaire de Piaf?

[1] One of the most famous songs of Édith Piaf.

Le chanteur Gilbert Bécaud.

The Record Shop

SIMONE   What are you going to buy?

YVES   I'd like a Chopin record, if it's not too expensive.

SIMONE   Really? Which one?

YVES   The nocturnes.

SIMONE   Oh, how sentimental you are! I think that most students would like Édith Piaf better.

YVES   Especially as Piaf isn't sentimental!

SIMONE   Touché.

SIMONE   Speaking of feelings, what's interesting is that we are romantic as well as practical.

YVES   Yes, we are no longer required to have so-called masculine or feminine tastes.

SIMONE   What you're saying is true. *You* are tender as well as passionate.

YVES   Well, what about the records?

SIMONE   Here's the section on female vocalists. Ah! "La Vie en rose."

«Je crois que la plupart des étudiants aimeraient mieux Édith Piaf.»

REMARQUES CULTURELLES

La Chanson. The "troubadour" tradition of the **chanson** (*song*) still exists in France. The emphasis in a **chanson** is on the song itself, rather than on the performer. One famous group, **Les Compagnons de la Chanson** (*The Companions of the Song*), calls attention to this idea in its name. The aim is to come out with a new song that will become a tradition, a household word. Some vocalists known for this approach are Charles Aznavour, Gilbert Bécaud, Charles Trénet, the late Édith Piaf, Yves Montand, Georges Brassens, Juliette Greco, and Jacques Brel.

EXPLICATIONS

1. Le Pronom interrogatif **lequel?**

Je voudrais un disque de Chopin. Vraiment? **Lequel?**	*I'd like a Chopin record. Really? Which one?*
J'aime ces chansons. **Lesquelles** préférez-vous?	*I like these songs. Which ones do you prefer?*

1. The interrogative pronoun **Lequel?** is formed exactly like the relative pronoun **lequel** (see Lesson 16).
2. It generally corresponds to English *Which (ones)?*.

A. LE PROFESSEUR   Je voudrais acheter un disque de Ravel.
   L'ÉTUDIANT(E)   Vraiment? Lequel?

Je voudrais acheter un journal français.
              lire un livre de Balzac.
              écouter une chanson de Debussy.
              voir des films de Charlot[a].
              suivre des cours.
              acheter un disque de Beethoven.

[a] *Charlie Chaplin*

B. Voici deux motos. Laquelle préfères-tu? *Répétez.*
            chemises.
            tentes.
            vestons.
            chapeaux.
            manteaux.

2. Le Pronom interrogatif **quoi?**

Avec **quoi** écrivez-vous?	*What are you writing with?*
De **quoi** parlaient-ils?	*What were they talking about?*

The interrogative pronoun **quoi** (*what*) always occurs following a preposition.

A. De quoi avez-vous besoin? *Répondez.*
   parliez-vous?
   écriras-tu?
   chanterais-tu?
   as-tu envie?

B. *Complétez la question.*
  Avec quoi _____?
  Pourquoi _____?
  À quoi _____?
  Sur quoi _____?
  Près de quoi _____?

3. Et...et *both...and*

Nous sommes **et** romantiques **et** pratiques.	*We are both romantic and practical.*

^a *character*

Parlez de votre caractère[a].

1. Je suis et _____ et _____.
2. J'aime et _____ et _____.
3. J'ai et _____ et _____.
4. Je suis et _____ et _____.
5. J'ai besoin et de _____ et de _____.

4. Ou...ou *either...or*

Il est **ou** trop jeune **ou** trop âgé.	*He is either too young or too old.*

A. On n'est plus obligé d'être ou romantique ou pratique.
      tendre   brutal.
      sentimental réaliste.
      optimiste   pessimiste.
      démocrate   républicain.
      passionné   indifférent.

B. *Repeat the above exercise, using* **Les femmes** *as the subject.*

5. Ne...ni...ni *neither...nor*

Il **n'a ni** courage **ni** patience.   *He has neither courage nor patience.*

Parlez encore une fois de votre caractère.

1. Je n'ai ni _____ ni _____.
2. Je ne suis ni _____ ni _____.
3. Je n'aime ni _____ ni _____.
4. Il ne me faut ni _____ ni _____.
5. Je ne suis ni _____ ni _____.

6. The conditional in requests

Veux-tu me prêter de l'argent?   *Will you (do you want to) lend me some money?*

Voudrais-tu me prêter de l'argent?   *Would you like to lend me some money?*

Pouvez-vous m'accompagner?   *Can you accompany me?*
Pourriez-vous m'accompagner?   *Would you be able to (could you) accompany me?*

1. The conditional instead of the present is used with verbs such as **vouloir** or **pouvoir** to make a request more polite, less abrupt.
2. This is also true with most other verbs.

   Iras-tu avec moi?   *Will you go with me?*
   Irais-tu avec moi?   *Would you go with me?*

A. LE PROFESSEUR   Veux-tu m'accompagner?
    L'ÉTUDIANT(E)   Voudrais-tu m'accompagner?

   Veux-tu me prêter de l'argent?
            me donner son adresse?
            m'attendre un instant?
            jouer au tennis avec moi?
            prendre un verre avec moi?
            m'accompagner?

B. LE PROFESSEUR   Est-ce que je peux compter sur vous?
    L'ÉTUDIANT(E)   Est-ce que je pourrais compter sur vous?

   Est-ce que je peux vous accompagner?
                me asseoir près de vous?
                me reposer avant le dîner?
                rester chez vous?
                vous écrire souvent?
                compter sur vous?

7.   Les Pronoms relatifs **ce qui** and **ce que**

Dites-moi **ce qui** se passe.   *Tell me what is happening.*
Je ne sais pas **ce que** vous voulez.   *I don't know what you want.*

1. **Ce qui** and **ce que** correspond to English *what, that which.*
2. **Ce qui** is used as a subject. It is usually followed directly by a verb and attendant objects, if any.

     Dites-moi ce qui **se passe.**

3. **Ce que** is used as a direct object. It is generally separated from the verb.

     Dites-moi **ce que** vous **voulez.**

A.   LE PROFESSEUR   Dites-moi ce qui s'est passé.
     L'ÉTUDIANT(E)   Je ne sais pas ce qui s'est passé.

     Dites-moi ce qui   vous ennuie.
                     est arrivé.
                     vous trouble.
                     lui plaît.
                     vous irrite.
                     se passe.

B.   LE PROFESSEUR   Est-ce qu'il y a quelque chose qui ne va pas?   (1)
     L'ÉTUDIANT(E)   Je ne sais pas ce que je veux.

     (1) je veux
     (2) tu veux dire
     (3) je dois faire
     (4) il devrait faire
     (5) je fais ici
     (6) j'ai accompli aujourd'hui

C.   **Ce qui** ou **ce que**?

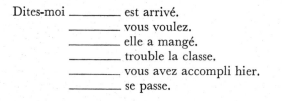

     Dites-moi _____ est arrivé.
                _____ vous voulez.
                _____ elle a mangé.
                _____ trouble la classe.
                _____ vous avez accompli hier.
                _____ se passe.

PRENONS LE LARGE

Vive la différence!

Je préfère ce **danseur** et cette **danseuse**.	*I prefer that (male) dancer and that (female) dancer.*
Où est le **directeur**?	*Where is the (male) director?*
Il est chez la **directrice**.	*He's with the (female) director.*

The feminine form of masculine nouns ending in **-eur** is generally **-euse**.[1] The femine form of masculine nouns ending in **-teur** is generally **-trice**.

A. LE PROFESSEUR   Un homme qui danse s'appelle un danseur.
    L'ÉTUDIANT(E)   Une femme qui danse s'appelle une danseuse.

Un homme qui chante s'appelle un chanteur.
        travaille
        prête[2]
        donne
        coiffe
        vend
        nage
        pêche

B. LE PROFESSEUR   Jean est aviateur.
    L'ÉTUDIANT(E)   Jeanne est aviatrice.

Jean est acteur.
        navigateur.
        inspecteur.
        décorateur.
        directeur.
        opérateur.
        instituteur[a].
        lecteur[b].

[a] celui qui enseigne dans l'école primaire
[b] celui qui lit

---

[1] A few exceptions occur.

ambassadeur (**ambassadrice**)	*ambassador*
le **chauffeur**	*driver (male or female)*
le **professeur**	*professor (male or female)*

[2] «La fourmi n'est pas prêteuse.» ("*The ant is not a lender.*") From *La Cigale et la Fourmi* (*The Grasshopper and the Ant*) by La Fontaine.

C'est la vie!

La vie commence à m'ennuyer.	*Life is beginning to bore me.*
me troubler*.	*trouble*
m'inquiéter*.	*worry*
me tourmenter*.	*trouble*
me contrarier*.	*upset*
me préoccuper*.	*worry*
me surprendre* [1].	*surprise*
m'irriter*.	*irritate*
me menacer*.	*threaten*

A. LE PROFESSEUR   Est-ce que la vie t'inquiète?
    L'ÉTUDIANT(E)   Oui, je suis inquiété(e) par la vie.

Est-ce que la vie te tourmente?
                contrarie?
                surprend?
                irrite?
                menace?
                trouble?

B. LE PROFESSEUR   Qu'est-ce qui te trouble?
    L'ÉTUDIANT(E)   Je ne sais pas ce qui me trouble.

Qu'est-ce qui te menace?
               ennuie?
               tourmente?
               contrarie?
               préoccupe?
               surprend?
               trouble?

[1] Conjugated like **prendre**.

Le Souffleur

1. Ce qui est intéressant...
2. Lequel (Laquelle)...
3. De quoi...
4. ...me trouble.
5. Ce que...

Quelle est la question?

1. Je voudrais un disque de Chopin.
2. Je n'ai pas de quoi payer.
3. Je ne sais pas ce qui me tourmente.
4. Le train part à 21 h 30.
5. Marie était actrice, mais elle est maintenant aviatrice.

Petites causeries

Demandez à _____ si sa fiancée voudrait devenir navigatrice ou actrice.
si son fiancé est coiffeur ou chauffeur.
ce qui le trouble.
ce qui le menace.
lequel de ses cours il (elle) préfère.
quel disque il (elle) voudrait acheter.
s'il (si elle) préfère la musique classique ou populaire.

Parlons de vous

1. Quel disque voudriez-vous acheter si vous aviez de l'argent?
2. Aimez-vous la musique folklorique française?
3. Est-ce que vous achetez beaucoup de disques?
4. Es-tu menacé(e) par la vie? par le cours de français?
5. Dites-moi ce qui vous trouble.
6. Aviateur (aviatrice) ou steward (hôtesse de l'air)—laquelle des deux professions aimerais-tu mieux?
7. En général est-on obligé d'être complètement masculin ou féminin?
8. Voudrais-tu me prêter cinq dollars?
9. De quoi as-tu envie?
10. Êtes-vous et sincère et hypocrite? Et le monde en général?
11. Êtes-vous plus romantique que pratique?
12. Dis-moi ce que tu cherches.
13. Est-ce que l'intelligence du professeur vous surprend? Pourquoi (pas)?
14. Qu'est-ce que tu as accompli aujourd'hui? (Je ne sais pas...)
15. Est-ce que les hommes sont plus sentimentaux que les femmes?

Votre opinion, s'il vous plaît

Complete the sentences, describing why you would or would not like the activity mentioned.

1. Je voudrais (Je ne voudrais pas) travailler dans un magasin de disques parce que...
2. Je voudrais (Je ne voudrais pas) travailler dans un discothèque parce que...
3. J'aimerais (Je n'aimerais pas) vendre des disques parce que...
4. J'aimerais (Je n'aimerais pas) être musicien(ne) parce que...
5. J'aimerais (Je n'aimerais pas) donner des concerts de piano parce que...
6. J'aimerais (Je n'aimerais pas) être professeur de musique parce que...
7. Je voudrais (Je ne voudrais pas) jouer de la guitare parce que...
8. Je voudrais (Je ne voudrais pas) aller à un concert de musique classique parce que...
9. Je voudrais (Je ne voudrais pas) aller à un concert de musique «rock» parce que...
10. J'aimerais (Je n'aimerais pas) être chanteur (chanteuse) de musique sentimentale parce que...

BACCHUS Discotheque

Place Charras
Hotel Penta-Courbevoie   788.50.51

Improvisations

1. La Musique

VOCABULARY   classique, moderne, folklorique, le jazz, les grands musiciens, les rythmes, préféré, riche, surtout, les disques, chers

TOPIC IDEAS
1. J'aime beaucoup la musique classique.
2. La musique folklorique française est riche.
3. J'aime surtout les rythmes modernes.

QUESTIONS
1. Quel est ton grand musicien préféré?
2. Connais-tu la musique folklorique française?
3. Que penses-tu de la musique folklorique américaine?
4. Quels rythmes préfères-tu?
5. As-tu beaucoup de disques?
6. Est-ce que les disques sont chers?

DISCOTHÈQUE - DANSE

MATINÉE dimanche de 14 h à 19 h
Entrée consom. service compris 12 F

SOIRÉE tous les jours de 21 h à l'aube
Entrée gratuite pour jeunes filles jusqu'à 22 h
Entrée consom. service compris 15 F, 30 F

DINER AMBIANCE MUSICALE à partir de 19 h
Menus : 40 - 50 - 65 et carte

The BARBARY COAST SALOON
11, rue Jules-Chaplain - Paris 6ᵉ - ODE. 68-87
Métro Vavin et N.-D.-des-Champs

2. La Chanson

VOCABULARY   un chanteur, une chanteuse, préféré(e), chanter, une chanson, française, vouloir, préférer, connaître

TOPIC IDEAS
1. mon chanteur préféré
2. ma chanteuse préférée
3. la chanson française

QUESTIONS
1. Quel est ton chanteur préféré?
2. Quelle est ta chanteuse préférée?
3. Quelle est ta chanson préférée?
4. Connais-tu beaucoup de chansons?
5. Connais-tu une chanson française?

Enquêtes

1. *Find out where a classmate would go and three things he or she would do if he or she were rich. Change roles.*
2. *Find out another student's favorite music, composer, and singer. Change roles.*

Expressions consacrées

C'est toujours la même chanson!   *It's always the same old story!*
C'était le chant du cygne.   *It was his (her) swan song.*
C'est le ton qui fait la chanson.   *It's not what you do that counts, but how you do it.[a]*

À trompeur trompeur et demi.[1]   *For every cheater, a cheater and a half.*

[a] *It's the tone that makes the song.*

[1] From the medieval French farce, *Maître Pathelin.*

ÉMISSIONS PUBLIQUES
Radio France

SAMEDI 2 **18 heures**	*** LIBRE PARCOURS RÉCITAL** Susan FALK, soprano - Sabine WEILL, flûte à bec Martha Mc GAUGHEY, basse de viole Arthur HAAS, clavecin BACH - MONTEVERDI - HAENDEL	THEATRE RECAMIER 3, rue Récamier, 7ᵉ
LUNDI 4 **17 h 30**	**SALTIMBANQUES** Tous les jours sauf samedi et dimanche <div style="text-align:right">entrée libre</div>	ENTRÉE E Radio France
LUNDI 4 **20 h 30**	**MUSIQUE DE CHAMBRE** ROUSSEL : Sonate pour violon et piano n° 2 BEETHOVEN : Sonate pour violon et piano n° 3 en mi bémol op. 12 Louis SAGUER : « Motivos de son » pour soprano et 6 percussions (création) et des Mélodies anciennes espagnoles avec Eric Rosenblith, violon - Michael Freyhan, piano Jean-Patrice Brosse, clavecin - Ana-Maria Miranda, soprano Quatuor de percussions de Paris : Lucien Lemaire, Gérard Lemaire, Jean-Claude Chazal, Jean-Claude Tavernier et Bernard Balet, Jean-Claude Vonin	AUDITORIUM 105 Radio France
MERCREDI 6 **20 h 30**	**SAISON LYRIQUE** LE CONVIVE DE PIERRE de DARGOMYJSKY avec les solistes du Bolchoï : Vladimir Atlantov Tamara Milachkina - Alexandre Vedernikov Tamara Siniavskaia et Dale Dusing - Frédéric Vassar Stan Unruh - Jacques Bona MAVRA de STRAVINSKY avec Maria Sartova - Joyce Castle - Biserka Cvejic Stan Unruh NOUVEL ORCHESTRE PHILHARMONIQUE et CHŒURS DE RADIO FRANCE Direction : Jean-Pierre MARTY	GRAND AUDITORIUM Radio France
JEUDI 7 **20 h 30**	**ORCHESTRE NATIONAL DE FRANCE** Concert I.R.C.A.M. « Passage du XXᵉ siècle » Direction : Lorin MAAZEL Solistes : Christiane Eda-Pierre, soprano Catherine Collard, piano - Michel Sendrez, piano Gilbert AMY : D'un espace déployé (second chef : le compositeur) Eugène KURTZ : Çà... diagramme pour orchestre VARÈSE : Amériques	THEATRE DES CHAMPS-ELYSEES 15, avenue Montaigne, 8ᵉ

Lecture culturelle

Une Chanson française

Allez savoir pourquoi (par les Compagnons de la Chanson)

Refrain

Une chanson, c'est peu de choses,
Mais quand ça se pose[a]

[a] **ça...**   *it lands*

^b *In the hollow*

^c *catch-phrase*

^d *joys*
^e *sorrows*

^f *words*

^g *have flowered*
^h *roof*
ⁱ *suburbs*

^j *happiness*
^k *rhymes*

^l *Parisian boy*

^m *While meeting*

ⁿ *à... in her turn*
^o *Crossing*
^p *courtyard*

^q *lodged itself*
^r *In the heart*
^s *lost*

^t *came back*

Au creux^b d'une oreille,
Ça reste là, allez savoir pourquoi...
Ça n'est souvent qu'une rengaine^c,
Mais ça se promène
Sur les joies^d, les peines^e,
Allez savoir, allez donc savoir pourquoi.

Parce qu'un jour,
Deux ou trois mots^f d'amour
Ont fleuri^g sous le toit^h
D'un enfant du faubourgⁱ,
Qui n'avait rien dans ses dix doigts
Qu'une guitare en bois
Pour faire un grand bonheur^j
Et quelques rimes^k pour.

Parce qu'un jour,
Un titi^l de Paris
La sifflait à midi
En retrouvant^m Mimi,
Et que Mimi est repartie
La chanter à son tourⁿ
En traversant^o la cour^p,
À son tour, et voilà.

Parce qu'un soir,
Quand s'installa^q l'amour
Au cœur^r d'un troubadour,
Il perdit^s le sommeil
Et doucement, tout doucement
Quand revint^t le soleil,
C'est un refrain de plus
Qui avait vu le jour.

Une chanson, c'est peu de choses,
Mais quand ça se pose
Au creux d'une oreille,
Ça reste là,
Allez donc savoir pourquoi.

Quelle est votre réponse?

1. Pourquoi est-ce qu'une chanson reste au creux d'une oreille?
2. Sur quoi la chanson se promène-t-elle?
3. Qu'est-ce qu'un titi de Paris?
4. Qui a écrit la chanson?
5. Pourquoi l'a-t-il écrite?
6. Que pensez-vous des mots de cette chanson?

VOCABULAIRE

à la fois	*at the same time*	la **nocturne**	*nocturne*
ce que	*what, that which*	**obliger**	*to obligate, force*
ce qui	*what, that which*	**passionné(e)**	*passionate*
chanter	*to sing*	la **plupart**	*most*
le **chanteur**	*singer, vocalist*	**pratique**	*practical*
(la **chanteuse**)		la **pratique**	*practice*
cher (chère)	*dear, expensive*	**préoccuper**	*to worry*
contrarier	*to upset*	**quoi**	*what*
le **disque**	*record*	**romantique**	*romantic*
et...et	*both...and*	la **section**	*section*
féminin(e)	*feminine*	le **sentiment**	*feeling, sentiment*
le **goût**	*taste*	**sentimental(e)**	*sentimental*
inquiéter	*to disturb, worry*	**soi-disant**	*so-called*
irriter	*to irritate*	**surprendre**	*to surprise*
Lequel?	*Which one?*	**tendre**	*tender*
masculin(e)	*masculine*	**Touché!**	*Touché!*
menacer	*to menace, threaten*	**tourmenter**	*to trouble, worry*
ni...ni	*neither...nor*	**troubler**	*to trouble, disturb*

Embouteillage à Paris.
« C'est comme ça dans la vie actuelle, trop de gens, trop de voitures. »

Dix-neuvième Leçon 19

Un Embouteillage

Jean-Jacques et Monique, qui habitent Montréal, descendent la rue Ste-Catherine en route pour le Forum, où il y aura un match de hockey entre les Canadiens et une équipe américaine.

JEAN-JACQUES	Je suis content que nous allions à pied. Quel embouteillage!
MONIQUE	Oui, et combien on perd de temps dans la circulation!
JEAN-JACQUES	C'est comme ça dans la vie actuelle, trop de gens, trop de voitures.
MONIQUE	Quand même je voudrais que tu apprennes à conduire.
JEAN-JACQUES	Pourquoi? Je crois que 500.000 chauffeurs sont assez. Ou veux-tu que je sois le numéro 500.001? Non, je préfère que les autres conduisent. La circulation m'énerve.
MONIQUE	Oui, mais pour les petites excursions, par exemple, nous sommes obligés de prendre le train, l'autobus, un taxi...
JEAN-JACQUES	Et qu'est-ce qui arrive en voiture particulière? Tout d'un coup on tombe en panne, un pneu dégonflé, la batterie morte.
MONIQUE	Mais la vie a ses dangers.
JEAN-JACQUES	D'accord. Mais à quoi bon les provoquer?... Dis donc, tu sais quelle heure il est?
MONIQUE	Déjà 8 h 15. Pas possible! Il vaut mieux que nous prenions un taxi.
JEAN-JACQUES	Ça non alors! Prends un taxi si tu veux. Moi je continue à pied.

(*Plus tard à l'entrée du Forum*)

MONIQUE   (*En descendant du taxi*) Ah, nous y voilà en même temps.
            Tu as couru?

JEAN-JACQUES Pas du tout. C'est l'histoire du lièvre et de la tortue,
            n'est-ce pas, mon petit lapin?

Questions sur le dialogue

1. Où habitent Monique et Jean-Jacques?
2. Qu'est-ce qu'il y aura au Forum?
3. Combien de gens et de voitures est-ce qu'il y a dans la vie actuelle?
4. Qu'est-ce que Monique voudrait?
5. Que préfère Jean-Jacques?
6. Qu'est-ce qui arrive en voiture particulière?
7. Est-ce que Monique va en taxi?
8. Est-ce que Jean-Jacques a couru?

A Traffic Jam

Jean-Jacques and Monique, who live in Montreal, are walking down St.
Catherine Street on the way to the Forum, where there will be a hockey
game between the Canadiens and an American team.

JEAN-JACQUES I'm happy that we're walking. What a traffic jam[1]!

MONIQUE   Yes, and how much time is wasted[a] in traffic!

JEAN-JACQUES That's how life is today[b]—too many people, too many cars.

MONIQUE   All the same, I'd like you to learn to drive.

JEAN-JACQUES Why? I think that 500,000 drivers are enough. Or do you
            want me to be number 500,001? No, I prefer others to drive.
            Traffic upsets me.

MONIQUE   Yes, but on short trips, for example, we have to take the
            train, the bus, a taxi...

JEAN-JACQUES And what happens in a private car? All of a sudden the car
            breaks down, a flat[c] tire, dead battery...

MONIQUE   But life has its dangers.

JEAN-JACQUES I agree. But what's the use of encouraging[d] them?... Say,
            do you know what time it is?

MONIQUE   8:15 already. I don't believe it! We'd better take a taxi.

JEAN-JACQUES I should say not! Take a taxi if you want to. I'm going to
            continue on foot.
            (*Later, at the entrance to the Forum*)

MONIQUE   (*Getting out of the taxi*) Ah, here we are both at the same time.
            Did you run?

JEAN-JACQUES Not at all. It's the story of the tortoise and the hare. Right,
            honey[e]?

[a] *how much one loses time*

[b] **actuel** *present-day* (not *actual*)

[c] *deflated*

[d] *creating*

[e] *my little rabbit*

[1] From **bouteille** (*bottle*). Compare *bottleneck*.

REMARQUES CULTURELLES

French Automobiles. There are four main automobile manufacturers in France: Renault, Peugeot, Citroën, and Simca.

Renault is the nationalized automobile company; it is subsidized by the French government. Because of this, it produces the least expensive car in France.

Citroën manufactures one of the most luxurious production-line automobiles in France. It was bought out by Peugeot in 1976.

Simca is a smaller company whose stock is largely owned by Chrysler Corporation. Its official name is **Chrysler de France.**

Peugeot is a family-owned company. It has standardized many parts with Renault, and uses many of the same warehouses. Peugeot is a very diversified company, and also manufactures such things as coffee grinders and an excellent line of bicycles.

Faites votre choix: Renault, Peugeot ou Citroën?

EXPLICATIONS

1. The irregular verb **conduire** *to drive*

je **conduis**	nous **conduisons**
tu **conduis**	vous **conduisez**
il, elle **conduit**	ils, elles **conduisent**

j'ai conduit, etc.

A. Mon père ne conduit pas très bien. *Répétez.*
   Ma mère, Le professeur, Les messieurs, Je, Tu, Nous, Personne

B. LE PROFESSEUR   Conduisez-vous une voiture française?
   L'ÉTUDIANT(E)   Non, je conduis une voiture américaine.

   Conduisez-vous une Peugeot?
                    une Simca?
                    une Renault?
                    une Citroën?
                    une Fiat?

C. LE PROFESSEUR   Quelle voiture as-tu conduite l'année dernière?   (1)
   L'ÉTUDIANT(E)   J'ai conduit une voiture japonaise.

   (1) japonaise   (4) française
   (2) étrangère   (5) américaine
   (3) anglaise

2. The irregular verb **courir** *to run*

je **cours**	nous **courons**
tu **cours**	vous **courez**
il, elle **court**	ils, elles **courent**

j'ai couru, etc.
je courrai, etc.
je courrais, etc.

A. Ma grand-mère ne court pas très vite. *Répétez.*
   Ma mère, Mon père, Le bébé, Les étudiants, Les tortues, Je, Vous

B. LE PROFESSEUR   As-tu couru?
   L'ÉTUDIANT(E)   Non, je suis allé(e) à pied.

   A-t-elle couru?   A-t-il couru?
   Ont-ils couru?   Avons-nous couru?
   Avez-vous couru?   As-tu couru?

C. Il a dit qu'il courrait demain, mais il ne courra pas.
   Elle, Vous, Ils, Nous, Je, Tu, Le professeur, Le champion

3. Cardinal numbers (100 to 1,000,000,000)

100	**cent**	1.000	**mille**
101	**cent un**	1.001	**mille un**
110	**cent dix**	1.002	**mille deux**
120	**cent vingt**	1.100	**mille cent**
121	**cent vingt et un**	1.101	**mille cent un**
122	**cent vingt-deux**	2.000	**deux mille**
200	**deux cents**	10.000	**dix mille**
300	**trois cents**	100.000	**cent mille**
400	**quatre cents**	100.020	**cent mille vingt**
500	**cinq cents**	1.000.000	**un million**
600	**six cents**	1.111.111	**un million cent mille onze cent**
700	**sept cents**		**onze**
800	**huit cents**	2.000.000	**deux millions**
900	**neuf cents**	1.000.000.000	**un milliard**

Note: **Mille** is invariable.

French uses the period to punctuate thousands. The comma is used to punctuate decimals: **1,5.**

The plural marker **s** occurs only in **quatre-vingts** (*eighty*) and multiples of **cent** when it is not followed by another numeral: **deux cents, trois cents,** and so on.

LE PROFESSEUR   Combien de personnes ont écouté le concert?   (1)
L'ÉTUDIANT(E)   Trois cents personnes.

(1) 300	(5) 815	(8) 5.000
(2) 236	(6) 1.700	(9) 1.940
(3) 1.200	(7) 655	(10) 2.500
(4) 470		

4. **Le Subjonctif** *The subjunctive mood*

She *is* here by 8:00 every morning.

He *comes* to see his girl friend.

He *does* the work at home.

Tomorrow it is necessary that she *be* here by 7:30.

Her father insists that he not *come* to their house any more.

I prefer that he *do* it in class.

In each pair of sentences above, the verb on the left (*is, comes, does*) is in the *indicative* mood: the speaker reports something as a fact. The corresponding verb on the right is in the *subjunctive* mood: the speaker mentions some happening or potential event (*be, come, do*) as following from an outside attitude or feeling (*I* prefer that *he*; her *father* insists that *he*) or some outside proviso (*it* is necessary that *she*).

Notice that in English the difference in mood (indicative vs. subjunctive) is shown by a difference in forms (*is/be, comes/come, does/do*). The French system of subjunctive forms is more complete and more noticeable than the English system. First we will study the French subjunctive forms; then we will examine the instances in which these forms are used.

(*a*) **Le Présent du subjonctif** *The present subjunctive*

prendre

que[1] je **prenne**	que nous **prenions**
que tu **prennes**	que vous **preniez**
qu'il, elle **prenne**	qu'ils, elles **prennent**

1. Forms for **je, tu, il (elle)**, and **ils (elles)**
   The stem is taken from the **ils** form of the present indicative: ils **prennent**. The endings are those of **-er** verbs in the present indicative.
2. Forms for **nous** and **vous**
   The stem and endings are those of the imperfect. Thus the imperfect tense and the present subjunctive are identical for these two persons.
3. The rules above apply to *all* verbs you have studied, regardless of their infinitives, except for those below.

aller	**faire**	**savoir**
avoir	**falloir**[2]	**valoir**[2]
être	**pouvoir**	**vouloir**

(*b*) The present subjunctive of **chanter**

que je **chante**	que nous **chantions**
que tu **chantes**	que vous **chantiez**
qu'il, elle **chante**	qu'ils, elles **chantent**

Veut-il que je chante, ou a-t-il mal à la tête? *Répétez.*

    tu
    nous
    elle
    vous
    ils
    je

---

[1] **Que** is used here because it precedes the subjunctive.
[2] Very few occasions to use these verbs in the subjunctive ever arise in normal conversation.

(*c*) The present subjunctive of **accomplir**

que j'**accomplisse**	que nous **accomplissions**
que tu **accomplisses**	que vous **accomplissiez**
qu'il, elle **accomplisse**	qu'ils, elles **accomplissent**

A. Je suis content que tu accomplisses tant de bonnes choses. *Répétez.*

vous
nous
elle
ils
il

B. LE PROFESSEUR   Tu ne l'accomplis pas sincèrement.
L'ÉTUDIANT(E)   Je voudrais que tu l'accomplisses sincèrement.

Tu ne l'accomplis pas honnêtement.
franchement.
clairement.
sérieusement.
attentivement.
sincèrement.

(*d*) The present subjunctive of **prendre**[1]

A. Il vaut mieux que nous prenions un taxi. *Répétez.*

tu
vous
je
elles
il

B. Voulez-vous que je prenne le dîner? *Répétez.*

déjeuner?
le goûter?
le sandwich?
le dessert?

[1] Conjugation on p. 320.

Une petite Citroën à
Mirambeau (Charente-
Maritime).

5. The subjunctive after verbs of will, desire, and preference

Veux-tu que je **sois** le numéro 500.001?	*Do you want me to be (that I be) number 500,001?*
Je **voudrais** que tu **apprennes** à conduire.	*I would like you to learn to drive.*
Je **préfère** que les autres **conduisent**.	*I prefer others to drive.*

1. When one person expresses a desire, wish, or preference that *someone else* do something, the subjunctive mood is used to express what that other person is expected to do.[1]
2. Common verbs of will, desire, and preference are **vouloir**, **désirer**, **préférer**, **souhaiter** (*to wish*), **exiger** (*to demand, require*), and **permettre** (*to permit*).[2]
3. The clause containing the subjunctive is introduced by **que**.
4. Note that where French uses the subjunctive, English often uses an infinitive.

Je veux que vous me **disiez** la vérité.	*I want you to tell (that you tell) me the truth.*
Il permet que nous **venions**.	*He permits us to come.*

A. LE PROFESSEUR   Ils conduisent très lentement.
    L'ÉTUDIANT(E)   Oui, et je préfère que tu conduises lentement aussi.

Ils marchent très lentement.
    nagent
    finissent leur dîner
    travaillent
    courent
    conduisent

B. Elle désire que j'apprenne à jouer du piano. *Répétez.*
    tu
    nous
    il
    elles
    vous
    je

---

[1] If someone indicates something that *he himself* would like to do, the infinitive is used.

    Je voudrais **apprendre** à conduire.   *I would like to learn to drive.*

[2] Conjugated like **mettre**.

C. Je voudrais que tu dises la vérité. *Répétez*.

> les journalistes
> le professeur
> vous
> ta sœur
> l'étudiant
> nous

D. Comme notre professeur est aimable! Il permet que nous restions en classe tout l'après-midi! *Répétez*.
Il permet que nous passions un examen.

> écrivions.
> parlions français.
> admirions sa prononciation.
> restions en classe.

6. The subjunctive after expressions of emotion

Je **suis content** que nous **allions** à pied.	*I'm happy that we're walking.*
Il **regrette** que vous **arriviez** en retard.	*He is sorry that you are arriving late.*
Elle **est désolée** que tu ne **répondes** pas.	*She is very sorry that you don't answer.*

1. After an expression of emotion by one person concerning *someone else's* action, the subjunctive is used to express what the *other person* is doing or will do.[1]
2. Some common expressions of emotion are **être content, être heureux, être fâché** (*to be angry, very sorry*), **être désolé, être triste, être surpris, regretter, avoir peur**.

A. Je suis content(e) que vous alliez à pied. *Répétez*.

> au match.
> au concert.
> au café.
> au musée.
> à l'université.

B. Il est triste que nous partions. *Répétez*.

> désolé, est fâché, est content, a peur,[2] regrette

---

[1] If a person expresses an emotion about an act concerning *only himself*, the expression of emotion takes de + infinitive.
Je suis content **de venir** avec vous.   *I am happy to come with you.*

[2] After an expression of fear, **ne** often occurs just before the verb in the subjunctive. Use of **ne** does not make the sentence negative, and it is not translated.
Il **a peur** que nous **ne** partions.   *He is afraid that we are leaving.*

C. Sont-ils surpris qu'il conduise si bien? *Répétez.*
>   elle
>   je
>   nous
>   vous
>   les jeunes gens

7. The subjunctive after certain impersonal expressions

Il vaut mieux que nous **prenions**   *It's better that we take a taxi.*
un taxi.
Il faut que tu **choisisses** entre eux.   *You must (it is necessary that you) choose*
     between them.
Il est possible que nous **venions**   *It is possible that we will*[1] *(may) come to*
vous voir.   *see you.*

1. After certain impersonal expressions showing *necessity* (**il faut**, **il est nécessaire**) or *opinion or judgment* (such as **il est important**, **il est bon**), the subjunctive mood is used.
2. Other common expressions in addition to the above are **c'est dommage** (*it's too bad*) and **il est préférable**.

A.   LE PROFESSEUR   Il a dit qu'il ne viendrait pas.
    L'ÉTUDIANT(E)   C'est dommage qu'il ne vienne pas.

   Il a dit qu'il n'arriverait pas à huit heures.
>   ne partirait pas.
>   ne resterait pas longtemps.
>   ne descendrait pas.
>   ne reviendrait pas.

B. **Toujours des décisions!**
   Il faut que vous choisissiez entre deux personnes ou deux choses. Faites votre choix.
   LE PROFESSEUR   Il faut que vous choisissiez entre vos amis et vos parents.
   L'ÉTUDIANT(E)   Alors, il est nécessaire que je choisisse mes amis (mes parents).

   Il faut que vous choisissiez entre une maison et une automobile.
>   votre mère et votre fiancé(e).
>   le travail et l'éducation.
>   la passion et l'indifférence.
>   le sentiment et le réalisme.
>   l'optimisme et le pessimisme.

---

[1] Note that where the verb is in the present subjunctive in French, it may be in either the present or future tense in English.

C. Il est important que la vie ne nous tourmente pas trop. *Répétez.*
> inquiète
> préoccupe
> surprenne
> trouble
> énerve

D. Il est possible que je devienne metteur en scène. *Répétez.*
> tu
> vous
> nous
> il
> elles

E. **Un Drame de famille**[a]

Vous avez envie d'acheter plusieurs choses. Vos parents ne le veulent pas.

LE PROFESSEUR   Je voudrais acheter une moto.

L'ÉTUDIANT(E)   Il vaut mieux que tu n'en achètes pas.

Je voudrais acheter un vélo.
> un disque.
> un cheval.
> une voiture.
> une moto.
> d'autres parents!

[a] *A family drama*

8. Three irregular verbs: **aller, avoir, être**

(a) aller

que j'**aille**	que nous **allions**
que tu **ailles**	que vous **alliez**
qu'il, elle **aille**	qu'ils, elles **aillent**

A. Je suis content que nous allions à pied. *Répétez.*
> tu
> vous
> ils
> elle
> nous

B. Il faut que j'aille en ville. Et toi? *Répondez.*
Et ta mère?
Et ta fiancée (ton fiancé)?
Et les enfants?
Et nous?
Et vous?

(*b*) **avoir**[1]

que j'**aie**	que nous **ayons**
que tu **aies**	que vous **ayez**
qu'il, elle **ait**	qu'ils, elles **aient**

A. Sa mère est heureuse qu'il n'ait pas de voiture. *Répétez.*
                                        fiancée.
                                        femme.
                                        appartement.
                                        travail.
                                        père.

B. Je regrette que vous ayez mal aux dents. *Répétez.*
                                        à la tête.
                                        à la gorge.
                                        au bras.
                                        au doigt.
                                        à l'estomac.

C. LE PROFESSEUR   Il n'y a plus de vin.
    L'ÉTUDIANT(E)   Je suis désolé(e) qu'il n'y ait plus de vin.

    Il n'y a plus de bière.
                        lait.
                        café.
                        thé.
                        limonade.

(*c*) **être**[2]

que je **sois**	que nous **soyons**
que tu **sois**	que vous **soyez**
qu'il, elle **soit**	qu'ils, elles **soient**

A. **La vie est exigeante!**
    La vie exige que nous soyons prudents. *Répétez.*
                                courageux.
                                optimistes.
                                indépendants.
                                réalistes.

B. La vie exige qu'on soit prudent. *Répétez.*
                                courageux.
                                optimiste.
                                indépendant.
                                réaliste.

[1] Review the imperative of **avoir** (see p. 176). As you see, it is taken from the subjunctive.
[2] Review the imperative of **être** (p. 176). As you see, it is taken from the subjunctive.

C. Il aimerait que nous y soyons à sept heures. *Répétez.*

> je
> tu
> vous
> il
> elles

PRENONS LE LARGE

Vous apprenez à conduire. L'instructeur* vous enseigne* les parties* principales de la voiture. Répétez-les.

le **pare-brise**	1	*windshield*	le **coffre**	9	*trunk*
la **vitre**	2	*window*	le **volant**	10	*steering wheel*
la **portière**	3	*door*	le **moteur**	11	*motor*
la **roue**	4	*wheel*	l'**accélérateur** *m*	12	*accelerator*
le **pneu**	5	*tire*	le **frein**	13	*brake*
le **clignotant**	6	*turn signal*	le **siège**	14	*seat*
les **phares** *m*	7	*headlights*	le **rétroviseur**	15	*rearview mirror*
le **capot**	8	*hood*	l'**essuie-glace** *m*	16	*windshield wiper*

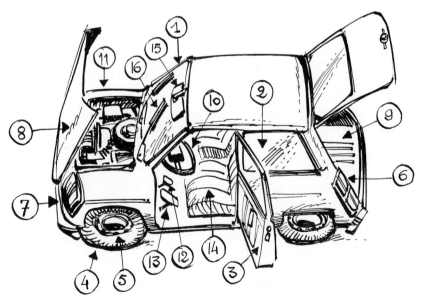

Saynète

L'INSTRUCTEUR	L'ÉLÈVE*
Mettez le moteur en marche. (*Start the engine.*)	Je mets le moteur en marche. (*I'm starting the engine.*)
Prenez le volant. (*Take the steering wheel.*)	Je prends le volant.
Tenez votre droite. (*Keep to the right.*)	Je tiens ma droite.
Allez tout droit. (*Go straight ahead.*)	Je vais tout droit.
Tournez à gauche. (*Turn left.*)	Je tourne à gauche.
Tournez à droite. (*Turn right.*)	Je tourne à droite.
Pas trop vite. (*Not too fast.*)	Je ne vais pas trop vite.
Attention* aux piétons*! (*Watch out for pedestrians!*)	Je fais attention* aux piétons.
Arrêtez-vous au feu rouge*. (*Stop at the red light.*)	Je m'arrête au feu rouge.
Repartez. (*Start again.*)	Je repars.
Oh, mais vous avez calé le moteur. (*Oh, you stalled the motor.*)	Ah non! C'est fini.
Voilà l'agent qui nous siffle! (*There's the policeman whistling at us!*)	Je suis complètement énervé(e)!

Le Souffleur

1. Je suis content(e)...
2. Il faut que...
3. Elle veut que...
4. La circulation...
5. Arrêtez-vous...

Quelle est la question?

1. Oui, la circulation m'énerve.
2. Il vaut mieux que nous prenions un taxi.
3. J'ai conduit une voiture japonaise l'année dernière.
4. Elle a dit qu'elle courrait vite.
5. Non, je préfère que vous ne chantiez pas.

Petites causeries

Demandez à _____ s'il (si elle) est content(e) que nous apprenions le
français.
si on perd du temps dans la circulation (en classe).
si la circulation l'énerve.
si la vie est intéressante ou non.
s'il est plus intéressant d'être piéton ou chauffeur.
si elle (s'il) voudrait que nous sortions après la classe.
si sa fiancée (son fiancé) insiste qu'il (elle) apprenne
à conduire.
si elle (s'il) aimerait faire une petite excursion.

Parlons de vous

1. Êtes-vous chauffeur?
2. Est-ce que la circulation vous énerve?
3. Veux-tu que nous allions à un café après la classe?
4. Es-tu content(e) que je sois ton professeur?
5. Avez-vous jamais été à Montréal?
6. Quand vaut-il mieux que nous allions en voiture?
7. Quelle voiture conduisez-vous?
8. As-tu l'intention de courir demain? Pourquoi (pas)?
9. Onze rues et dix rues font combien?
10. Aimeriez-vous que je vous chante une chanson folklorique française?
11. Êtes-vous content(e) que nous accomplissions beaucoup en classe?
12. Préférez-vous que votre père conduise plus lentement?
13. Êtes-vous désolé(e) que la classe finisse bientôt?
14. Il faut que tu choisisses entre une bière et un café. Lequel choisis-tu?
15. Est-il possible que tu aies mal à la tête?

Improvisations

1. La Circulation

VOCABULARY   les embouteillages, énervé(e), un accident, la ville, la
campagne, aimer, préférer, conduire, regarder, les
voitures, les autres

TOPIC IDEAS   1. J'aime la circulation.
2. Je n'aime pas les embouteillages.
3. Je préfère conduire à la campagne.

QUESTIONS 1. Aimes-tu regarder les voitures des autres?
2. Y a-t-il beaucoup de circulation dans ta ville?
3. As-tu déjà eu un accident?
4. Est-ce que tu es énervé(e) dans les embouteillages?
5. Préfères-tu conduire à la ville ou à la campagne?
6. Quelle voiture as-tu?

2. Comment on conduit

VOCABULARY mettre le moteur en marche, prendre le volant, tenir la droite, tourner, à gauche, à droite, tout droit, s'arrêter, le feu rouge, les piétons

TOPIC IDEAS 1. J'ai appris à conduire quand j'avais _____ ans.
2. Voici comment on conduit.
3. Je sais conduire mais je préfère que les autres conduisent.

QUESTIONS 1. Est-ce qu'on conduit trop rapidement?
2. Faut-il tenir sa droite en Amérique[a]?
3. Au Canada?
4. Où as-tu appris à conduire?

[a] *the United States* (same as **États-Unis**)

Enquête

You are teaching your classmate to drive a car. Tell him or her five things you want him or her to do. Exchange roles.

Expressions consacrées

«Honi soit qui mal y pense.»[1]   "*Evil be to him who evil thinks.*"
Fais ce que dois, advienne que   *Do what you have to, come what may.*
  pourra.
Il faut qu'une porte soit ouverte   *A door must be either open or closed.*
  ou fermée.[2]
Tu veux que je te fasse un dessin?   *You want me to draw you a picture?*

Lecture culturelle

L'Agent de Tourisme: un métier très agréable

Je m'appelle Jean-Pierre Lasalle. Si vous venez sur la côte d'Azur, j'espère que j'aurai le plaisir de guider vos pas à travers[a] notre belle région. Mon agence de tourisme se trouve Rue de France à Nice et je serai content de vous conseiller[b] personnellement et de vous aider à organiser vos vacances.

[a] **à travers** *through*

[b] *advise*

[1] Motto of the British Order of the Garter. Tradition says that a lady at court lost her garter. When some of the courtiers began to snicker, the king said words to this effect.
[2] Title of a **comédie-proverbe** by Alfred de Musset (1810–1857).

J'ai mon brevet° de technicien supérieur^d du tourisme et je parle cinq langues. Je sais organiser dans les moindres^e détails des tours personnels ou en groupe; je peux vous fournir un guide très compétent ou vous donner tous les renseignements^f nécessaires pour organiser votre séjour^g vous-même. J'aime énormément^h mon métier parce qu'il me permet de rencontrer des gens de tous les pays dans l'atmosphère détendue^i des vacances.

° *degree*
^d *chief*
^e **dans...** *to the last*
^f *information*
^g *stay*
^h *tremendously*
^i *relaxed*

Quelle est votre réponse?

1. Où est l'agence de tourisme de Jean-Pierre?
2. Quel diplôme a-t-il?
3. En quoi consiste son travail?
4. Parlez-vous plusieurs langues?
5. Pourquoi est-ce que Jean-Pierre aime tant son métier?
6. Aimeriez-vous avoir une agence de tourisme?

VOCABULAIRE

actuel(le)	*present-day, current*
à quoi bon...?	*what's the use of...?*
Attention!	*Watch out!*
faire attention (à)	*to pay attention (to)*
la **batterie**	*battery*
la **bouteille**	*bottle*
le **chauffeur**	*driver*
la **circulation**	*traffic*
conduire	*to drive*
continuer	*to continue*
courir	*to run*
le **danger**	*danger*
dégonflé(e)	*deflated; flat* (tire)
désolé(e)	*very sorry, distressed*
le **dommage**	*damage, injury*
c'est dommage	*it's a pity*
le **drame**	*drama*
droit(e)	*right*
tout droit	*straight ahead*
l'**élève** *m, f*	*pupil, student*
l'**embouteillage** *m*	*traffic jam*
énerver	*to upset* (emotionally)
en même temps	*at the same time*
enseigner	*to teach*
entre	*between*
l'**entrée** *f*	*entrance*
l'**équipe** *f*	*team*
l'**excursion** *f*	*trip, outing*
exigeant(e)	*demanding, hard to please*
exiger	*to demand, require*
fâché(e)	*angry, very sorry*
le **feu** (*pl* **feux**)	*fire, traffic light*
feu rouge	*red light*
gens *pl m*	*people*
l'**histoire** *f*	*story, history*
le **hockey**	*hockey*
l'**instructeur** *m*	*instructor*
le **lièvre**	*hare*
mort(e)	*dead*
nécessaire	*necessary*
le **numéro**	*number*
la **panne**	*breakdown*
tomber en panne	*to have engine trouble*
par exemple	*for example*
particulier (**particulière**)	*private*
la **partie**	*part*
pas du tout	*not at all*
permettre	*to permit*
le **pneu**	*tire*
préférable	*preferable*
provoquer	*to provoke, incite, encourage*
quand même	*all the same*
regretter	*to regret, be sorry*
la **rue**	*street*
souhaiter	*to wish*
surpris(e)	*surprised*
tout d'un coup	*all of a sudden*
la **tortue**	*tortoise*
le **train**	*train*
la **voiture**	*car*

C'est la fin de l'année scolaire, et maintenant il cherche une place.

Vingtième Leçon 20

Fin d'année

Frank est un Américain à Paris; il parle avec son professeur de français.

FRANK   Est-ce que je vous ai dit que j'ai une place à la compagnie IBM?

LE PROFESSEUR   Non. Je croyais que vous vouliez une place où vous puissiez utiliser votre français.

FRANK   Cette compagnie a une grande installation à Paris, et ils ont besoin d'employés qui sachent le français et l'anglais.

LE PROFESSEUR   Alors, vous allez débuter ici, à Paris?

FRANK   Non, je dois d'abord travailler aux États-Unis un certain temps. Plus tard ils m'enverront sans doute ici.

LE PROFESSEUR   Est-ce que c'est votre connaissance du français qui vous a obtenu la place?

FRANK   Pas exactement. Ma spécialité est la comptabilité.

LE PROFESSEUR   (*Le téléphone sonne.*) Excusez-moi.

LE PROFESSEUR   Alors, pensez-vous que votre français soit assez bon?

FRANK   Vous devez savoir ça mieux que moi. Monique dit qu'il est bon.

LE PROFESSEUR   Qui est Monique?

FRANK   Monique Chevalier. Je l'ai rencontrée ici, à la Sorbonne. C'est la fille la plus sympathique que je connaisse.

LE PROFESSEUR   Chevalier... Il y a un professeur de ce nom-là à la Sorbonne. Est'ce que c'est son père?

FRANK   Non. Son père est vice-président dans la compagnie IBM.

LE PROFESSEUR   (*À lui-même*) Voilà la vérité qui sort.
(*À Frank*) Eh bien, j'espère vous revoir avant que vous ne partiez. À bientôt.

Questions sur le dialogue

1. Avec qui parle Frank?
2. Est-ce que Frank a une place à Madrid?
3. Où est-ce que IBM a une grande installation?
4. Où va débuter Frank?
5. Quelle est la spécialité de Frank?
6. Comment s'appelle l'amie de Frank?
7. Où est-ce que Frank et Monique ont fait connaissance?
8. Quelle est la profession de M. Chevalier?

End of the Year

Frank is an American in Paris; he is speaking with his French professor.

FRANK	Have I told you that I have a job with IBM?
THE PROFESSOR	No. I thought that you wanted a job where you could use your French.
FRANK	This company has a large installation in Paris, and they need employees who know French and English.
THE PROFESSOR	So, you're going to start here, in Paris?
FRANK	No, first I have to work in the United States for a while.[a] Later they'll probably send me here.
THE PROFESSOR	Is it your knowledge of French that got you the job?
FRANK	Not exactly. My major is accounting.
THE PROFESSOR	(*The telephone rings*). Excuse me.
THE PROFESSOR	So, do you think your French is good enough?
FRANK	You should know that better than I. Monique says it's good.
THE PROFESSOR	Who is Monique?
FRANK	Monique Chevalier. I met her here at the Sorbonne. She's the most likable girl I know.
THE PROFESSOR	Chevalier...There's a professor by that name at the Sorbonne. Is it her father?
FRANK	No. Her father is a vice president at IBM.
THE PROFESSOR	(*To himself*) Now the truth comes out.[b]
	(*To Frank*) Well, I hope to see you again before you leave.[1] See you soon.

[a] *a certain time*

[b] Literally, *There is the truth which is coming out.*

REMARQUES CULTURELLES

Education in France. The French educational system is very different from the American—traditional, definitely centralized, highly selective, teacher- and culture-oriented. From the time children learn to read, their academic future is determined—a real obstacle course, with three

[1] The **ne** is not translated; see Explications, 5.

main crossroads that will lead them either to technical, career schools, or to higher education. These "orientation" phases occur at about ages 11, 15, and 18.

Higher education is open exclusively to possessors of the bachelor's degree (**bachot**). The different "colleges" of the university are known as **facultés**.

The **grandes écoles** for future teachers, engineers, diplomats, and business executives further narrow down their number of students through competitive entrance examinations (**concours d'entrée**). Other branches of higher education include the School of Fine Arts (**École des Beaux-Arts**), the School of Paleography and Librarianship (**École des chartes**), and the Conservatory of Music in Paris.

Students in France pay practically no tuition fees, but are expected to provide for their personal expenses and to buy some of their books. The majority of students do not hold down a job in addition; the government offers a few scholarships (**bourses**), mostly to foreign students for the sake of national prestige. Some students' associations are demanding that students receive a grant (**présalaire**).

A major problem with the French educational system stems from the responsibility of the Ministry of Education to provide both adequate educational facilities and curricula and adequate jobs. The number of students, and their demands, increase every year. Young people feel that they have a right to the best education, regardless of what field they choose.

Des étudiants devant la Sorbonne.

On fait des recherches très importantes à la Bibliothèque Beaubourg.

EXPLICATIONS

1. The irregular verb **envoyer** *to send*

LE PRÉSENT

> j'**envoie**   nous **envoyons**
> tu **envoies**   vous **envoyez**
> il, elle **envoie**   ils, elles **envoient**

La compagnie envoie Frank à Paris. *Répétez.*
Je, Nous, Tu, Vous, Ils, Elle

LE FUTUR

> j'**enverrai**   nous **enverrons**
> tu **enverras**   vous **enverrez**
> il, elle **enverra**   ils, elles **enverront**

Ils m'enverront sans doute en France. *Répétez.*
Il, Tu, Vous, Elle, Elles, Nous

LE CONDITIONNEL

j'**enverrais**, etc.

J'enverrais un cadeau à mes parents si j'avais de l'argent. *Répondez.*
Et toi?
Et lui?
Et vous?
Et nous?
Et eux?

LE PRÉSENT DU SUBJONCTIF[1]

> que j'**envoie**   que nous **envoyions**
> que tu **envoies**   que vous **envoyiez**
> qu'il, elle **envoie**   qu'ils, elles **envoient**

LE PROFESSEUR   Est-il nécessaire que tu envoies le chèque?
L'ÉTUDIANT(E)   Oui, il faut absolument que je l'envoie.

Est-il nécessaire que vous envoyiez le chèque?
> nous
> je
> elle
> ils
> tu

[1] **Payer** is similar to **envoyer** in this tense.

2. The irregular verb **obtenir**[1] *to obtain*

LE PRÉSENT

j'**obtiens**	nous **obtenons**
tu **obtiens**	vous **obtenez**
il, elle **obtient**	ils, elles **obtiennent**

Il obtient toujours ce qu'il veut. Et vous? *Répondez.*
Et vos parents?
Et Monique?
Et le professeur?
Et les enfants?
Et nous?

LE PASSÉ COMPOSÉ

j'**ai obtenu**, etc.

Bravo! Il a obtenu la place qu'il cherchait. *Répétez.*
Elle, Je, Nous, Tu, Vous

LE FUTUR

j'**obtiendrai**	nous **obtiendrons**
tu **obtiendras**	vous **obtiendrez**
il, elle **obtiendra**	ils, elles **obtiendront**

Il espère que vous obtiendrez votre diplôme. *Répétez.*
je   tu   elle   nous   ils

LE CONDITIONNEL

j'**obtiendrais**, etc.

Il a dit qu'il obtiendrait cette place. *Répétez.*
vous   ils   nous   je   tu   elle

LE PRÉSENT DU SUBJONCTIF

que j'**obtienne**	que nous **obtenions**
que tu **obtiennes**	que vous **obteniez**
qu'il, elle **obtienne**	qu'ils, elles **obtiennent**

Je suis content(e) qu'il obtienne du travail. *Répétez.*
ils   tu   vous   nous   elle

---

[1] Conjugated like **venir**. Other verbs conjugated like **venir**: **tenir** (*to hold*), **contenir** (*to contain*).

3. The present subjunctive of **recevoir**

que je **reçoive**   que nous **recevions**
que tu **reçoives**   que vous **receviez**
qu'il, elle **reçoive**   qu'ils, elles **reçoivent**

A. Je suis content(e) que tu reçoives des lettres de ton pays. *Répétez.*
               vous
               elle
               ils
               nous

B. Il est important qu'on reçoive une explication. *Répétez.*
               tu
               vous
               nous
               je
               elle
               ils

4. The subjunctive after expressions of doubt or uncertainty

Je **doute** qu'il **vienne** ce soir.   *I doubt that he will come this evening.*
Pensez-vous que votre français **soit** assez bon?   *Do you think that your French is good enough?*
Elle **ne croit pas** qu'ils **sachent** l'anglais.   *She doesn't believe that they know English.*

1. After an expression of doubt or uncertainty, the subjunctive is used.
2. The subjunctive also follows **croire** and **penser** when they are used in questions or in the negative. Otherwise, the indicative mood is used.

     Je **ne crois** (**pense**) **pas** que votre français **soit** bon.
     Je **crois** (**pense**) que votre français **est** assez bon.

3. Expressions of certainty may be used to show doubt in the negative or interrogative forms.

     Il n'est pas sûr qu'ils **viennent.**
     Est-il certain qu'ils **viennent?**

A. LE PROFESSEUR   Je suis certain(e) qu'il aura cette place.
   L'ÉTUDIANT(E)   Je ne crois pas qu'il l'ait.

   Je suis certain(e) qu'ils l'enverront à Paris.
                    qu'elle obtiendra la place.
                    qu'ils m'enverront en France.
                    que j'obtiendrai la place.
                    qu'il aura cette place.

B. Il doute que j'obtienne une place. *Répétez.*
        vous
        tu
        nous
        ils
        elle

C. LE PROFESSEUR   Croyez-vous que le nouveau professeur soit exigeant?
   L'ÉTUDIANT(E)   Je suis sûr(e) qu'il sera exigeant.

   Croyez-vous que le nouveau professeur soit sincère?
                                          intelligent?
                                          sympathique?
                                          fâché?
                                          sérieux?
                                          exigeant?

5. The subjunctive after certain conjunctions

J'espère vous revoir **avant que** vous   *I hope to see you again before you leave.*
   ne **partiez.**
Nous nous verrons **à moins que** vous   *We'll see each other unless you are on*
   soyez en vacances.   *vacation.*

The subjunctive must be used in clauses following the conjunctions below.

avant que[1]	*before*	**pourvu que**	*provided that*
jusqu'à ce que	*until*	**à condition que**	*provided that*
afin que	*in order that*	**à moins que**[1]	*unless*
pour que	*in order that*	**sans que**	*without*
de peur que[1]	*for fear that*	**bien que**	*although*
de crainte que[1]	*for fear that*	**quoique**[2]	*although*

[1] After these conjunctions, the subjunctive may be preceded by **ne.** Use of **ne,**
   however, does not constitute a negative; it should be omitted in translation.
[2] Note that **quoique** is written as one word.

A. LE PROFESSEUR   J'espère vous revoir avant que vous partiez.
      L'ÉTUDIANT(E)   J'espère vous revoir à moins que vous partiez.

Il espère nous voir avant que nous partions.

te	tu
me	je
la	elle
les	ils
vous	vous
nous	nous

B. Ils resteront en France jusqu'à ce qu'ils n'aient plus d'argent. *Répétez.*
    Il
    Je
    Nous
    Tu
    Vous
    Elle
    Elles

C. LE PROFESSEUR   Ils recevront la place pourvu qu'ils sachent le français
      L'ÉTUDIANT(E)   Elles la recevront sans qu'elles sachent le français.

Ils recevront la place pourvu qu'ils sachent le russe.
                                            le japonais.
                                            l'allemand.
                                            la comptabilité.
Ils recevront la place pourvu qu'ils connaissent le président.
                                            le vice-président.
                                            son père.
                                            son oncle.

D. LE PROFESSEUR   Je te dis cela afin que tu envoies la lettre.
      L'ÉTUDIANT(E)   Je te dis cela pour que tu envoies la lettre.

Je lui dis cela afin qu'il envoie la lettre.

lui	elle
leur	ils
leur	elles
vous	vous
te	tu

E. C'est un homme intelligent bien qu'il soit professeur. *Répétez.*
                                         père.
                                         journaliste.
                                         chauffeur.
                                         ingénieur.
                                         étudiant.

6. The subjunctive after an indefinite antecedent

Je croyais que vous vouliez une **place** où vous **puissiez** utiliser votre français.	*I thought that you wanted a job where you could use your French.*
Ils ont besoin d'**employés** qui **sachent** le français.	*They need employees who know French.*
Il cherche des **employés** qui **soient** capables.	*He is looking for employees who are capable.*

1. The subjunctive is used following an indefinite antecedent.
2. Note that in all three examples above, the thing (**une place**) or people (**employés**) referred to are not definite or specific: *I thought you wanted a job* (any job) *where you could use your French*; *They need employees* (not any particular employee) *who know French.*

A. Il cherche des employés qui soient capables. *Répétez.*

> intelligents.
> travailleurs.
> diligents.
> sérieux[1].
> sincères.

B. Ils ont besoin d'employés qui sachent le français. *Répétez.*

> l'allemand.
> le japonais.
> la comptabilité.
> la musique.

C. **À la bibliothèque**[a]   [a] *library*

Vous cherchez un livre. Demandez un livre qui ait certaines qualités.

J'aimerais un livre qui soit romantique.

> sérieux.
> pratique.
> réaliste.
> sentimental.
> passionnant.

Pensez à d'autres qualités.

---

[1] Remember that adjectives ending in **-x** do not change in the plural.

7. Le Superlatif[1] *The superlative*

(a) With adjectives and adverbs

    (a) Marc est **grand**.   *Marc is tall.*
         Pierre est **plus grand**.   *Pierre is taller.*
         Robert est **le plus grand** des trois.   *Robert is the tallest of the three.*

    (b) Anne est **sincère**.   *Anne is sincere.*
         Marie est **moins sincère**.   *Marie is less sincere.*
         Louise est **la moins sincère** des trois.   *Louise is the least sincere of the three.*

    (c) Nathalie travaille **sérieusement**.   *Nathalie works seriously.*
         Claire travaille **plus sérieusement**.   *Claire works more seriously.*
         Michèle travaille **le plus sérieusement**.   *Michèle works the most seriously.*

1. The superlative of adjectives is formed by adding **le**, **la**, or **les** to the comparative form of the adjective (*a* and *b* above).
2. The superlative of adverbs is formed by adding **le** to the comparative form of the adverb (*c* above).

A. LE PROFESSEUR   Paul est jeune, plus jeune que Pierre; il est le plus jeune.
   L'ÉTUDIANT(E)   Marie est jeune, plus jeune que Pierre; elle est la plus jeune.

    Paul est sincère, plus sincère que Pierre; il est le plus sincère.
        sympathique
        sérieux
        travailleur[2]

B. LE PROFESSEUR   Yves travaille plus sérieusement que Paul.
   L'ÉTUDIANT(E)   Oui, mais vous travaillez le plus sérieusement de tous.

    Yves étudie la musique plus sérieusement que Paul.
        pratique les sports
        apprend l'allemand
        parle anglais
        joue du piano

---

[1] The comparative was discussed in Lesson 13.
[2] Remember that the feminine form is **travailleuse**.

(b) *With nouns*

    (a) Voilà **le petit** garçon.   *There is the little boy.*
         Voilà **le plus petit** garçon   *There is the littlest boy in the class.*
           de la classe.

    (b) Voilà le garçon **intelligent**.   *There is the intelligent boy.*
         Voilà le garçon **le plus in-**   *There is the most intelligent boy in the*
           telligent de la classe.   *class.*

1. With adjectives that precede the noun (*a* above), we already have
   le + adjective (**le petit**). Therefore, it is only necessary to add **plus**.
2. With adjectives that follow the noun (*b* above), we have only the
   adjective (**intelligent**). Therefore, we must add **le plus**.
3. Following a superlative, **de** is used to express *in*.

A. LE PROFESSEUR   Voilà le jeune garçon.
   L'ÉTUDIANT(E)   Et voilà le plus jeune garçon.

  Voilà le jeune professeur.
      le beau
      le vieux
      la belle étudiante.
      la petite
      la grande

B. LE PROFESSEUR   Voilà la fille intelligente dont je parlais.
   L'ÉTUDIANT(E)   Et voilà la fille la moins intelligente.

  Voilà la fille fâchée dont je parlais. *Répétez.*
      surprise   pratique
      exigeante   intelligente
      sentimentale

C. LE PROFESSEUR   Tu connais Paulette?   (1)
   L'ÉTUDIANT(E)   Oui, c'est la fille la plus sympathique que je connaisse.

  (1) sympathique   (4) sincère
  (2) aimable   (5) petite
  (3) belle   (6) sérieuse

(c) *Irregular superlatives*

  bon   **le meilleur, la meilleure, les meilleur(e)s**
  bien   **le mieux**
  mauvais **le pire,**[1] **la pire, les pires**

---

[1] **Pire** is generally stronger than **plus mauvais**, although both are used.

A. LE PROFESSEUR   C'était un bon restaurant.
   L'ÉTUDIANT(E)   Mais oui. C'était le meilleur restaurant de la ville.

C'était un bon musée.
               film.
               restaurant.
               concert.
               café.
               magasin.

B. Quel cousin a parlé le mieux? *Répétez.*
     professeur
     directeur
     aviateur
     journaliste
     étudiant

Repeat this exercise, using **quelle** + *the feminine of the above nouns.*

C. LE PROFESSEUR   As-tu vu le programme hier?
   L'ÉTUDIANT(E)   Oui, c'était le pire programme de cette semaine.

As-tu vu le film hier?
        le match de football
        la comédie
        le drame
        l'opéra

8. The subjunctive after the superlative or **seul**

C'est la fille **la plus sympathique**   *She is the nicest girl I know.*
  que je **connaisse**.
Richard est **le seul** étudiant qui **soit**   *Richard is the only student who is absent.*
  absent.

A. C'est le meilleur livre que je connaisse. *Répétez.*
        poème
        film
        drame
        piano
        comédie
        symphonie

B. Ma femme ne me comprend pas. Tu es la seule (le seul) qui me comprenne. *Répétez.*

Mon patron   Mes enfants
Mon professeur   Mon mari
Mon psychiatre[a]   Mes amis
Mon médecin

[a] *psychiatrist*

9. Three irregular verbs: **faire, pouvoir, savoir**

(a) **faire**

que je **fasse**	que nous **fassions**
que tu **fasses**	que vous **fassiez**
qu'il, elle **fasse**	qu'ils, elles **fassent**

A. LE PROFESSEUR   J'espère qu'il fera beau demain.
    L'ÉTUDIANT(E)   Il est possible qu'il fasse beau.

J'espère qu'il fera du soleil demain.
                    plus chaud
                    frais
                    moins froid
                    bon

B. LE PROFESSEUR   Je suis content(e) de faire la lessive.
    L'ÉTUDIANT(E)   Et moi je suis heureux (heureuse) que tu la fasses.

Je suis content(e) de faire la vaisselle.
                du piano.   du tennis.
                du violon.   du ski.

(b) **pouvoir**

que je **puisse**	que nous **puissions**
que tu **puisses**	que vous **puissiez**
qu'il, elle **puisse**	qu'ils, elles **puissent**

A. Je doute que tu puisses avoir la place. *Répétez.*
        il   vous   nous   ils   elle

B. Il m'a parlé de toi afin que tu puisses faire le travail. *Répétez.*
        lui   il
        elle   elle
        vous   vous
        eux   ils
        elles   elles
        toi   tu

(c) **savoir**

que je **sache**	que nous **sachions**
que tu **saches**	que vous **sachiez**
qu'il, elle **sache**	qu'ils, elles **sachent**

Il est important que tu saches une autre langue[a]. *Répétez.*
        vous   je   nous   il   elles

[a] *language*

PRENONS LE LARGE

On dirait des jumeaux, mais...   *You would think they were twins, but...*

Below are some pairs of expressions which are similar enough to be confusing. Follow your instructor out of the maze.

1. **Parce que** *because*
   À cause de *because of*

> Il a obtenu la place **parce qu'**il savait le français.   *He obtained the job because he knew French.*
>
> Il a obtenu la place **à cause de** sa connaissance du français.   *He obtained the job because of his knowledge of French.*

Make up several sentences illustrating the above.

2. **Chaque** *each*
   Chacun(e)* *each one*

> Il parle avec **chaque** étudiant.
> Il parle avec **chacun(e)** de ses étudiants (étudiantes).

Make up several sentences illustrating the above.

3. **Se souvenir**[1] **de** *to remember*
   Se rappeler *to recall, remember*

> **Je me souviens de** votre enfance.   *I remember your childhood.*
> **Je me rappelle** votre enfance.   *I recall your childhood.*

LE PROFESSEUR   Je me rappelle ce garçon.
L'ÉTUDIANT(E)   Je me souviens de ce garçon.

Je me rappelle cette fille.
            ton oncle.
            tes grands-parents.
            Roger.
            ton enfance.

[1] Conjugated like **venir.**

4. **Nous nous levons.**   *We get up.*
   Nous nous voyons.   *We see each other.*

   Ils (Elles) se lèvent.   *They get up.*
   Ils (Elles) se parlent.   *They talk to each other.*

With the **nous, vous,** and **ils (elles)** forms, the reflexive pronoun may show a reciprocal action (*each other, one another*). In the above examples, **Nous nous levons** and **Ils (Elles) se lèvent** are true reflexives.

5. **Il (Elle) est**⎫ *He, she*[1] *is*   **Ils (Elles) sont**⎫ *They are*[1]
   C'est   ⎭   **Ce sont**   ⎭

   Il est américain (catholique, jeune, en France).
   C'est un jeune Américain.
   Elles sont professeurs.
   Ce sont de bons professeurs.

Il (Elle) est and **Ils (Elles) sont** are used before 1) adjectives, 2) unmodified words showing profession, nationality, or religion, and 3) words showing location. **C'est** and **Ce sont** are used before a modified noun. Note that even the indefinite article **un** may be a modifier: **C'est un professeur.**

Faites votre choix.

1. _____ est médecin.
2. _____ est un médecin fameux.
3. _____ sont américaines.
4. _____ sont mes meilleurs amis.
5. _____ est professeur.
6. _____ un bon professeur.

6. **C'est le mien.**⎫ *It's mine.*
   Il est à moi. ⎭

   À qui est cette moto?   *Whose motorcycle is this?*

   —**C'est la mienne.**   *It's mine.*
   —**Elle est à moi.**   *It's mine.*

LE PROFESSEUR   La voiture? C'est la sienne.
L'ÉTUDIANT(E)   Elle est à lui (à elle).

La place? C'est la mienne.
Le café? C'est le nôtre.
Le restaurant? C'est le leur.
Les motos? Ce sont les siennes.
La compagnie? C'est la sienne.

[1] These may of course, also refer to things.

Le Souffleur

1. J'attendrai jusqu'à ce que...
2. C'est...
3. Ils se...
4. À cause de...
5. Je me souviens de...

Quelle est la question?

1. Ils sont à moi.
2. Nous nous parlons tous les jours.
3. Il a obtenu la place parce qu'il parle français.
4. Oui, je me rappelle mon enfance.
5. Je doute qu'ils viennent ce soir.

Petites causeries

Demandez à _____ si le livre est à lui (à elle).
s'il (si elle) voit souvent ses parents.
s'il (si elle) parle français chaque jour.
s'il est important qu'on sache une autre langue.
s'il est possible qu'il fasse chaud demain.
si je suis le meilleur professeur qu'il (elle) connaisse.
si sa fiancée est la seule qui le comprenne.
si son ami est le seul qui la comprenne.

Parlons de vous

1. Est-ce que vous aurez une place à la compagnie IBM?
2. Cherchez-vous une place où vous puissiez utiliser votre français?
3. Aimerais-tu mieux travailler à l'étranger qu'aux États-Unis?
4. Quelle est ta spécialité?
5. Est-ce que je suis le professeur le plus formidable que tu connaisses?
6. Est-il important qu'on reçoive son diplôme[a]? Pourquoi?
7. Pensez-vous que votre français soit assez bon?
8. Est-ce que tu me diras au revoir avant que tu ne partes?
9. Est-ce que vous vous parlez, vos parents et vous?
10. À cause de qui ne vas-tu pas obtenir une place?
11. Quel est le plus beau poème que tu connaisses?
12. Qui est la seule personne qui te comprenne?
13. Êtes-vous l'étudiant(e) le (la) plus intellectuel(le) de la classe?
14. Espérez-vous qu'on vous enverra à Paris?
15. Qu'est-ce que vous doutez?

[a] *diploma*

Votre opinion, s'il vous plaît

Say whether each statement about the bookkeeping profession seems important to you
(**important**) *or not important* (**pas important**).

1. Il faut qu'on soit intelligent.
2. Il faut qu'on connaisse le président d'une compagnie.
3. Il faut qu'on étudie la comptabilité[a].
4. Il faut qu'on voyage[b] beaucoup.
5. Il faut qu'on aime les mathématiques.
6. Il faut que la spécialité soit la comptabilité.
7. Il faut qu'on ait une place à une grande compagnie.
8. Il vaut mieux qu'on sache une autre langue.
9. Il vaut mieux qu'on sorte avec la fille (le fils) du vice-président.
10. Il vaut mieux qu'on soit très sportif (sportive).
11. Il vaut mieux qu'on débute aux États-Unis.
12. Il est nécessaire qu'on travaille aux heures fixes[c].
13. Il est nécessaire qu'on reçoive un diplôme.

[a] *bookkeeping*
[b] *travel*

[c] *regular hours*

Improvisations

Fin d'année

VOCABULARY   une place, terminer, études, connaissance, le français, la compagnie, aux États-Unis, en France, professeur

TOPIC IDEAS
1. Je vais terminer mes études.
2. Je cherche une place où je puisse utiliser _____.
3. J'aurai bientôt une place.
4. Je vais continuer mes études à _____.

QUESTIONS
1. Quand termineras-tu tes études?
2. Où vas-tu travailler?
3. Cherches-tu une place où tu puisses utiliser ton français?
4. Vas-tu devenir professeur de français?

Enquêtes

1. *Let your classmate take the role of the personnel manager of a large firm, and find out four characteristics he or she wants his or her employees to have. Change roles.*
2. *Tell your classmate the kind of job you want to have after graduation. Change roles.*

Expressions consacrées

A l'œuvre on connaît l'ouvrier.	*By the work one knows the worker.*
Il y a loin de la coupe aux lèvres.	*There's many a slip 'twixt the cup and the lip.*
Il ne faut pas vendre la peau de l'ours avant de l'avoir tué.	*Don't count your chickens before they hatch.*[a]
Autant en emporte le vent.[1]	*Gone with the wind.*

[a] *Don't sell the bearskin before you kill the bear.*

Lecture culturelle

La comptable[a] d'entreprise[b]: une profession sérieuse

[a] *accountant*
[b] *factory*
[c] *unthinkable*

       Pratiquer la comptabilité à l'étranger en anglais seulement? C'est impensable[c]! J'ai une très bonne préparation universitaire et beaucoup d'expérience, mais si je ne savais pas le français, l'allemand et un peu d'espagnol, il me serait impossible de communiquer avec mes clients et de faire mon travail. Je suis Marilyn Fisher et j'aime beaucoup mon métier. Je représente la maison mère[d]; j'analyse les dossiers de toutes les activités financières des succursales[e] européennes. Il me faut savoir le nom de tous les livres et formulaires[f] des opérations effectuées. Si je ne savais que l'anglais, je me demande comment je pourrais communiquer avec mes clients, leurs amis et leur famille.

[d] *head office*
[e] *branches*
[f] *forms*

Quelle est votre réponse?

1. Qu'est-ce qu'un comptable?
2. En connaissez-vous un ou une?
3. Pourquoi certains comptables ont-ils besoin de parler d'autres langues que la leur?
4. Est-ce qu'il faut beaucoup d'études pour être comptable?
5. Quelle profession n'exige pas d'études?
6. Aimeriez-vous être comptable?

---

[1] Title for the French version of the film *Gone With the Wind*.

VOCABULAIRE

afin que	*in order that*	**exactement**	*exactly*
à moins que	*unless*	la **fin**	*end*
avant que	*before*	l'**installation** *f*	*installation, plant*
la **bibliothèque**	*library*	**jusqu'à ce que**	*until*
bien que	*although*	la **lettre**	*letter*
la **cause**	*cause*	le **nom**	*name*
à cause de	*because of*	**pire**	*worst*
certain(e)	*certain*	la **place**	*job, position*
chacun (chacune)	*each one*	**pour que**	*in order that*
la **compagnie**	*company*	**pourvu que**	*provided that*
la **comptabilité**	*accounting*	**quoique**	*although*
la **condition**	*condition*	**revoir**	*to see again*
à condition que	*provided that*	**sans que**	*without*
la **connaissance**	*knowledge*	**sonner**	*to ring*
débuter	*to begin* (a profession)	la **Sorbonne**	*Sorbonne*
douter	*to doubt*	**se souvenir de**	*to remember*
l'**employé** *m*	*employee*	la **spécialité**	*major subject*
(**employée** *f*)		**utiliser**	*to use*
envoyer	*to send*	le **vice-président**	*vice president*
États-Unis *pl m*	*United States*		

Des étudiants français apprennent l'anglais.

Cinquième Révision

A. *Changez les phrases selon l'exemple.*

EXEMPLE   Si j'*ai* de l'argent,
j'*irai* en vacances.
Si j'**avais** de l'argent,
j'**irais** en vacances.

1. Si tu veux voir le film, je
paierai pour toi.
2. S'il fait beau, elle mettra
l'autre chemisier.
3. Si tu vas à la conférence, tu
verras le metteur en scène.
4. Si je me réveille plus tôt,
ce sera un miracle.
5. Si je ne suis pas fatigué(e),
j'irai avec toi.
6. S'ils travaillent plus vite, ils
auront plus de loisirs.
7. Si vous voulez arriver à
l'heure, vous devrez vous
dépêcher.
8. Si les étudiants n'étudient
pas le français, ils ne pourront
pas vivre.
9. Si tu ne dis pas la vérité,
je le saurai.
10. Si c'est aujourd'hui mon
anniversaire, est-ce que tu
m'achèteras un cadeau?

B. **Le Participe passé comme
adjectif**

EXEMPLE   Il a ouvert la porte.
La porte est **ouverte**.

1. Elle a ouvert les fenêtres.
2. On a découvert le crime.
3. Elle a couvert la table.
4. Nous avons fini la leçon.
5. J'ai préparé la salade.
6. Il a fait la vaisselle.
7. Vous avez vendu la moto.

C. *Employez une forme de* **lequel** *dans
votre réponse.*

1. Elles ont acheté des disques.
_____?
2. J'ai acheté un journal.
_____?
3. Je voudrais écouter une
chanson de Debussy. _____?
4. Il va voir un film ce soir.
_____?
5. Elle a trouvé des livres sur la
musique de France. _____?

D. **Ce qui** ou **ce que**

1. Je ne sais pas _____ tu
veux.

2. Dites-moi _____ se passe.

3. Je ne sais pas _____ est arrivé.

4. Je ne sais pas _____ je dois faire.

5. Dis-moi _____ te plaît.

E. Et...et, ou...ou, ni...ni

1. Je n'ai _____ francs _____ dollars.

2. Il est _____ trop jeune _____ trop vieux.

3. Faut-il être _____ romantique _____ brutal?

4. Il a beaucoup de qualités. Il est _____ sentimental _____ réaliste.

5. Nous ne sommes _____ courageux _____ patients.

6. J'ai besoin de deux choses. Il me faut _____ du lait _____ du thé.

7. Faites votre choix. Soyez _____ patient _____ impatient.

F. Le Subjonctif

Combinez les deux phrases en utilisant **que**.

1. Il est important. Elle sait le français.

2. Je suis désolé(e). Ils ne sont pas de retour.

3. Elle veut. Nous allons avec elle.

4. Ils préfèrent. Je conduis lentement.

5. C'est dommage. Vous achetez tant de choses.

6. Je doute. Il recevra le chèque.

7. Croyez-vous? Ils se verront.

8. Il est possible. Tu obtiens la place.

9. Nous ne croyons pas. Elle lira la lettre.

10. Je voudrais. Elles restent chez elles.

G. *Donnez la forme subjonctive du verbe.*

1. Nous nous verrons avant que vous _____. (partir)

2. Je le fais afin que tu _____ y aller. (pouvoir)

3. Il ira quoique je _____ non. (dire)

4. Tu peux l'acheter pourvu que tu le _____. (payer)

5. J'attendrai jusqu'à ce que tu _____. (retourner)

6. Ils se parlent au téléphone à moins qu'ils _____ malades. (être)

H. *Dites pourquoi Marie est triste ou heureuse.*

EXEMPLE   Vous venez nous voir. (heureuse)
Marie est heureuse que vous veniez nous voir.

1. Je suis à l'heure. (heureuse)

2. Ils doivent nous attendre. (triste)

3. Il va en vacances. (heureuse)

4. J'accomplis tant de bonnes choses. (heureuse)

5. Son mari boit trop. (triste)

6. Sa fille apprend à jouer du piano. (heureuse)

7. Son fils sort tous les soirs avec une autre jeune fille. (triste)

8. J'achète une moto. (triste)

9. Ils ont mal à la gorge. (triste)

10. Sa tante répond vite à ses lettres. (heureuse)

Aimez-vous faire de l'autostop?

Vingt et Unième Leçon   21

Si j'avais su . . .

JACQUES	Hélène! Est-ce bien toi?
HÉLÈNE	Jacques! Cela fait des mois que je ne t'ai pas vu!
JACQUES	C'est que je travaille maintenant, et je n'ai pas beaucoup de temps à moi.
HÉLÈNE	Ah oui? Qu'est-ce que tu fais?
JACQUES	Je fais une peinture murale dans le grand ensemble qui a été construit à Saint-Denis.
HÉLÈNE	Moi je suis découragée. Je n'arrive pas à faire publier mes poèmes.
JACQUES	Quel dommage! Je voudrais pouvoir t'aider. Viens prendre un verre.

(Au café)

HÉLÈNE	Est-ce que tu te rappelles mes rêves de grandeur de l'année passée?
JACQUES	Oui, je m'en souviens. Tu allais écrire un grand roman et devenir riche.
HÉLÈNE	Si j'avais su j'aurais étudié quelque chose de plus pratique, qui me procure mon gagne-pain.
JACQUES	Et tu pourrais écrire ton roman pendant tes loisirs.
HÉLÈNE	Mon père m'a offert une place à l'Agence de Tourisme.
JACQUES	C'est une bonne idée. Pourquoi ne vas-tu pas au Collège de Tourisme pour obtenir ton brevet?
HÉLÈNE	Justement, c'est ce que j'avais décidé. Demain à cette heure, j'aurai fait le premier pas sur les traces d'Ulysse.[1] *(En riant)* Et mon premier livre sera dédié à toi.

[1] «Heureux qui, comme Ulysse, a fait un beau voyage. . . » (*Happy is the one who, like Ulysses, has had a successful voyage. . .*)—Joachim Du Bellay, sixteenth-century French poet.

Questions sur le dialogue

1. Pourquoi est-ce que Jacques n'a pas beaucoup de temps?
2. Que fait-il?
3. Pourquoi est-ce qu'Hélène est découragée?
4. Où vont Hélène et Jacques pour prendre un verre?
5. Qu'est-ce qu'Hélène allait faire l'année passée?
6. Qu'est-ce que le père d'Hélène lui a offert?
7. Où ira Hélène pour obtenir son brevet?
8. À qui sera dédié le premier livre d'Hélène?

If I had known...

JACQUES	Hélène! Is it really you?
HÉLÈNE	Jacques! I haven't seen you for months!
JACQUES	It's because[a] I'm working now, and I don't have much time to myself.
HÉLÈNE	Really?[b] What are you doing?
JACQUES	I'm painting a mural in the big complex that was built at Saint-Denis.
HÉLÈNE	I'm discouraged! I can't manage to have my poems published.
JACQUES	That's too bad! I'd like to be able to help you. Come have a drink.

(At the café)

HÉLÈNE	Do you remember my big dreams[c] of last year?
JACQUES	Yes, I remember them. You were going to write a great novel and become rich.
HÉLÈNE	If I had known, I would have studied something more practical, which would get me a regular paycheck.[1]
JACQUES	And you would be able to write your novel during your spare time.
HÉLÈNE	My father has offered me a job at the Travel Agency.
JACQUES	That's a good idea. Why don't you go to the College of Tourism and get your degree?
HÉLÈNE	As it happens, that's what I had decided. By this time tomorrow I will have taken the first step along the pathway of Ulysses. *(Laughing)* And my first book will be dedicated to you.

[a] *It's that*

[b] *Ah yes?*

[c] *my dreams of grandeur*

[1] *which would procure my livelihood.* Compare **gagne-pain** and English *breadwinner.*

EXPLICATIONS

1. The irregular verb **offrir**[1] *to offer*

       j'**offre**   nous **offrons**
     tu **offres**   vous **offrez**
il, elle **offre**   ils, elles **offrent**

    j'**ai offert**, etc.

A. Mon père m'offre une place à l'Agence de Tourisme. *Répétez.*
    Son père
    Leur père
    Votre père
    Notre père
    Ton père

B. Est-ce qu'il t'a offert une place? *Répondez négativement.*
                   une bière?
                   un café?
                   des chocolats?
                   de l'argent?

[1] Conjugated like **ouvrir**.

2. Three compound tenses (le plus-que-parfait *pluperfect,* le futur antérieur *future perfect,* and le conditionnel passé *conditional perfect*[1])

These three compound tenses, explained below, are grouped together because they are formed similarly—like the *passé composé.* Here is a general view of these four compound tenses.

PASSÉ COMPOSÉ

j'ai **dîné**	*I have dined*
je **suis allé(e)**	*I have gone*

PLUS-QUE-PARFAIT

j'**avais dîné**	*I had dined*
j'**étais allé(e)**	*I had gone*

FUTUR ANTÉRIEUR

j'**aurai dîné**	*I will have dined*
je **serai allé(e)**	*I will have gone*

CONDITIONNEL PASSÉ

j'**aurais dîné**	*I would have dined*
je **serais allé(e)**	*I would have gone*

1. As in the *passé composé,* verbs in the pluperfect, future perfect, and conditional perfect use as their auxiliary verb either **avoir** or **être.**
2. Notice how closely the French corresponds to the English in the case of verbs using **avoir.**

j'ai			*I have*	
j'avais	} **dîné**		*I had*	} *dined*
j'aurai			*I will have*	
j'aurais			*I would have*	

3. In compound tenses, **être** is the equivalent of English *to have.*[2]

je **suis**			*I have*	
j'**étais**	} **allé(e)**		*I had*	} *gone*
je **serai**			*I will have*	
je **serais**			*I would have*	

---

[1] Also known as the *past conditional.*
[2] Remember, about fifteen verbs use the auxiliary **être** instead of **avoir** (see **Neuvième Leçon**).

4. As in the *passé composé*, the past participle of verbs using **être** agrees with the subject; the past participle of verbs using **avoir** agrees with the preceding direct object.

> **Elle** serait **allée**.　　　*She would have gone.*
> Voilà **la maison** qu'il avait **vendue**.　　*There's the house which he had sold.*

3. The pluperfect

j'**avais**			j'**étais**	
tu **avais**			tu **étais**	
il, elle **avait**	**terminé**		il, elle **était**	**allé(e)(s)**
nous **avions**	**fini**		nous **étions**	**sorti(e)(s)**
vous **aviez**	**attendu**		vous **étiez**	**devenu(e)(s)**
ils, elles **avaient**			ils, elles **étaient**	

J'avais fini quand tu es arrivé.　　*I had finished when you arrived.*
Ils **étaient allés** avant mon arrivée.　　*They had gone before my arrival.*

1. The pluperfect expresses an action that had happened *before* something else occurred.
2. It is formed with the imperfect of **avoir** or **être** + past participle.

A. J'avais fini quand tu es arrivé. *Répétez.*
　Il, Nous, Vous, Tu, Elles, Elle, Je

B. Elle était partie avant leur arrivée. *Répétez.*
　Elles, Tu, Vous, Je, Nous, Il, Elle

C. LE PROFESSEUR　Allez-vous faire la lessive?
　L'ÉTUDIANT(E)　J'avais déjà fait la lessive quand vous êtes entré(e).

　Allez-vous faire la vaisselle?
　　　　　　faire du piano?
　　　　　　faire du ski?
　　　　　　faire du tennis?
　　　　　　faire des courses?

D. LE PROFESSEUR　Pourquoi n'est-il pas venu me voir à l'hôpital?
　L'ÉTUDIANT(E)　Il était déjà parti.

　Et vous?
　Et elles?
　Et lui?
　Et toi?
　Et eux?

4. The future perfect

(*a*) Formation

j'aurai			je serai		
tu auras			tu seras		
il, elle aura	}	commencé	il, elle sera	}	resté(e)(s)
nous aurons		accompli	nous serons		parti(e)(s)
vous aurez		perdu	vous serez		descendu(e)(s)
ils, elles auront			ils, elles seront		

Lundi de la semaine prochaine ils **seront partis**.	*By Monday of next week they will have left.*
À cette heure j'**aurai fait** le premier pas.	*By this time I will have taken the first step.*

1. The future perfect expresses an action that *will have happened* by a certain time in the future.
2. It is formed with the future of **avoir** or **être** + past participle.

A. Demain à cette heure ils auront fait le premier pas. *Répétez.*
   Le bébé, Tu, Vous, Nous, Je, Ta fiancée, Tes amis

B. Lundi de la semaine prochaine je serai sorti(e). *Répétez.*
   nous
   tu
   vous
   il
   elle

C. Dans un an nous aurons beaucoup[1] appris. *Répétez.*
   étudié.
   écrit.
   parlé.
   entendu.
   accompli.

D. Dans quelques années ils seront partis de l'université. Et toi? *Répondez.*
   Et le professeur?
   Et vos amis?
   Et vous (*pluriel*)?
   Et moi?
   Et elle?

[1] In compound tenses, the adverb usually directly precedes the past participle.

(*b*) After **quand** and **lorsque** *when*, **dès que**, **aussitôt que** *as soon as*

Quand j'**aurai fini**, j'irai au cinéma.

When I have finished, I will go to the movies.

Aussitôt que vous **serez arrivé(e)**, nous mangerons.

As soon as you have arrived, we will eat.

1. In French, the future perfect is used after **quand, lorsque, dès que**, and **aussitôt que.**
2. In French one says the equivalent of "As soon as (When) something *will have* happened...," whereas in English one says "As soon as (When) something *has* happened...."

A. Quand le professeur sera parti, les étudiants seront contents. *Répétez.*

les parents	les enfants
les étudiants	le professeur
l'équipe	le champion
les enfants	la mère

B. Dès que vous aurez fini les études, vous pourrez commencer à travailler.

je tu mes amis nous ton amie les étudiants

5. The conditional perfect

j'**aurais**		je **serais**		
tu **aurais**		tu **serais**		
il, elle **aurait**	**travaillé**	il, elle **serait**	**arrivé(e)(s)**	
nous **aurions**	**grossi**	nous **serions**	**venu(e)(s)**	
vous **auriez**	**rendu visite**	vous **seriez**		
ils, elles **auraient**		ils, elles **seraient**		

J'**aurais grossi** si j'avais mangé autant que toi.

I would have gained weight if I had eaten as much as you.

Elles **seraient arrivées** à huit heures, mais elles sont parties trop tard.

They would have arrived at eight o'clock, but they left too late.

1. The conditional perfect expresses an action that *would have happened* under certain conditions.
2. It is formed with the conditional of **avoir** or **être** + past participle.
3. Note that when the **si** clause is in the pluperfect, the result clause is in the conditional perfect.

Si j'**avais mangé** autant que toi, j'**aurais grossi**.

If I had eaten as much as you, I would have gained weight.

A. J'aurais travaillé, mais j'étais malade. *Répétez.*
Nous, Vous, Tu, Ils, Il, Elles, Je

B. Il serait mort sans le médecin. *Répétez.*
Elles, Tu, Vous, Je, Nous, Elle

C. S'il avait travaillé, il aurait pu être professeur. *Répétez.*
　　　　　　　　　　　　　　　　　　ingénieur.
　　　　　　　　　　　　　　　　　　metteur en scène.
　　　　　　　　　　　　　　　　　　aviateur.
　　　　　　　　　　　　　　　　　　danseur.
　　　　　　　　　　　　　　　　　　chanteur.

D. Si elle était partie, elle lui aurait dit au revoir. *Répétez.*
　　　　　　était venue, elle lui aurait rendu visite.
　　　　　　était descendue, elle les aurait vus.
　　　　　　était montée, elle serait tombée.
　　　　　　était rentrée, elle aurait été fatiguée.

Exercices supplémentaires[1]

E. *Give the future perfect and conditional perfect of the sentences below.*

1. J'avais eu de la chance.
2. Il avait été malade.
3. Nous avions dormi.
4. Elle avait reçu des lettres.
5. Ils avaient choisi le menu.
6. Tu avais grossi.
7. J'avais joué du violon.
8. Vous aviez célébré votre fête.
9. Il avait neigé.
10. J'avais téléphoné chez vous.

F. *Give the future perfect and conditional perfect of the sentences below.*

1. Elles étaient parties.
2. Elle était tombée.
3. Tu étais revenu(e).
4. Vous étiez sorti(e).
5. J'étais resté(e).
6. Nous y étions entré(e)s.

G. *Complete the sentences below, making sure the past participle agrees with the direct object.*

Voilà les fruits qu'elle avait achetés avant son départ.
　　le pain
　　la viande
　　les tomates
　　la limonade
　　les oranges

---

[1] *Supplementary exercises.* These exercises may be written.

H. *Complete these sentences, making sure the past participle agrees with the direct object.*

Voilà les restaurants qu'il aura vendus.
  les cafés   les fermes
  les installations   le musée

I. *Repeat the above exercise, using the conditional perfect* (**Voilà les restaurants qu'il aurait vendus**).

6. La Voix passive *The passive voice*

Je fais une peinture dans le grand ensemble qui **a été construit**.	*I'm doing a painting in the large complex which has been constructed.*
Mon premier livre **sera dédié** à toi.	*My first book will be dedicated to you.*
La pâtisserie **est vendue** par le pâtissier.	*Pastry is sold by the pastry shop owner.*

1. The passive voice is formed by combining a form of **être** with the past participle.

Le livre **sera dédié**.	*The book will be dedicated.*

2. The past participle agrees with the subject.

  La pâtisserie est **vendue**.

3. The passive voice is used much less frequently in French than in in English. Instead, French often uses the following two constructions.

(*a*) **on** + verb[1]

On vend de la pâtisserie.	*Pastry is sold* (literally, *One sells pastry*).
J'aime l'ensemble qu'**on a construit**.	*I like the complex which has been built (which one has built).*
Ici **on parle** français.	*French is spoken here (Here one speaks French).*

(*b*) the reflexive

Les journaux **se vendent** au kiosque.	*Newspapers are sold* (literally, *sell themselves*) *at the newsstand.*
Beaucoup de touristes **se voient** à Paris.	*Many tourists are seen in Paris.*

[1] Explained in **Sixième Leçon.**

A. Mon premier livre sera dédié à toi. *Répétez.*
      poème
      film
      disque
      concert

Répétez cet exercice au pluriel.

B. LE PROFESSEUR   Les carottes sont vendues au marché.
    L'ÉTUDIANT(E)   Les carottes se vendent au marché.

Les oranges sont vendues à l'épicerie.
Les blue-jeans sont vendus au supermarché.
Les disques sont vendus au magasin de disques.
Les médicaments sont vendus à la pharmacie.
Les tomates sont vendues au marché.
Les chemisiers sont vendus au grand magasin.

C. Où vend-on du pain? *Répondez.*
       des oranges?
       des vitamines?
       des gâteaux?
       du pain?
       des biftecks?
       des vêtements?

L'autocar est peut-être plus commode que l'autostop, mais moins intéressant.

7. Faire + infinitive

Je n'arrive pas à **faire publier** mes poèmes.

I can't manage to have my poems published.

Il **a fait construire** une maison.

He had a house built.

1. To show that someone is having something done by another person, French uses a form of **faire** followed by the infinitive.
2. **Faire** and the infinitive are generally not separated, although their English equivalents are.

J'ai **fait chanter** une chanson.   I had *a song* sung.

A. Il a fait construire une maison. *Répétez.*
> un ensemble.
> une école.
> une bibliothèque.
> un supermarché.

B. LE PROFESSEUR   Avez-vous trouvé une autre maison?   (maison)
> L'ÉTUDIANT(E)   Oui, et je fais vendre ma maison.

Avez-vous trouvé une automobile?   (moto)
> un vélo   (automobile)
> un autobus   (vélo)
> un taxi?   (autobus)
> un magasin?   (agence)

C. Je n'arrive pas à faire publier mes poèmes. *Répétez.*
Nous, Il, Elles, Tu, Vous, Le poète

PRENONS LE LARGE

Révision

SEQUENCE OF TENSES WITH **si** CLAUSES

Si j'**ai** le temps, $\begin{cases} \text{j'}\textbf{irai} \text{ en France.} \\ \text{je } \textbf{voyagerai.} \end{cases}$

Si j'**avais** le temps, $\begin{cases} \text{j'}\textbf{irais} \text{ en France.} \\ \text{je } \textbf{voyagerais.} \end{cases}$

Si j'**avais eu** le temps, $\begin{cases} \text{je } \textbf{serais allé(e)} \text{ en France.} \\ \text{j'}\textbf{aurais voyagé.} \end{cases}$

Using each pair of verbs below, complete the sentence three different ways, according to the examples above.

être/venir
Si je _____ libre, je _____ te voir.
vouloir/faire
Si elle _____ me voir, elle le _____.
avoir/manger
S'il _____ faim, il _____.
travailler/gagner
S'ils _____, ils _____ leur gagne-pain.
aller/parler
Si nous _____ à Québec, nous _____ français.

La Température

Centigrade is converted into Fahrenheit, and Fahrenheit into Centigrade, according to the following formula: C = F − 32 × 5/9; F = C × 9/5 + 32.

C	F	C	F	C	F	C	F
40	= 104	38,8	= 102	37,7	= 100	36,6	= 98
39,4	= 103	38,3	= 101	37,2	= 99	36,1	= 97

1. Avez-vous déjà eu quarante degrés de fièvre?
2. Quelle est la température normale d'une personne?
3. Est-ce qu'on a de la fièvre lorsqu'on a une température de 38 degrés?
4. Quelle est la température aujourd'hui?
5. Convertissez.[a]   [a] *Convert*

F	C	F	C	F	C
32 =		50 =		75 =	
46 =		66 =			

Le Souffleur

1. Si j'avais eu...
2. Elle n'arrive pas à...
3. Mon père m'a offert...
4. Quand j'aurai fini...
5. Il a fait (+*infinitive*)...

Quelle est la question?

1. Je suis découragé(e) parce que je n'ai pas de place.
2. Si j'avais le temps, je voyagerais.
3. Il a fait vendre sa maison à cause de l'inflation.[a]   [a] *inflation*
4. On vend des journaux au kiosque.
5. Le livre sera dédié à ma femme.

Petites causeries

Demandez à _____ pourquoi il (elle) est découragé(e).
                        s'il (si elle) a beaucoup de loisirs.
                        pourquoi (pas).
                        s'il (si elle) a fait construire une maison.
                        s'il (si elle) a l'intention de faire construire une maison.
                        s'il (si elle) avait des rêves de grandeur. Quand?
                        si son père lui a offert une place.
                        s'il (si elle) avait fait la vaisselle avant de venir en classe.
                        quand il (elle) aura terminé ses études.

Parlons de vous

1. Est-ce que votre père vous a offert une place?
2. Est-ce que vos parents ont fait construire leur maison?
3. Croyez-vous qu'il soit facile de faire publier des poèmes?
4. Quand auras-tu terminé tes études?
5. Avais-tu des rêves de grandeur quand tu étais plus jeune? Et maintenant?
6. Crois-tu qu'il soit naturel que les jeunes aient ces rêves?
7. Est-ce que vous aviez déjà étudié le français avant de venir à cette classe?
8. Quand serez-vous parti(e) de l'université?
9. Si vous aviez écrit un livre, à qui l'auriez-vous dédié?
10. Est-ce que l'on vend du papier à lettres au supermarché?
11. Qu'est-ce que tu aurais fait si tu n'étais pas allé(e) à l'université?
12. Quand tu seras marié(e), habiteras-tu chez tes parents?
13. Quelle est la température aujourd'hui?   (C)
14. Si tu n'étais pas entré(e) à l'université, aurais-tu été découragé(e)?
15. Est-ce que tu aurais étudié si tu avais su qu'il y avait un examen?

Votre opinion, s'il vous plaît

Rearrange the words below to make complete and logical sentences.

1. pas/mois/vu/t'ai/cela/des/fait/je/ne/que/.
2. faire/publier/je/à/poèmes/n'arrive/pas/mes/.
3. pendant/loisirs/roman/tu/pourrais/ton/écrire/tes/.
4. t'aider/je/pouvoir/voudrais/.
5. devenir/tu/grand/roman/allais/riche/écrire/un/et/.
6. te/rappelles/passée/rêves/de/tu/l'année/est-ce/que/mes/grandeur/de/?

Improvisations

1. **Si j'avais su**

VOCABULARY	étudier, le lycée, rester, le lit, le matin, prendre, travailler, dur, une mauvaise journée, malade, faire, penser, l'espagnol
TOPIC IDEAS	1. Si j'avais su, j'aurais étudié le français au lycée. 2. Si j'avais su, je serais resté(e) au lit ce matin. 3. Si j'avais su, j'aurais étudié quelque chose de plus pratique.
QUESTIONS	1. Pourquoi n'as-tu pas travaillé dur au lycée? 2. As-tu étudié l'espagnol au lycée? 3. Es-tu malade? 4. Est-ce que tu as eu une mauvaise journée?

2. **Demain à cette heure**

VOCABULARY	accomplir, beaucoup de choses, cette heure-ci, partir, l'Europe, revenir, chez, le rêve, la réalité, faire, étudier, les leçons, partir, une destination, le docteur, sûr(e)
TOPIC IDEAS	1. Demain à cette heure j'aurai accompli beaucoup de choses. 2. Demain à cette heure-ci je serai parti(e) pour l'Europe. 3. Demain à cette heure je serai revenu(e) de chez le docteur.
QUESTIONS	1. Qu'auras-tu fait demain à cette heure? 2. Auras-tu étudié tes leçons? 3. Seras-tu parti(e) en rêve ou en réalité? 4. Pour quelle destination seras-tu parti(e)?

Enquêtes

1. *Tell a classmate three things you would have done in your life if you had known what you know now. Reverse roles.*
2. *Find out what a classmate expects to have accomplished by next year. Reverse roles.*

Expressions consacrées

La faim chasse le loup hors du bois.	*Hunger chases the wolf out of the woods.*
C'est la fin des haricots!	*It's a catastrophe!* [a]
La critique est aisée, mais l'art est difficile.	*Criticism is easy, but art is difficult.*
Les paroles s'envolent, les écrits restent.	*Words fly away; that which is written remains.*

[a] *It's the end of the beans!*

Lecture culturelle

Deux Croissants par Fernand Raynaud[1]

Fernand Raynaud is one of France's most famous contemporary comedians. He appears on stage and has starred in several movies. He has an excellent ability to change his voice and to act out all the parts of a skit. Many of his skits have become comedy classics. The following is one of them.

LE CLIENT	Garçon, s'il vous plaît, je voudrais un café crème avec deux croissants.
LE GARÇON	Je m'excuse,[a] Monsieur, on n'a plus de croissants.
LE CLIENT	Ah! Oh, ben[2] alors, ça fait rien,[3] euh...donnez-moi, j'sais pas,[4] donnez-moi un café...avec deux croissants.
LE GARÇON	Non. Je vous dis, je vous dis les croissants, on n'en a plus. On en avait ce matin; y en avait[b] plein un plateau,[c] et puis, hop,[5] voilà, y en a plus[d] du tout[e] de croissants. Vous me donneriez une fortune, j'peux pas vous donner de croissants; y en a plus.
LE CLIENT	Oh! Bè[f] fallait[g] le dire avant. Ben, donnez-moi n'importe quoi, j'sais pas, moi. Est-ce que vous avez du lait? Vous avez du lait? Eh bien, j'suis pas le client embêtant,[h] moi. Donnez-moi donc un verre[i] de lait...avec deux croissants.
LE GARÇON	Non! je, je, je, j'vous dis! j'vous dis les croissants! on n'en a...les croissants, y a plus de croissants! Terminé[j]...les croissants, y a plus de croissants.
LE CLIENT	Bè faut pas[k] vous énerver pour ça. Mais ça fait rien. Écoutez... N'importe quoi, j'sais pas, moi. Est-ce que vous avez du chocolat au lait? Vous avez du chocolat au lait? Eh ben, donnez-m'en donc une tasse...avec deux croissants.
LE PATRON	Non, mais dites donc, vous là...Vous en avez pour longtemps à embêter[l] ce garçon, là? Hein? Et nia nia nia,[6] et nia nia nia...

[a] *I'm sorry*

[b] **y en avait = il y en avait**
[c] **plein...** *a trayful*
[d] **y en a plus = il n'y en a plus**
[e] **du...** *at all*

[f] **Bè = Ben**
[g] **fallait = il fallait**

[h] *bothersome*

[i] *glass*

[j] *That's it.*

[k] **faut pas = il ne faut pas**

[l] *to bother*

[1] From *Rire*, a Phillips Record recorded publicly at the Théâtre des «3 Baudets».
[2] Colloquial form of **bien**.
[3] **ça fait rien = ça ne fait rien.** Often in everyday conversation, **ne** is dropped.
[4] **j'sais pas = je ne sais pas.** Ne and the e in je are dropped; **j'** is pronounced *sh*.
[5] Interjection expressing suddenness.
[6] A mimicking sound.

LE CLIENT   Occupez-vous de[a] ce qui vous regarde,[b] vous, mais dites donc! J'suis le client, moi. J'ai bien le droit[c] de commander[d] ce que j'veux!

LE PATRON   Vous avez le droit de commander ce que vous voulez; vous avez pas[e] le droit d'embêter un garçon pendant son travail. Vous m'entendez! Vous avez pas le droit. Vous avez qu'à[f] rester chez vous. Vous avez de la chance d'avoir affaire à[g] un garçon qui a de la patience, croyez-moi. Parce que moi, j'aurais été à votre place, garçon, j'aurais pris les deux croissants, j'vous les aurais foutu[h] sur la figure!

[a] *Mind*
[b] **ce qui...** *what concerns you*
[c] *right*
[d] *to order*

[e] **vous avez pas** = **vous n'avez pas**

[f] **Vous avez qu'à** = **Vous n'avez qu'à**
[g] **d'avoir...** *to deal with*

[h] *thrown* (slang)

Quelle est votre réponse?

1. Qu'est-ce que le client veut manger?
2. Qu'est-ce qu'il veut boire?
3. Pourquoi est-ce que le garçon s'énerve?
4. Est-ce que ce client est embêtant?
5. Est-ce que le garçon a de la patience?
6. Est-ce que le patron a de la patience?
7. Pourquoi est-ce que c'est comique?
8. Qu'auriez-vous fait à la place du garçon?

VOCABULAIRE

l'**agence** *f*	agency	le **loisir**	spare time
aider	to help	**offrir**	to offer
arriver (à)	to manage (to do something)	le **pas**	step
le **brevet**	diploma, degree	la **peinture**	painting
le **collège**	college, school	**peinture murale**	mural
construire	to build	le **poème**	poem
découragé(e)	discouraged	**poète** *m, f*	poet
dédier	to dedicate	**procurer**	to procure, get, obtain
l'**ensemble** *m*	(building) complex	**publier**	to publish
faire + *inf*	to have (something) done	le **rêve**	dream
le **gagne-pain**	livelihood, living	le **roman**	novel
la **grandeur**	grandeur, greatness	le **supermarché**	supermarket
justement	as it happens, as a matter of fact	la **température**	temperature
		le **tourisme**	tourism, traveling
le **kiosque**	newsstand	la **trace**	pathway

Vingt-deuxième Leçon 22

La bicyclette à dix vitesses

(Estelle lit à Roger un article d'un magazine sportif.)

ESTELLE   Écoute-moi ça: «Après la difficile traversée du Sahara et du Niger cinq Françaises arrivèrent à Abidjan (Côte-d'Ivoire) au volant de leurs Peugeots 504. Elles participèrent à un rallye de 4.000 kilomètres. Sur soixante et onze participants il n'y eut que huit arrivants, parmi lesquels nos cinq championnes.»

ROGER   Chapeau! En parlant de Peugeot, est-ce que tu as vu la bicyclette Peugeot de luxe à dix vitesses?

ESTELLE   Oui, et toi qui vas faire un tour de vélo de la France, tu ferais bien de t'en acheter une.

ROGER   À qui le dis-tu! Cela fait une éternité que j'économise pour ça, et justement je vais aller les inspecter demain. Tu viendras avec moi?

ESTELLE   Oui, bien sûr. Passe me chercher quand tu seras prêt.

(Le lendemain, au magasin)

ROGER   Là voilà! C'est celle que je veux.

ESTELLE   Quelle belle bicyclette! Elle a de la classe.

ROGER   Je me demande quels sont les accessoires.

ESTELLE   L'étiquette dit: la pompe, le garde-boue, le porte-bagages avant et arrière, et une trousse à outils.

ROGER   Est-ce qu'il me faut tout ça?

ESTELLE   Bien sûr, si tu as vraiment l'intention de t'embarquer pour un tour de la France.

ROGER   Plus que jamais! Ah, voilà le vendeur.

LE VENDEUR   Puis-je vous aider à choisir une bicyclette? Voici nos derniers modèles.

ROGER   Je sais déjà ce que je veux—cette Peugeot touriste à dix vitesses.

LE VENDEUR   Ça, c'est la vente la plus facile que j'aie jamais faite!

Questions sur le dialogue

1. Quel article est-ce qu'Estelle lit à Roger?
2. Combien de championnes françaises sont arrivées à Abidjan?
3. Est-ce qu'Estelle a vu la bicyclette Peugeot de luxe?
4. Ça fait longtemps que Roger économise?
5. Qu'est-ce qu'il veut acheter?
6. Comment est-ce qu'Estelle trouve la bicyclette dans le magasin?
7. Quels sont les accessoires?
8. Est-ce que Roger a l'intention de faire un tour de la France?

The 10-Speed Bicycle

(*Estelle is reading Roger an article from a sports magazine.*)

[a] *Literally, Listen to me this*

ESTELLE   Listen to this[a]: "After the difficult crossing of the Sahara and Nigeria, five Frenchwomen arrived in Abidjan (Ivory Coast) at the wheel of their Peugeot 504's. They participated in a 4,000-kilometer rallye. Out of[b] seventy-one participants only eight finished[c], among whom (were) our five champions."

[b] *On*

[c] *there were only eight arriving*

ROGER   Hats off! Speaking of Peugeot, have you seen the 10-speed deluxe Peugeot bicycle?

ESTELLE   Yes, and you who are going to tour France on a bicycle would do well to buy yourself one.

[d] *Literally, To whom are you saying it!*

ROGER   You're telling me![d] I've been saving for it for an eternity, and as a matter of fact I'm going to go inspect them tomorrow. Will you come with me?

ESTELLE   Yes, of course. Come by to get me when you're ready.

(*The next day, at the store*)

ROGER   There it is! That's the one that I want.

ESTELLE   What a beautiful bicycle! It has class.

ROGER   I wonder what the accessories are.

ESTELLE   The label says: the pump, the fender[1], the front and rear baggage racks, and a tool kit.

ROGER   Do I need all that?

[e] *to embark*

ESTELLE   Of course, if you really intend to set out[e] on a tour of France.

ROGER   More than ever! Ah, there's the salesman.

SALESMAN   May I help you choose a bicycle? Here are our latest models.

ROGER   I already know what I want—that ten-speed touring Peugeot.

SALESMAN   That's the easiest sale I've ever made!

[1] Or *mudguard*, from **la boue** (*mud*).

1. Le Passé simple *Literary past*

(a) Regular verbs

passer	**accomplir**	**attendre**
je **passai**	j'**accomplis**	j'**attendis**
tu **passas**	tu **accomplis**	tu **attendis**
il, elle **passa**	il, elle **accomplit**	il, elle **attendit**
nous **passâmes**	nous **accomplîmes**	nous **attendîmes**
vous **passâtes**	vous **accomplîtes**	vous **attendîtes**
ils, elles **passèrent**	ils, elles **accomplirent**	ils, elles **attendirent**
I passed by, etc.	*I accomplished*, etc.	*I waited*, etc.

1. The *passé simple* of regular verbs is formed by dropping the infinitive ending and adding the endings below.

> -er verbs: **-ai, -as, -a, -âmes, -âtes, -èrent**
> -ir, -re verbs: **-is, -is, -it, -îmes, -îtes, -irent**

2. In meaning, the *passé simple* is the same as the *passé composé*, but it is used in literature and in very formal speech, rather than in conversation. Consequently, you will need to recognize this tense for reading purposes, but you will continue to use the *passé composé* in speaking.

PASSÉ COMPOSÉ	PASSÉ SIMPLE
J'**ai parlé** avec lui.	Je **parlai** avec lui.
Il **a attendu** son frère.	Il **attendit** son frère.
Elles **sont allées** à Paris.	Elles **allèrent** à Paris.

3. Many verbs, irregular in other tenses, are regular in the *passé simple*. A few are used in the exercise below (**aller, dormir, perdre, sortir, partir**).

Mettez les verbes au passé composé.

1. Cinq Françaises arrivèrent à Abidjan.
2. Nous dormîmes jusqu'à dix heures.
3. Il me rendit visite ce jour-là.
4. J'allai à Paris à bicyclette.
5. Je grossis pendant mes vacances.
6. Ils mangèrent un bon dîner.

7. Je me dépêchai.
8. Elle choisit une belle robe.
9. Ils perdirent l'adresse de leur oncle.
10. Elles participèrent à un rallye.
11. J'achetai un vélo à dix vitesses.
12. Nous allâmes à la conférence.
13. Il finit la peinture murale.
14. Elle se lava la tête avant de sortir.
15. J'accomplis beaucoup cette année-là.
16. Il entra à l'université.
17. Ils partirent pour Montréal.
18. Elle sortit le matin.
19. Nous decidâmes de partir le lendemain.
20. Elles étudièrent pour l'examen de français.

(*b*) Irregular verbs

Many irregular verbs use the *past participle* as the stem, and add the following endings: **-s, -s, -t, -(^)mes, -(^)tes, -rent.**

avoir (eu)	lire (lu)
j'**eus**	je **lus**
tu **eus**	tu **lus**
il, elle **eut**	il, elle **lut**
nous **eûmes**	nous **lûmes**
vous **eûtes**	vous **lûtes**
ils, elles **eurent**	ils, elles **lurent**
I had, etc.	*I read*, etc.

INFINITIVE	PAST PARTICIPLE	PASSÉ SIMPLE
boire	**bu**	je **bus**, etc.
connaître	**connu**	je **connus**, etc.
courir	**couru**	je **courus**, etc.
croire	**cru**	je **crus**, etc.
devoir	**du**	je **dus**, etc.
falloir	**fallu**	il **fallut**, etc.
pouvoir	**pu**	je **pus**, etc.
rire	**ri**	je **ris**, etc.
savoir	**su**	je **sus**, etc.
vouloir	**voulu**	je **voulus**, etc.

The irregular verbs below do not form their *passé simple* from the past participle. They do, however, use the same endings (**-s, -s, -t, -(ˆ)mes, -(ˆ)tes, -rent**).

dire

je **dis**
tu **dis**
il, elle **dit**

nous **dîmes**
vous **dîtes**
ils, elles **dirent**

I said, etc.

être

je **fus**
tu **fus**
il, elle **fut**

nous **fûmes**
vous **fûtes**
ils, elles **furent**

I was, etc.

INFINITIVE	PASSÉ SIMPLE
s'asseoir	je **m'assis**, etc.
écrire	j'**écrivis**, etc.
faire	je **fis**, etc.
mourir	je **mourus**, etc.
prendre	je **pris**, etc.
venir	je **vins**, etc.
vivre	je **vécus**, etc.
voir	je **vis**, etc.

«...est-ce que tu as vu la bicyclette Peugeot de luxe à dix vitesses?»

Mettez les verbes au passé simple.

1. Il a eu de la chance.
2. J'ai lu un livre de Zola.
3. Elle a bu beaucoup d'eau froide.
4. Ils se sont connus au Canada.
5. Nous avons ri au cinéma.
6. Elles ont couru à toute vitesse.
7. Il a voulu acheter un vélo.
8. J'ai écrit deux lettres.
9. Nous avons été au théâtre.
10. Elle a fait la vaisselle.
11. Ils ont pris un bain.
12. Il est venu après.
13. J'ai vu une vieille maison charmante.
14. À ce moment-là je l'ai cru.
15. Elle est entrée et s'est assise.

2. Le Passé composé du subjonctif *Past subjunctive*

J'**ai connu** cette fille à Paris.
C'est la fille la plus sympathique que j'**aie** jamais **connue**.

Il **est venu** la voir.
Elle est contente qu'il **soit venu**.

1. The past subjunctive is actually the *passé composé*, but it uses the subjunctive form of **avoir** and **être**.
2. Like the present subjunctive, it is used after expressions of emotion, doubt, and so on (see **Dix-neuvième** and **Vingtième Leçons**).

A. **Il doute que...**
LE PROFESSEUR   Je les ai connus.
L'ÉTUDIANT(E)   Il doute que je les aie connus.

Vous les avez connus.   Elle les a connus.
Ils les ont connus.   Nous les avons connus.
Tu les as connus.   Je les ai connus.

B. **Il est possible que...**
LE PROFESSEUR   Ont-ils téléphoné?
L'ÉTUDIANT(E)   Il est possible qu'ils aient téléphoné.

Ont-ils vu le film?
        entendu la symphonie?
        fait du camping?
        lu ce livre?
        écrit des poèmes?

C. **Le seul...**
LE PROFESSEUR   Louis est entré à l'université.
L'ÉTUDIANT(E)   Louis est le seul qui soit entré à l'université.

Marie est entrée à l'université.
Nous sommes entrés à l'université.
Vous êtes entré(e) à l'université.
Pierre est entré à l'université.
Je suis entré(e) à l'université.

D. **Je regrette que...**
LE PROFESSEUR   Elle est partie.
L'ÉTUDIANT(E)   Je regrette qu'elle soit partie.

Elle a perdu son vélo.   Roger a choisi cette profession.
Ils ont acheté une moto.   Vous êtes sorti hier soir.
Tu es allé en avion.   Elle est partie.

E. **Bien que...**

LE PROFESSEUR   Est-il content?   (1)
L'ÉTUDIANT(E)   Il a l'air content bien qu'elle soit partie.

(1) Elle est partie.
(2) Elle a refusé de l'accompagner.
(3) Elle ne lui a pas téléphoné.
(4) Elle ne lui a pas écrit.
(5) Elle ne lui a pas dit au revoir.
(6) Elle est partie pour l'Europe.

PRENONS LE LARGE

Le Souffleur

1. Les cinq Françaises...
2. Ça, c'est la vente...
3. Elles participèrent...
4. Je regrette...
5. Vous les avez connus à Rome? Je doute...

Quelle est la question?

1. Oui, j'ai vu la bicyclette de luxe à dix vitesses.
2. Il va faire un tour de vélo de la France.
3. Sa bicyclette préférée est la Peugeot.
4. Il est possible qu'ils aient téléphoné.
5. Je sais déjà ce que je veux.

Petites causeries

Demandez à _____ s'il (si elle) a une bicyclette?
                      si c'est une Peugeot?
                      s'il (si elle) aimerait faire un tour de vélo de la
                          France.
                      quels sont les accessoires de son vélo.

Parlons de vous

1. Avez-vous une bicyclette?
2. Est-ce à dix vitesses? À trois vitesses?
3. Quand avez-vous commencé à faire du vélo?
4. Aimes-tu les sports en général ou simplement faire du vélo?
5. Quels sont les accessoires de ta bicyclette?
6. Fait-on beaucoup de cyclisme aux États-Unis?
7. Et en France?
8. Comprenez-vous le passé simple?
9. Alors, mettez au passé simple cette phrase: «Je suis allé à un rallye.»
10. As-tu l'intention de choisir une nouvelle bicyclette?

Votre opinion, s'il vous plaît

Form complete sentences from the group of words below.[1]

1. Je/aimer/acheter/bicyclette/à dix vitesses/pour/participer/au /tour de France.
2. Vous/vouloir/participer/rallye?
3. Paul/aimer/lire/magazines sportifs/intéressants.
4. Anne/acheter/bicyclette/magasin/semaine prochaine.
5. Son ami/vouloir/faire/vélo/en France.
6. Tu/faire/bien/acheter/bicyclette de luxe.
7. Ça/faire/éternité/que/je/économiser/pour ça.
8. Nous/aller/inspecter/bicyclettes Peugeot/demain.
9. Passer/chez moi/quand/tu/être/prêt(e).
10. Cette/bicyclette/avoir/de la classe.
11. Avoir/tu/intention/t'embarquer/pour/la France?
12. Pouvoir/je/t'aider/choisir/bicyclette?

Improvisations

La bicyclette

VOCABULARY   acheter, économiser, touriste, de luxe, les vitesses, la couleur, les accessoires, le porte-bagages, avant, arrière, la trousse à outils, les derniers, modèles, le Tour de France, participer

TOPIC IDEAS   1. J'ai acheté une bicyclette touriste à dix vitesses.
2. Je vais acheter une bicyclette à trois vitesses.
3. Les bicyclettes Peugeot

---

[1] Choose an appropriate verb form to go with each subject, and add any necessary articles and prepositions.

QUESTIONS
1. De quelle couleur est ta bicyclette?
2. Est-ce qu'elle a beaucoup d'accessoires?
3. Est-ce que cela fait longtemps que tu économises?
4. As-tu l'intention de participer au Tour de France?
5. As-tu vu les derniers modèles Peugeot?
6. Pourquoi aimes-tu les bicyclettes Peugeot?

Enquête

Find out the make, color, and principal features of the bicycle your classmate would buy if he or she had the money. Exchange roles.

Expressions consacrées

Ça ne tourne pas rond.	*There's something wrong.*[a]	[a] *It's not turning round.*
Le soleil luit pour tout le monde.	*The sun shines for everybody.*	
L'enfer est pavé de bonnes intentions.	*The road to hell is paved with good intentions.*	
Il faut battre le fer pendant qu'il est chaud.	*One must strike while the iron is hot.*	

Lecture culturelle

The passages below illustrate the use of the passé simple. Verbs in that tense are underlined. The first passage is an excerpt from a historical book, and is concerned with the preparations of Louis XVI and Marie Antoinette to flee from France. They were recognized at Varennes, a small town near the eastern frontier, where they were detained and eventually brought back to Paris, where they were both executed in 1793. The other passages are from short stories.

Le 20 juin, jour fixé pour la fuite[a], ce programme ne fut pas modifié; personne au château, si ce n'est[b] Mme de Tourzel, gouvernante[c] des enfants de France[d], n'était dans la confidence du départ; pour ne laisser prise à aucun soupçon[e], la reine[f] mena, elle-même, quand la chaleur fut un peu tombée, le dauphin et Madame Royale[g] au jardin, où les enfants prirent leur goûter. En rentrant, vers sept heures, elle donna l'ordre au commandant de la garde nationale pour la journée du lendemain; puis, après un instant passé avec un coiffeur, elle monta à ses entresols[h] comme à l'ordinaire; il était huit heures du soir.

—Georges Lenôtre, *Le Drame de Varenne*

[a] *flight*
[b] *except for*
[c] *governess*
[d] *of the children of the king and queen*
[e] **pour. . .** *so as not to arouse any suspicion*
[f] *queen*
[g] *the crown prince and Madame Royal* [the princess]

[h] *apartment*

Quelle est votre réponse?

1. Quel jour avait-on fixé pour la fuite de la famille royale?
2. Est-ce que ce programme fut changé?
3. Qui était dans la confidence du départ?
4. Identifiez le dauphin et Madame Royale.
5. Pourquoi est-ce que la reine mena ses enfants au jardin?
6. Qu'est-ce qu'ils y prirent?
7. À quelle heure rentra la reine?
8. Est-ce qu'elle monta immédiatement à ses entresols?

^a *As soon as*

^b *noticed*

^c *dressed in*

^d *king*

^e *stone*

Dès que^a j'eus fini de déjeuner, je retournai au Luxembourg, et bientôt j'aperçus^b mon ami qui donnait le bras avec cérémonie à une toute vieille petite femme vêtue de^c noir, et à qui je fus présenté. C'était la Castris, la grande danseuse aimée des princes, aimée du roi^d...

Nous nous assîmes sur un banc de pierre^e. C'était au mois de mai...

^f *what the minuet was*

^g *shivered*

—Expliquez-moi donc, dis-je au vieux danseur, ce que c'était que le menuet^f?

Il tressaillit^g...

^h *pompous*
ⁱ *speech of praise*
^j *dance step*

Et il commença, en style pompeux^h, un long élogeⁱ... auquel je ne compris rien. Je voulus me faire décrire le pas^j, tous les mouvements, les poses.

—Guy de Maupassant, *Menuet*

Quelle est votre réponse?

1. En quelle saison se passa cette scène?
2. Quand est-ce que le narrateur retourna au Luxembourg?
3. Que faisait son ami?
4. Qui était la Castris?
5. Où est-ce qu'ils s'assirent?
6. Quelle explication demanda le narrateur?
7. Comment parla le vieux danseur?

^a *Therefore*

^b *clever*

Aussi^a, le dimanche suivant, quand M. Repin dut quitter la table, au dessert, pour aller voir une bête...qui s'était cassé la jambe, Mme Repin, habile^b et audacieuse, sortit, passa dans la cuisine, appela

Marie et laissa son Henriette en tête à tête avec[c] M. Gaillardon. Celui-ci[d] tout d'abord, attendit leur retour. Comme elles tardaient[e], il chercha à[f] s'occuper et débourra[g] soigneusement[h] sa pipe...

M. Gaillardon se leva et se promena d'une fenêtre à l'autre. Il s'aperçut que le temps allait se gâter[i] sûrement, et, comme il voulait être de retour chez lui avant l'orage[j], il appela ces dames pour leur dire au revoir.

Dès qu'il fut parti[k], Mme Repin demanda:

«Qu'est-ce qu'il t'a dit,[1] mon Henriette?»

—Il m'a rien dit.[2]

—Jules Renard, *La Demande*

[c] **en...**   *alone with*
[d] *the latter*
[e] *were late in coming*
[f] *tried to*
[g] *cleaned out*
[h] *carefully*
[i] *become bad*
[j] *storm*
[k] *As soon as he had left*

Quelle est votre réponse?

1. Pourquoi est-ce que M. Repin dut quitter la table?
2. Décrivez le caractère de Madame Repin.
3. Où passa Madame Repin?
4. Qui laissa-t-elle seule avec M. Gaillardon?
5. Pourquoi est-ce que M. Gaillardon chercha à s'occuper?
6. Pourquoi avait-il envie d'être de retour chez lui?
7. Qu'est-ce que M. Gaillardon dit à Henriette?

[1] Note that in conversation the *passé composé* is used.
[2] In informal speech, **ne** is often omitted in a negative sentence.

VOCABULAIRE

l'accessoire *m*	accessory	le **modèle**	model
arrière	rear	le **Niger**	Nigeria
l'**article** *m*	article	**parmi**	among
avant	front	le **participant**	participant
bien sûr	of course	**participer**	to participate
Chapeau!	Hats off!	la **pompe**	pump
la **Côte-d'Ivoire**	Ivory Coast	le **porte-bagages**	baggage rack
économiser	to economize, save	le **rallye**	(sports) rallye
s'embarquer	to set out, embark	le **Sahara**	the Sahara (desert)
l'**éternité** *f*	eternity	**touriste**	touring
l'**étiquette** *f*	label	la **traversée**	crossing
le **garde-boue**	fender, mudguard	la **trousse à outils**	tool kit
inspecter	to inspect	le **vendeur**	salesman
le **kilomètre**	kilometer	la **vente**	sale
le **lendemain**	the next day	la **vitesse**	speed
le **luxe**	luxury	le **volant**	steering wheel
de luxe	deluxe		

Appendix A

Verbes réguliers

INFINITIF
    parl**er**   fin**ir**   descend**re**

PARTICIPE PRÉSENT
    parl**ant**   fin**issant**   descend**ant**

PARTICIPE PASSÉ
    parl**é**   fin**i**   descend**u**

IMPÉRATIF
    Parl**e**!   Fin**is**!   Descend**s**!
    Parl**ons**!   Fin**issons**!   Descend**ons**!
    Parl**ez**!   Fin**issez**!   Descend**ez**!

PRÉSENT
    je parl**e**   je fin**is**   je descend**s**
    tu parl**es**   tu fin**is**   tu descend**s**
    il, elle parl**e**   il, elle fin**it**   il, elle descend
    nous parl**ons**   nous fin**issons**   nous descend**ons**
    vous parl**ez**   vous fin**issez**   vous descend**ez**
    ils, elles parl**ent**   ils, elles fin**issent**   ils, elles descend**ent**

IMPARFAIT
    je parl**ais**   je finiss**ais**   je descend**ais**
    tu parl**ais**   tu finiss**ais**   tu descend**ais**
    il, elle parl**ait**   il, elle finiss**ait**   il, elle descend**ait**
    nous parl**ions**   nous finiss**ions**   nous descend**ions**
    vous parl**iez**   vous finiss**iez**   vous descend**iez**
    ils, elles parl**aient**   ils, elles finiss**aient**   ils, elles descend**aient**

PASSÉ COMPOSÉ

j'**ai parlé**	j'**ai fini**	je **suis descendu(e)**
tu **as parlé**	tu **as fini**	tu **es descendu(e)**
il, elle **a parlé**	il, elle **a fini**	il, elle **est descendu(e)**
nous **avons parlé**	nous **avons fini**	nous **sommes descendu(e)s**
vous **avez parlé**	vous **avez fini**	vous **êtes descendu(e)(s)**
ils, elles **ont parlé**	ils, elles **ont fini**	ils, elles **sont descendu(e)s**

PLUS-QUE-PARFAIT

j'**avais parlé**	j'**avais fini**	j'**étais descendu(e)**
tu **avais parlé**	tu **avais fini**	tu **étais descendu(e)**
il, elle **avait parlé**	il, elle **avait fini**	il, elle **était descendu(e)**
nous **avions parlé**	nous **avions fini**	nous **étions descendu(e)s**
vous **aviez parlé**	vous **aviez fini**	vous **étiez descendu(e)(s)**
ils, elles **avaient parlé**	ils, elles **avaient fini**	ils, elles **étaient descendu(e)s**

FUTUR

je parler**ai**	je finir**ai**	je descendr**ai**
tu parler**as**	tu finir**as**	tu descendr**as**
il, elle parler**a**	il, elle finir**a**	il, elle descendr**a**
nous parler**ons**	nous finir**ons**	nous descendr**ons**
vous parler**ez**	vous finir**ez**	vous descendr**ez**
ils, elles parler**ont**	ils, elles finir**ont**	ils, elles descendr**ont**

FUTUR ANTÉRIEUR

j'**aurai parlé**	j'**aurai fini**	je **serai descendu(e)**
tu **auras parlé**	tu **auras fini**	tu **seras descendu(e)**
il, elle **aura parlé**	il, elle **aura fini**	il, elle **sera descendu(e)**
nous **aurons parlé**	nous **aurons fini**	nous **serons descendu(e)s**
vous **aurez parlé**	vous **aurez fini**	vous **serez descendu(e)(s)**
ils, elles **auront parlé**	ils, elles **auront fini**	ils, elles **seront descendu(e)s**

CONDITIONNEL

je parler**ais**	je finir**ais**	je descendr**ais**
tu parler**ais**	tu finir**ais**	tu descendr**ais**
il, elle parler**ait**	il, elle finir**ait**	il, elle descendr**ait**
nous parler**ions**	nous finir**ions**	nous descendr**ions**
vous parler**iez**	vous finir**iez**	vous descendr**iez**
ils, elles parler**aient**	ils, elles finir**aient**	ils, elles descendr**aient**

CONDITIONNEL PASSÉ

j'**aurais parlé**	j'**aurais fini**	je **serais descendu(e)**
tu **aurais parlé**	tu **aurais fini**	tu **serais descendu(e)**
il, elle **aurait parlé**	il, elle **aurait fini**	il, elle **serait descendu(e)**
nous **aurions parlé**	nous **aurions fini**	nous **serions descendu(e)s**
vous **auriez parlé**	vous **auriez fini**	vous **seriez descendu(e)(s)**
ils, elles **auraient parlé**	ils, elles **auraient fini**	ils, elles **seraient descendu(e)s**

PASSÉ SIMPLE

je parl**ai**	je fin**is**	je descend**is**
tu parl**as**	tu fin**is**	tu descend**is**
il, elle parl**a**	il, elle fin**it**	il, elle descend**it**
nous parl**âmes**	nous fin**îmes**	nous descend**îmes**
vous parl**âtes**	vous fin**îtes**	vous descend**îtes**
ils, elles parl**èrent**	ils, elles fin**irent**	ils, elles descend**irent**

PRÉSENT DU SUBJONCTIF

je parl**e**	je fin**isse**	je descend**e**
tu parl**es**	tu fin**isses**	tu descend**es**
il, elle parl**e**	il, elle fin**isse**	il, elle descend**e**
nous parl**ions**	nous fin**issions**	nous descend**ions**
vous parl**iez**	vous fin**issiez**	vous descend**iez**
ils, elles parl**ent**	ils, elles fin**issent**	ils, elles descend**ent**

PASSÉ DU SUBJONCTIF

j'**aie parlé**	j'**aie fini**	je **sois descendu(e)**
tu **aies parlé**	tu **aies fini**	tu **sois descendu(e)**
il, elle **ait parlé**	il, elle **ait fini**	il, elle **soit descendu(e)**
nous **ayons parlé**	nous **ayons fini**	nous **soyons descendu(e)s**
vous **ayez parlé**	vous **ayez fini**	vous **soyez descendu(e)(s)**
ils, elles **aient parlé**	ils, elles **aient fini**	ils, elles **soient descendu(e)s**

Appendix B

Verbes irréguliers[1]

INFINITIF	PARTICIPE PRÉSENT	PARTICIPE PASSÉ	IMPÉRATIF
acheter *to buy*	achetant	acheté	**Achète!** Achetons! Achetez!
***aller** *to go*	allant	allé	**Va!** Allons! Allez!
***s'appeler** *to be named*	appelant	appelé	**Appelle**-toi! Appelons-nous! Appelez-vous!
apprendre *to learn (conjugated like* **prendre***)* ***s'asseoir** *to sit down*	asseyant	**assis**	**Assieds**-toi! **Asseyons**-nous! **Asseyez**-vous!

---

[1] Verbs marked with an asterisk are conjugated with **être**. Irregular forms are in boldface.

INDICATIF PRÉSENT	FUTUR	PASSÉ SIMPLE	SUBJONCTIF PRÉSENT
j'**achète** tu **achètes** il, elle **achète** nous achetons vous achetez ils, elles **achètent**	j'**achèterai** etc.	j'achetai tu achetas il, elle acheta nous achetâmes vous achetâtes ils, elles achetèrent	j'**achète** tu **achètes** il, elle **achète** nous achetions vous achetiez ils, elles **achètent**
je **vais** tu **vas** il, elle **va** nous allons vous allez ils, elles **vont**	j'**irai** etc.	j'allai tu allas il, elle alla nous allâmes vous allâtes ils, elles allèrent	j'**aille** tu **ailles** il, elle **aille** nous allions vous alliez ils, elles **aillent**
je m'**appelle** tu t'**appelles** il, elle s'**appelle** nous nous appelons vous vous appelez ils, elles s'**appellent**	je m'**appellerai** etc.	je m'appelai tu t'appelas il, elle s'appela nous nous appelâmes vous vous appelâtes ils, elles s'appelèrent	je m'**appelle** tu t'**appelles** il, elle s'**appelle** nous nous appelions vous vous appeliez ils, elles s'**appellent**
je m'**assieds** tu t'**assieds** il, elle s'**assied** nous nous **asseyons** vous vous **asseyez** ils, elles s'**asseyent**	je m'**assiérai** etc.	je m'**assis** tu t'**assis** il, elle s'**assit** nous nous **assîmes** vous vous **assîtes** ils, elles s'**assirent**	je m'asseye tu t'asseyes il, elle s'asseye nous nous asseyions vous vous asseyiez ils, elles s'asseyent

INFINITIF	PARTICIPE PRÉSENT	PARTICIPE PASSÉ	IMPÉRATIF
avoir *to have*	**ayant**	**eu**	**Aie!** **Ayons!** **Ayez!**
boire *to drink*	buvant	**bu**	Bois! Buvons! Buvez!
célébrer *to celebrate*	célébrant	célébré	**Célèbre!** Célébrons! Célébrez!
changer *to change*	**changeant**	changé	Change! **Changeons!** Changez!
conduire *to drive*	conduisant	**conduit**	Conduis! Conduisons! Conduisez!
connaître *to know*	connaissant	**connu**	Connais! Connaissons! Connaissez!

construire *to build* (*conjugated like* **conduire**)

| **courir** *to run* | courant | **couru** | Cours!
 Courons!
 Courez! |

INDICATIF PRÉSENT	FUTUR	PASSÉ SIMPLE	SUBJONCTIF PRÉSÉNT
j'**ai**	j'**aurai**	j'**eus**	j'**aie**
tu **as**	etc.	tu **eus**	tu **aies**
il, elle **a**		il, elle **eut**	il, elle **ait**
nous **avons**		nous **eûmes**	nous **ayons**
vous **avez**		vous **eûtes**	vous **ayez**
ils, elles **ont**		ils, elles **eurent**	ils, elles **aient**
je bois	je boirai	je **bus**	je boive
tu bois	etc.	tu **bus**	tu boives
il, elle boit		il, elle **but**	il, elle boive
nous **buvons**		nous **bûmes**	nous buvions
vous **buvez**		vous **bûtes**	vous buviez
ils, elles **boivent**		ils, elles **burent**	ils, elles boivent
je **célèbre**	je célébrerai	je célébrai	je **célèbre**
tu **célèbres**	etc.	tu célébras	tu **célèbres**
il, elle **célèbre**		il, elle célébra	il, elle **célèbre**
nous célébrons		nous célébrâmes	nous célébrions
vous célébrez		vous célébrâtes	vous célébriez
ils, elles **célèbrent**		ils, elles célébrèrent	ils, elles **célèbrent**
je change	je changerai	je **changeai**	je change
tu changes	etc.	tu **changeas**	tu changes
il, elle change		il, elle **changea**	il, elle change
nous **changeons**		nous **changeâmes**	nous changions
vous changez		vous **changeâtes**	vous changiez
ils, elles changent		ils, elles changèrent	ils, elles changent
je conduis	je conduirai	je **conduisis**	je conduise
tu conduis	etc.	tu **conduisis**	tu conduises
il, elle conduit		il, elle **conduisit**	il, elle conduise
nous **conduisons**		nous **conduisîmes**	nous conduisions
vous **conduisez**		vous **conduisîtes**	vous conduisiez
ils, elles **conduisent**		ils, elles **conduisirent**	ils, elles conduisent
je **connais**	je connaîtrai	je **connus**	je connaisse
tu **connais**	etc.	tu **connus**	tu connaisses
il, elle connaît		il, elle **connut**	il, elle connaisse
nous **connaissons**		nous **connûmes**	nous connaissions
vous **connaissez**		vous **connûtes**	vous connaissiez
ils, elles **connaissent**		ils, elles **connurent**	ils, elles connaissent
je **cours**	je **courrai**	je **courus**	je coure
tu **cours**	etc.	tu **courus**	tu coures
il, elle **court**		il, elle **courut**	il, elle coure
nous **courons**		nous **courûmes**	nous courions
vous **courez**		vous **courûtes**	vous couriez
ils, elles **courent**		ils, elles **coururent**	ils, elles courent

INFINITIF	PARTICIPE PRÉSENT	PARTICIPE PASSÉ	IMPÉRATIF
couvrir to cover (conjugated like **ouvrir**)			
croire to believe	croyant	**cru**	Crois! Croyons! Croyez!
découvrir to discover (conjugated like **ouvrir**) *devenir to become (conjugated like **venir**)			
devoir to have to, to be supposed to	devant	**dû**	—
dire to say, tell	disant	**dit**	Dis! Disons! Dites!
dormir to sleep	dormant	dormi	Dors! Dormons! Dormez!
écrire to write	écrivant	**écrit**	Écris! Écrivons! Écrivez!
***s'ennuyer** to be bored	ennuyant	ennuyé	—
envoyer to send	envoyant	envoyé	Envoie! Envoyons! Envoyez!

INDICATIF PRÉSENT	FUTUR	PASSÉ SIMPLE	SUBJONCTIF PRÉSENT
je crois	je croirai	je **crus**	je croie
tu crois	etc.	tu **crus**	tu croies
il, elle croit		il, elle **crut**	il, elle croie
nous **croyons**		nous **crûmes**	nous **croyions**
vous **croyez**		vous **crûtes**	vous **croyiez**
ils, elles croient		ils, elles **crurent**	ils, elles croient
je **dois**	je **devrai**	je **dus**	je doive
tu **dois**	etc.	tu **dus**	tu doives
il, elle **doit**		il, elle **dut**	il, elle doive
nous devons		nous **dûmes**	nous devions
vous devez		vous **dûtes**	vous deviez
ils, elles **doivent**		ils, elles **durent**	ils, elles doivent
je dis	je dirai	je **dis**	je dise
tu dis	etc.	tu **dis**	tu dises
il, elle dit		il, elle **dit**	il, elle dise
nous **disons**		nous **dîmes**	nous disions
vous **dites**		vous **dîtes**	vous disiez
ils, elles **disent**		ils, elles **dirent**	ils, elles disent
je **dors**	je dormirai	je dormis	je dorme
tu **dors**	etc.	tu dormis	tu dormes
il, elle **dort**		il, elle dormit	il, elle dorme
nous **dormons**		nous dormîmes	nous dormions
vous **dormez**		vous dormîtes	vous dormiez
ils, elles **dorment**		ils, elles dormirent	ils, elles dorment
j'écris	j'écrirai	j'**écrivis**	j'écrive
tu écris	etc.	tu **écrivis**	tu écrives
il, elle écrit		il, elle **écrivit**	il, elle écrive
nous **écrivons**		nous **écrivîmes**	nous écrivions
vous **écrivez**		vous **écrivîtes**	vous écriviez
ils, elles **écrivent**		ils, elles **écrivirent**	ils, elles écrivent
je m'**ennuie**	je m'ennuierai	je m'ennuyai	je m'ennuie
tu t'**ennuies**	etc.	tu t'ennuyas	tu t'ennuies
il, elle s'**ennuie**		il, elle s'ennuya	il, elle s'ennuie
nous nous ennuyons		nous nous ennuyâmes	nous nous ennuyions
vous vous ennuyez		vous vous ennuyâtes	vous vous ennuyiez
ils, elles s'**ennuient**		ils, elles s'ennuyèrent	ils, elles s'ennuient
j'**envoie**	j'**enverrai**	j'envoyai	j'envoie
tu **envoies**	etc.	tu envoyas	tu envoies
il, elle **envoie**		il, elle envoya	il, elle envoie
nous envoyons		nous envoyâmes	nous envoyions
vous envoyez		vous envoyâtes	vous vous envoyiez
ils, elles **envoient**		ils, elles envoyèrent	ils, elles envoient

INFINITIF	PARTICIPE PRÉSENT	PARTICIPE PASSÉ	IMPÉRATIF
espérer *to hope* (*conjugated like* **célébrer**)			
être[1] *to be*	**étant**	**été**	**Sois!** **Soyons!** **Soyez!**
faire *to do, make*	faisant	**fait**	Fais! Faisons! Faites!
falloir[2] *to be necessary*	—	**fallu**	—
inquiéter *to disturb, worry* (*conjugated like* **célébrer**)			
*se lever *to get up*	levant	levé	Lève-toi! Levons-nous! Levez-vous!
lire *to read*	lisant	**lu**	Lis! Lisons! Lisez!
mettre *to put, put on*	mettant	**mis**	Mets! Mettons! Mettez!
*mourir *to die*	mourant	**mort**	Meurs! Mourons! Mourez!

[1] imparfait: **j'étais,** etc.
[2] used only with **il**

INDICATIF PRÉSENT	FUTUR	PASSÉ SIMPLE	SUBJONCTIF PRÉSENT
je **suis** tu **es** il, elle **est** nous **sommes** vous **êtes** ils, elles **sont**	je **serai** etc.	je **fus** tu **fus** il, elle **fut** nous **fûmes** vous **fûtes** ils, elles **furent**	je **sois** tu **sois** il, elle **soit** nous **soyons** vous **soyez** ils, elles **soient**
je **fais** tu **fais** il, elle **fait** nous **faisons** vous **faites** ils, elles **font**	je **ferai** etc.	je **fis** tu **fis** il, elle **fit** nous **fîmes** vous **fîtes** ils, elles **firent**	je **fasse** tu **fasses** il, elle **fasse** nous **fassions** vous **fassiez** ils, elles **fassent**
il **faut**	il **faudra**	il **fallut**	il **faille**
je me **lève** tu te **lèves** il, elle se **lève** nous nous levons vous vous levez ils, elles se **lèvent**	je me **lèverai** etc.	je me levai tu te levas il, elle se leva nous nous levâmes vous vous levâtes ils, elles se levèrent	je me **lève** tu te **lèves** il, elle se **lève** nous nous levions vous vous leviez ils, elles se **lèvent**
je lis tu lis il, elle lit nous **lisons** vous **lisez** ils, elles **lisent**	je lirai etc.	je **lus** tu **lus** il, elle **lut** nous **lûmes** vous **lûtes** ils, elles **lurent**	je lise tu lises il, elle lise nous lisions vous lisiez ils, elles lisent
je **mets** tu **mets** il, elle **met** nous mettons vous mettez ils, elles mettent	je mettrai etc.	je **mis** tu **mis** il, elle **mit** nous **mîmes** vous **mîtes** ils, elles **mirent**	je mette tu mettes il, elle mette nous mettions vous mettiez ils, elles mettent
je **meurs** tu **meurs** il, elle **meurt** nous **mourons** vous **mourez** ils, elles **meurent**	je **mourrai** etc.	je **mourus** tu **mourus** il, elle **mourut** nous **mourûmes** vous **mourûtes** ils, elles **moururent**	je **meure** tu **meures** il, elle **meure** nous mourions vous mouriez ils, elles meurent

INFINITIF	PARTICIPE PRÉSENT	PARTICIPE PASSÉ	IMPÉRATIF
*naître *to be born*	naissant	**né**	—
obtenir *to obtain* (*conjugated like* **tenir**)			
offrir *to offer* (*conjugated like* **ouvrir**)			
ouvrir *to open*	ouvrant	**ouvert**	Ouvre! Ouvrons! Ouvrez!
*partir *to leave*	partant	parti	Pars! Partons! Partez!
payer *to pay* (*conjugated like* **envoyer**)			
permettre *to permit* (*conjugated like* **mettre**)			
plaire *to please*	plaisant	**plu**	Plais! Plaisons! Plaisez!
pleuvoir[1] *to rain*	pleuvant	**plu**	—
pouvoir *to be able*	pouvant	**pu**	—
préférer *to prefer* (*conjugated like* **célébrer**)			
prendre *to take*	prenant	**pris**	Prends! Prenons! Prenez!

[1] used only with **il**

INDICATIF PRÉSENT	FUTUR	PASSÉ SIMPLE	SUBJONCTIF PRÉSENT
je **nais**	je naîtrai	je **naquis**	je naisse
tu **nais**	etc.	tu **naquis**	tu naisses
il, elle **naît**		il, elle **naquit**	il, elle naisse
nous **naissons**		nous **naquîmes**	nous naissions
vous **naissez**		vous **naquîtes**	vous naissiez
ils, elles **naissent**		ils, elles **naquirent**	ils, elles naissent
j'**ouvre**	j'ouvrirai	j'**ouvris**	j'ouvre
tu **ouvres**	etc.	tu ouvris	tu ouvres
il, elle **ouvre**		il, elle ouvrit	il, elle ouvre
nous **ouvrons**		nous ouvrîmes	nous ouvrions
vous **ouvrez**		vous ouvrîtes	vous ouvriez
ils, elles **ouvrent**		ils, elles ouvrirent	ils, elles ouvrent
je **pars**	je partirai	je partis	je parte
tu **pars**	etc.	tu partis	tu partes
il, elle **part**		il, elle partit	il, elle parte
nous **partons**		nous partîmes	nous partions
vous **partez**		vous partîtes	vous partiez
ils, elles **partent**		ils, elles partirent	ils, elles partent
je plais	je plairai	je **plus**	je plaise
tu plais	etc.	tu **plus**	tu plaises
il, elle plaît		il, elle **plut**	il, elle plaise
nous **plaisons**		nous **plûmes**	nous plaisions
vous **plaisez**		vous **plûtes**	vous plaisiez
ils, elles **plaisent**		ils, elles **plurent**	ils, elles plaisent
il pleut	il pleuvra	il **plut**	il pleuve
je **peux** (**puis**)	je **pourrai**	je **pus**	je **puisse**
tu **peux**	etc.	tu **pus**	tu **puisses**
il, elle **peut**		il, elle **put**	il, elle **puisse**
nous **pouvons**		nous **pûmes**	nous **puissions**
vous **pouvez**		vous **pûtes**	vous **puissiez**
ils, elles **peuvent**		ils, elles **purent**	ils, elles **puissent**
je prends	je prendrai	je **pris**	je prenne
tu prends	etc.	tu **pris**	tu prennes
il, elle prend		il, elle **prit**	il, elle prenne
nous **prenons**		nous **prîmes**	nous prenions
vous **prenez**		vous **prîtes**	vous preniez
ils, elles **prennent**		ils, elles **prirent**	ils, elles prennent

INFINITIF	PARTICIPE PRÉSENT	PARTICIPE PASSÉ	IMPÉRATIF
*se rappeler *to recall* (*conjugated like* s'appeler)			
recevoir *to receive*	recevant	reçu	Reçois! Recevons! Recevez!
revoir *to see again* (*conjugated like* voir)			
rire *to laugh*	riant	ri	Ris! Rions! Riez!
savoir *to know*	sachant	su	Sache! Sachons! Sachez!
*sortir *to go out*	sortant	sorti	Sors! Sortons! Sortez!
sourire *to smile* (*conjugated like* rire) *se souvenir *to remember* (*conjugated like* venir)			
suivre *to follow*	suivant	suivi	Suis! Suivons! Suivez!
surprendre *to surprise* (*conjugated like* prendre)			
tenir *to hold, keep*	tenant	tenu	Tiens! Tenons! Tenez!

INDICATIF PRÉSENT	FUTUR	PASSÉ SIMPLE	SUBJONCTIF PRÉSENT
je **reçois**	je **recevrai**	je **reçus**	je reçoive
tu **reçois**	etc.	tu **reçus**	tu reçoives
il, elle **reçoit**		il, elle **reçut**	il, elle reçoive
nous **recevons**		nous **reçûmes**	nous recevions
vous **recevez**		vous **reçûtes**	vous receviez
ils, elles **reçoivent**		ils, elles **reçurent**	ils, elles reçoivent
je ris	je rirai	je **ris**	je rie
tu ris	etc.	tu **ris**	tu ries
il, elle rit		il, elle **rit**	il, elle rie
nous rions		nous **rîmes**	nous riions
vous riez		vous **rîtes**	vous riiez
ils, elles rient		ils, elles **rirent**	ils, elles rient
je **sais**	je **saurai**	je **sus**	je **sache**
tu **sais**	etc.	tu **sus**	tu **saches**
il, elle **sait**		il, elle **sut**	il, elle **sache**
nous **savons**		nous **sûmes**	nous **sachions**
vous **savez**		vous **sûtes**	vous **sachiez**
ils, elles **savent**		ils, elles **surent**	ils, elles **sachent**
je **sors**	je sortirai	je sortis	je sorte
tu **sors**	etc.	tu sortis	tu sortes
il, elle **sort**		il, elle sortit	il, elle sorte
nous **sortons**		nous sortîmes	nous sortions
vous **sortez**		vous sortîtes	vous sortiez
ils, elles **sortent**		ils, elles sortirent	ils, elles sortent
je **suis**	je suivrai	je suivis	je suive
tu **suis**	etc.	tu suivis	tu suives
il, elle **suit**		il, elle suivit	il, elle suive
nous suivons		nous suivîmes	nous suivions
vous suivez		vous suivîtes	vous suiviez
ils, elles suivent		ils, elles suivirent	ils, elles suivent
je **tiens**	je **tiendrai**	je **tins**	je tienne
tu **tiens**	etc.	tu **tins**	tu tiennes
il, elle **tient**		il, elle **tint**	il, elle tienne
nous **tenons**		nous **tînmes**	nous tenions
vous **tenez**		vous **tîntes**	vous teniez
ils, elles **tiennent**		ils, elles **tinrent**	ils, elles tiennent

INFINITIF	PARTICIPE PRÉSENT	PARTICIPE PASSÉ	IMPÉRATIF
valoir *to be worth*	valant	**valu**	—
*venir *to come*	venant	**venu**	Viens! Venons! Venez!
vivre *to live*	vivant	**vécu**	Vis! Vivons! Vivez!
voir *to see*	voyant	**vu**	Vois! Voyons! Voyez!
vouloir *to want*	voulant	**voulu**	**Veuille! Veuillons! Veuillez!**

INDICATIF PRÉSENT	FUTUR	PASSÉ SIMPLE	SUBJONCTIF PRÉSENT
je **vaux**	je **vaudrai**	je **valus**	je **vaille**
tu **vaux**	etc.	tu **valus**	tu **vailles**
il, elle **vaut**		il, elle **valut**	il, elle **vaille**
nous **valons**		nous **valûmes**	nous valions
vous **valez**		vous **valûtes**	vous valiez
ils, elles **valent**		ils, elles **valurent**	ils, elles **vaillent**
je **viens**	je **viendrai**	je **vins**	je vienne
tu **viens**	etc.	tu **vins**	tu viennes
il, elle **vient**		il, elle **vint**	il, elle vienne
nous **venons**		nous **vînmes**	nous venions
vous **venez**		vous **vîntes**	vous veniez
ils, elles **viennent**		ils, elles **vinrent**	ils, elles viennent
je **vis**	je vivrai	je **vécus**	je vive
tu **vis**	etc.	tu **vécus**	tu vives
il, elle **vit**		il, elle **vécut**	il, elle vive
nous vivons		nous **vécûmes**	nous vivions
vous vivez		vous **vécûtes**	vous viviez
ils, elles vivent		ils, elles **vécurent**	ils, elles vivent
je **vois**	je **verrai**	je **vis**	je voie
tu **vois**	etc.	tu **vis**	tu voies
il, elle **voit**		il, elle **vit**	il, elle voie
nous **voyons**		nous **vîmes**	nous voyions
vous **voyez**		vous **vîtes**	vous voyiez
ils, elles **voient**		ils, elles **virent**	ils, elles voient
je **veux**	je **voudrai**	je **voulus**	je **veuille**
tu **veux**	etc.	tu **voulus**	tu **veuilles**
il, elle **veut**		il, elle **voulut**	il, elle **veuille**
nous **voulons**		nous **voulûmes**	nous voulions
vous **voulez**		vous **voulûtes**	vous vouliez
ils, elles **veulent**		ils, elles **voulurent**	ils, elles **veuillent**

Lexique Français–Anglais[1]

A

à	*to, at, in*
À bientôt.	*See you soon.*
À demain.	*Until tomorrow.*
à moins que	*unless*
à part	*besides, apart from*
absolument	*absolutely*
l'accélérateur *m*	*accelerator*
l'accent *m*	*accent*
l'accessoire *m*	*accessory*
l'accident *m*	*accident*
accompagner	*to accompany*
accomplir	*to accomplish*
l'accord *m*	*agreement*
acheter	*to buy*
l'acier *m*	*steel*
l'acteur *m*	*actor*
activement	*actively*
l'activisme *m*	*activism*
l'actrice *f*	*actress*
actuel(le)	*present-day, current*
l'adieu *m* **(adieux** *pl***)**	*farewell*
administratif (administrative)	*administrative*
admirativement	*admiringly*
admirer	*to admire*
adresser	*to address*
affaires *pl f*	*business matters*
régler les affaires	*to run business matters*
***s'affronter**	*to confront one another*
afin que	*in order that*
l'Afrique *f*	*Africa*
l'âge *m*	*age*
Quel âge as-tu?	*How old are you?*
l'agence *f*	*agency*
l'agent *m* **(de police)**	*policeman*
agrandir	*to enlarge*
agréable	*pleasant*
aider	*to help*
aigre	*sour*
l'ail *m*	*garlic*
ailleurs	*elsewhere*
aimable	*kind, nice*
aimer	*to like, love*
aîné(e)	*oldest*
l'air *m*	*air*
avoir l'air (content)	*to look (happy)*
être au grand air	*to be in the open air*
alléché(e)	*enticed*
allemand(e)	*German*
***aller**	*to go*
aller bien (à)	*to look good (on), to be becoming (to)*
s'en aller	*to go away*
alors	*then, so*
l'alpinisme *m*	*mountain climbing*
l'ambassadeur *m* **(l'ambassadrice** *f***)**	*ambassador*
l'ambiance *f*	*atmosphere*
ambitieux (ambitieuse)	*ambitious*
amener	*to bring*
l'Amérique *f*	*America*
l'ami *m*	*friend*
amical(e)	*friendly*

403

l'amie f	(girl)friend
l'amitié f	friendship
l'amour m	love
amoureux	in love; (m, f) lover
(amoureuse)	
amusant(e)	amusing
*s'amuser	to have a good time
l'an m	year
J'ai vingt ans.	I am twenty.
analyser	to analyze
anglais(e)	English
l'Angleterre f	England
l'animal m	animal
(animaux pl)	
l'année (scolaire) f	(school) year
l'anniversaire m	birthday
août m	August
apercevoir	to notice
l'appel	telephone call
téléphonique m	
*s'appeler	to be named
l'appendicite f	appendicitis
*s'appliquer	to apply oneself
apprendre	to learn
*s'approcher (de)	to approach
après	after
l'après-midi m	afternoon, in the afternoon
l'arbre m	tree
l'architecte m, f	architect
l'argent m	money
arranger	to arrange
*s'arrêter	to stop
arrière	rear
*arriver	to arrive; to happen
arriver (à)	to manage (to do something)
l'art m	art
l'article m	article
l'artiste m, f	artist
artistique	artistic
l'Asie f	Asia
asperges pl f	asparagus
assez	enough; rather
*s'asseoir	to sit down
l'assiette f	dish
l'assurance sociale f	social insurance
l'astronaute m, f	astronaut
l'astronautique f	astronautics
attendre	to wait, wait for
Attention!	Watch out!
faire attention (à)	to pay attention (to)
attentif (attentive)	careful
attentivement	carefully
attraper	to catch
audacieux	audacious
(audacieuse)	
l'audience f	audience

aujourd'hui	today
au revoir	good-bye
Au secours!	Help!
aussi	also; therefore (at beginning of sentence)
aussi...que	as...as
autant de...que	as much...as
autant que	as much as
l'autobus m	bus
l'automobile f	automobile
l'automne m	fall, autumn
autre	other
quelque chose d'autre	something else
l'avance f	advance
en avance	early
avancer	to advance
avant	before; front
avant que	before
avec	with
l'aventure f	adventure
l'aviateur m	aviator
(l'aviatrice f)	(aviatrix)
l'avion m	airplane
avoir	to have
avoir de la chance	to be lucky
avoir envie (de)	to feel like, yearn for
avoir l'intention (de)	to intend, plan
avoir lieu	to take place
avril m	April

B

le bain	bath
la salle de bains	bathroom
le bal (bals pl)	dance
le banc	bench
le banquier	banker
barbant(e)	boring
la barbe	beard
le barbier	barber
le baseball	baseball
le basket(-ball)	basketball
le bâton	stick
la batterie	battery
battre	to hit, strike
beau (belle)	beautiful
Il fait beau.	The weather is beautiful.
beaucoup	much, a lot
le bébé	baby
le bec	beak
beige	beige
belge	Belgian
Belge m, f	Belgian person
la Belgique	Belgium

la **béquille**	*crutch*
le **besoin**	*need*
au besoin	*in need*
avoir besoin de	*to need*
bête	*stupid*
bêtement	*stupidly*
la **bibliothèque**	*library*
la **bicyclette**	*bicycle*
à bicyclette	*by bicycle*
bien	*well*
bien des choses	*best regards*
bien que	*although*
bien sûr	*of course*
le **bien-aimé** (la **bien-** **aimée**)	*lover*
bientôt	*soon*
la **bière**	*beer*
le **bifteck**	*steak*
bilingue	*bilingual*
le **billet**	*ticket*
blanc (**blanche**)	*white*
le **blé**	*wheat*
bleu(e)	*blue*
blond(e)	*blond*
le **blouson**	*jacket*
le **blue-jean**	*blue jeans*
le **bois**	*wood*
boire	*to drink*
bon (**bonne**)	*good*
à quoi bon	*what's the good of*
Il fait bon.	*The weather is nice.*
le **bonheur**	*happiness*
bonjour	*hello, good morning, good afternoon*
bonsoir	*good evening*
à bord	*on board*
la **botte**	*boot*
la **boucherie**	*butcher shop*
la **boulangère**	*baker's wife*
la **boulangerie**	*bakery*
boules *pl f*	game similar to bowling
le **boulevard**	*boulevard*
la **bourse**	*scholarship*
le **bout**	*end, tip, edge*
la **bouteille**	*bottle*
la **boutique**	*shop*
le **bras**	*arm*
Bravo!	*Bravo! Good for you!*
le **Brésil**	*Brazil*
le **brevet**	*diploma, degree*
la **brioche**	*sweet roll*
la **brosse**	*brush*
*****se brosser**	*to brush*
brun(e)	*brown* (hair or eyes)
brutal(e)	*brutal*
Bruxelles	*Brussels*
le **bureau** (**bureaux** *pl*)	*office*

C

ça	*that*
Ça se peut.	*It's possible.*
Ça va?	*How's it going?*
Ça va.	*It's going well.*
le **cadeau**	*present, gift*
le **café**	*coffee, café*
caler	*to stall* (car)
le **calendrier**	*calendar*
la **Californie**	*California*
la **campagne**	*country, countryside*
le **camping**	*camping*
faire du camping	*to go camping*
le **Canada**	*Canada*
canadien(ne)	*Canadian*
le **candidat**	*candidate*
le **capot**	*hood* (car)
le **caractère**	*character* (moral)
la **carotte**	*carrot*
la **carte**	*card, map*
carte d'identité	*identity card*
carte de vœux	*greeting card*
casser	*to break*
la **catastrophe**	*catastrophe*
catholique	*Catholic*
la **cause**	*cause*
à cause de	*because of*
la **causerie**	*chat*
la **ceinture**	*belt*
cela	*that, it*
Cela fait du bien.	*It does one good.*
célébrer	*to celebrate*
celle *f* (**celles** *pl*)	*the one, that* (those)
celle-ci (**celle-là**)	*this one* (that one)
celui *m* (**ceux** *pl*)	*the one, that* (those)
celui-ci (**celui-là**)	*this one* (that one) ; *the latter* (the former)
ce que	*what, that which*
ce qui	*what, that which*
le **cercle**	*circle*
certain(e)	*certain*
ces	*these, those*
c'est	*it, he, she is*
C'est ça.	*That's right.*
cet *m*	*this, that* (before vowel)
c'était (**c'étaient**)	*it, he, she was* (they were)
cette *f*	*this, that*
chacun(e)	*each one*
la **chair de poule**	*gooseflesh*
la **chaleur**	*heat*
le **champagne**	*champagne*
le **champion** (la **championne**)	*champion*
le **championnat**	*championship*
la **chance**	*luck*
avoir de la chance	*to be lucky*
tenter notre chance	*to try our luck*

changer	to change
la **chanson**	song
la **chanson folklorique**	folk song
chanter	to sing
le **chanteur** (la **chanteuse**)	singer, vocalist
le **chantier de bois**	lumber yard
le **chapeau**	hat
Chapeau!	Hats off!
chaque	each
la **charcuterie**	pork butcher shop
chargé(e) (de)	responsible (for)
charmant(e)	charming
charmer	to charm
chasser	to chase
le **château**	castle
chaud(e)	warm
Il fait chaud.	It's warm.
J'ai chaud.	I'm warm.
le **chauffeur**	driver
la **chaussette**	sock
la **chaussure**	shoe
la **cheminée**	fireplace
la **chemise**	shirt
le **chemisier**	blouse
le **chèque**	check
cher (**chère**)	dear, expensive
chercher	to look for; to pick up
chercher à	to try to
chéri(e)	dear, "honey"
le **cheval**	horse
faire du cheval	to go horseback riding
cheveux *pl m*	hair
avoir mal aux cheveux	to have a hangover
Je me fais des cheveux (du souci).	I'm worried.
chez	at (to) the home of
chic	sharp, stylish
Chic alors!	Great! Swell!
chimiste *m, f*	chemist
la **Chine**	China
chinois(e)	Chinese
le **chocolat**	chocolate
choisir	to choose
le **choix**	choice
la **chose**	thing
quelque chose de (bon)	something (good)
le **chou** (**choux** *pl*)	cabbage; sweetheart (slang)
le **cinéma**	movies
cinq	five
cinquième	fifth
citer	to cite
le **citron**	lemon
clair(e)	light (color); clear
la **clarinette**	clarinet
la **classe**	class
en classe	in class
classer	to file, sort out
le **client** (la **cliente**)	client
le **clignotant**	turn signal
le **climat**	climate
la **clinique**	clinic
le **club**	club
le **Coca-Cola**	Coca-Cola
le **cochonnet**	little pig
le **cœur**	heart
avoir mal au cœur	to be nauseous
le **coffre**	trunk (car)
le **cognac**	cognac, brandy
le **coiffeur**	hairdresser
le **collant**	pantyhose
le **collège**	college, school
combien	how much, how many
la **comédie**	comedy
comique	funny
commander	to order
comme	as, like, since
comme ci comme ça	so-so
commencer	to begin
comment	how
Comment!	What!
le **commerçant**	merchant
communiquer	to communicate
le **communisme**	communism
communiste	communist
la **compagnie**	company
la **comparaison**	comparison
la **compassion**	compassion
compléter	to complete
le **compliment**	compliment
lancer des compliments	to pay compliments
comprendre	to understand
la **comptabilité**	accounting, bookkeeping
comptable *m, f*	bookkeeper, accountant
comptable d'entreprise	factory accountant
compter	to count
le **concert**	concert
la **condition**	condition
à condition que	provided that
conduire	to drive
la **conférence**	lecture
le **confort**	comfort
confus(e)	embarrassed
la **connaissance**	acquaintance; knowledge
faire connaissance	to become acquainted
faire la connaissance de	to make the acquaintance of

connaître	to know
consacré(e)	traditional
conseiller	to advise
construire	to build
content(e)	content, happy
continuer	to continue
contrarier	to upset
convertir	to convert
le copain (la copine)	pal
le corbeau	crow
le cordonnier	cobbler, shoemaker
correct(e)	correct
le correspondant de presse	press correspondent
le côté	side
à côté de	next to
la côte d'Azur	French Riviera
la Côte-d'Ivoire	Ivory Coast
le coton	cotton
le cou	neck
*se coucher	to go to bed
la couleur	color
la coupe	cup
le couple	couple
la cour	yard, courtyard
le courage	courage
le courant	air current
courir	to run
le courrier	mail
le cours	course, class
en cours	in progress
le cousin (la cousine)	cousin
la couture: la haute couture	high fashion
couvert(e)	covered; overcast (weather)
couvrir	to cover
le crâne	skull
craquer	to burst
la crème	cream
la critique	criticism
croire	to believe
la cuisine	cooking; kitchen
le croissant	crescent-shaped roll
la croûte	crust
casser la croûte	to eat
croyable	believable
le cuir	leather
culturel(le)	cultural
le cyclisme	bicycling

D

d'accord	O.K.
la dame	lady
le danger	danger
dans	in, within
danser	to dance

le danseur (la danseuse)	dancer
de	of, from
débuter	to begin (a profession)
décembre m	December
décider	to decide
décontracté(e)	casual
le décor	scenery, set (movie)
le décorateur (la décoratrice)	decorator
découragé(e)	discouraged
découvrir	to discover
*se découvrir	to take off (clothes)
décrire	to describe
dédier	to dedicate
dégonflé(e)	deflated; flat (tire)
le degré	degree (temperature)
déjà	already
déjeuner	to eat lunch
le déjeuner	lunch
le petit déjeuner	breakfast
délicieux (délicieuse)	delicious
demain	tomorrow
demander	to ask, ask for
*se demander	to wonder
Demandez (à Jean).	Ask (John).
demeurer	to live
demi(e)	half
démocrate	Democrat
la dent	tooth
*se brosser les dents	to brush one's teeth
dentiste m, f	dentist
le départ	departure
le département	important French political subdivision
*se dépêcher	to hurry
depuis	since
Il est en France depuis deux semaines.	He has been in France for two weeks.
dernier (dernière)	last
derrière	behind
dès que	as soon as
*descendre	to go down, get off
désirer	to desire
désolé(e)	very sorry, distressed
le dessert	dessert
le dessin	picture, drawing
la destination	destination
le détail	detail
le détective	detective
*se détendre	to relax
détendu(e)	relaxed
le détroit	strait

deuxième	second
devant	in front of
*devenir	to become
devoir	to have to, must; to be supposed to
devoirs pl m	homework
le dialogue	dialogue
le dictionnaire	dictionary
le dieu (dieux pl)	god
difficile	difficult
la difficulté	difficulty
le dimanche	Sunday
dîner	to have dinner
le dîner	dinner
le diplôme	diploma
dire	to say, tell
Dis donc!	Say!
le directeur (la directrice)	director (school)
diriger	to direct
la discothèque	discotheque
discuter	to discuss
le disque	record
divers(e)	various
dixième	tenth
dix-septième	seventeenth
dix-huitième	eighteenth
dix-neuvième	nineteenth
le docteur	doctor
le doigt	finger
le dollar	dollar
le dommage	damage, injury
C'est dommage.	It's too bad.
donc	therefore, so
donner	to give
*se donner	to give each other
dont	of whom, whose; of which
doré(e)	golden
dormir	to sleep
le dos	back
le dossier	file (business account)
doucement	softly
la douche	shower
le doute	doubt
sans doute	probably
sans aucun doute	without a doubt
douter	to doubt
doux (douce)	soft, gentle, mild
Il fait doux.	It's mild.
douzième	twelfth
le drame	drama
la droguerie	store selling household cleaning articles and toiletries
droit(e)	right
à droite	to the right
tout droit	straight ahead

Tenez votre droite.	Keep to the right.
dur(e)	hard, heavy
durer	to last
dynamique	dynamic
le dynamisme	dynamism

E

l'eau f	water
l'eau minérale	mineral water
l'éclat m	glamour, "zing"
l'école f	school
économiser	to economize, save
écouter	to listen
écrire	to write
effectuer	to effect, carry out
l'église f	church
Eh bien!	Well!
élégant(e)	elegant
l'élève m, f	pupil, student
elle (elles)	she, her (they, them)
l'éloge m	speech of praise, eulogy
*s'embarquer	to set out, embark
embêtant(e)	bothersome
l'embouteillage m	traffic jam
l'emplette f	purchase
faire des emplettes	to go shopping
l'employé m (l'employée f)	employee
employer	to use
l'emprunt m	loan
en	from there; some
en face de	opposite
en général	in general, generally
en même temps	at the same time
en tout cas	in any case
enchanté(e)	delighted; pleased to meet you
encore	still, yet
l'endroit m	place
énerver	to upset (emotionally)
l'enfance f	childhood
l'enfant m, f	child
l'enfer m	hell
enfin	finally; well
ennuyer	to bore, bother
*s'ennuyer	to be bored
ennuyeux (ennuyeuse)	boring
l'enquête f	investigation
enregistrer	to record
enrichir	to enrich
enseigner	to teach
ensemble	together
l'ensemble m	(building) complex
ensuite	then, next

l'enthousiasme *m*	enthusiasm	l'explorateur *m*	explorer
entier (entière)	whole, entire	l'expression *f*	expression
*s'entraîner	to train (sports)	l'expression	stock phrase
entre	between	consacrée *f*	
l'entrée *f*	entrance	extraordinaire	extraordinary
*entrer (dans)	to enter		
entretenir	to maintain	**F**	
l'envie *f*	desire	la fable	fable
avoir envie (de)	to desire, feel like	la face	face
environ	about, approximately	en face de	in front of, facing
*s'envoler	to fly away	fâché(e)	angry; very sorry
envoyer	to send	facile	easy
l'épicerie *f*	grocery store	la faculté	college, school
l'équipe *f*	team	la faim	hunger
l'espace *m*	space	J'ai faim.	I'm hungry.
l'Espagne *f*	Spain	J'ai une faim de	I'm starving (hungry as a
espagnol(e)	Spanish	loup.	wolf).
espérer	to hope	faire	to do; to make
l'espoir *m*	hope	faire des courses	to go shopping
l'Esquimau *m, f*	Eskimo	faire + *inf*	to have (something) done
(Esquimaux *pl*)		faire peur (à)	to frighten
l'essuie-glace *m*	windshield wiper	le faisan	pheasant
l'estomac *m*	stomach	falloir	to be necessary, lacking
et	and	il me faut	I need
et...et	both...and	la famille	family
l'établissement *m*	building, establishment	une famille	a large family (parents,
l'état *m*	state	nombreuse	children)
États-Unis *pl m*	United States	une grande	a large family (aunts,
l'été *m*	summer	famille	uncles, etc.)
l'éternité *f*	eternity	fascinant(e)	fascinating
l'étiquette *f*	label	fatigué(e)	tired
étranger (étrangère)	foreign	fauché(e)	mown; broke (slang)
à l'étranger, pour	abroad	favori (favorite)	favorite
l'étranger		féminin(e)	feminine
être	to be	la femme	woman, wife
l'étude *f*	study	la fenêtre	window
faire de bonnes	to have a good education	le fer	iron
études		la ferme	farm
l'étudiant *m*	student	le fermier	farmer
(l'étudiante *f*)		le festival	festival
étudier	to study	la fête	holiday; saint's day
l'Europe *f*	Europe	Bonne fête!	Happy holiday! Happy
européen(ne)	European		saint's day!
l'événement sportif *m*	sports event	la Fête des Mères	Mother's (Father's) Day
exactement	exactly	(Pères)	
l'examen *m*	examination	la fête du Travail	Labor Day
excellent(e)	excellent	le feu (feux *pl*)	fire; traffic light
l'excursion *f*	trip, outing	le feu rouge	red light
excuser	to excuse	février *m*	February
Je m'excuse.	I'm sorry.	le fiancé (la fiancée)	fiance (fiancee)
l'exemple *m*	example	fidèle	faithful, true
l'exercice *m*	exercise	fidèlement	faithfully
exigeant(e)	demanding, hard to please	la fièvre	fever
exiger	to demand, require	avoir de la fièvre	to have a fever
exister	to exist	la figure	face
l'explication *f*	explanation	la fille	girl, daughter
expliquer	to explain	le film	film

le **fils**	*son*
la **fin**	*end*
finir	*to finish*
le **flatteur**	*flatterer*
la **flute**	*flute*
la **fois**	*time*
à la fois	*at the same time*
foncé(e)	*dark* (color)
à fond	*in depth*
le **football**	*soccer*
le **football américain**	*football*
la **force**	*strength*
forger	*to forge*
le **forgeron**	*blacksmith*
la **forme**	*form*
en bonne forme	*in good shape*
formidable	*formidable, fantastic*
le **formulaire**	*form* (business)
fort(e)	*strong*
le **fossé**	*ditch*
le **fossé entre les générations**	*generation gap*
la **fourmi**	*ant*
fournir	*to furnish*
frais (fraîche)	*fresh, cool*
Il fait frais.	*It's cool.*
franc (franche)	*frank*
français(e)	*French*
la **France**	*France*
franchement	*frankly*
frapper	*to hit, strike; to knock*
frapper à la porte	*to knock on the door*
le **frein**	*brake*
fréquenté(e)	*popular*
le **frère**	*brother*
frites *pl f*	*French-fried potatoes*
froid(e)	*cold*
Il fait froid.	*It's cold.*
J'ai froid.	*I'm cold.*
le **fromage**	*cheese*
frugal(e)	*simple*
le **fruit**	*fruit*
la **fuite**	*flight*
futur(e)	*future*

G

le **gagne-pain**	*livelihood, living*
gagner	*to earn, win*
le **garage**	*garage*
le **garçon**	*boy; waiter*
le **garde-boue**	*fender, mudguard*
garder	*to guard, keep*
garder le lit	*to stay in bed*
la **gare**	*station*
le **gâteau**	*cake*

le **gâteau au chocolat**	*chocolate cake*
gâter	*to spoil*
***se gâter**	*to become bad*
gauche	*left*
à gauche	*to the left*
le **gaz naturel**	*natural gas*
général(e)	*general*
en général	*in general*
généralement	*generally*
la **génération**	*generation*
gens *pl m*	*people*
géographique	*geographic(al)*
le **gilet**	*vest*
la **glace**	*ice cream*
glisser	*to slip*
le **golf**	*golf*
la **gorge**	*throat*
le **gourmand**	*glutton*
le **gourmet**	*gourmet*
le **goût**	*taste*
goûter	*to take a snack*
le **goûter**	*snack*
la **gouvernante**	*governess*
la **grammaire**	*grammar*
grand(e)	*big, tall*
la **grandeur**	*grandeur, greatness*
grandir	*to grow*
la **grand-mère**	*grandmother*
le **grand-père**	*grandfather*
grave	*serious, grave*
la **grippe**	*flu*
gris(e)	*gray*
grossir	*to gain weight*
le **groupe**	*group*
guérir	*to heal*
***se guérir**	*to heal oneself*
la **guérison**	*recovery, cure*
le **guide**	*guide*
guider	*to guide*
la **guitare**	*guitar*
faire (jouer) de la guitare	*to play the guitar*

H

habile	*clever*
***s'habiller**	*to get dressed*
habillé(e)	*dressed*
habiter	*to live*
habituel(le)	*usual*
le **haricot vert**	*green bean*
le **hasard**	*chance, accident*
par hasard	*by chance*
Hé!	*Hey!*
l'**heure** *f*	*hour*
à l'heure	*on time*
aux heures fixes	*at regular hours*

de bonne heure	*early*
Quelle heure est-il?	*What time is it?*
tout à l'heure	*in a little while; a little while ago*
heureusement	*fortunately*
heureux (heureuse)	*happy*
hier	*yesterday*
l'hiver *m*	*winter*
en hiver	*in winter*
l'histoire *f*	*history; story*
le hockey	*hockey*
l'homme *m*	*man*
l'homme d'affaires	*businessman*
honnêtement	*honestly*
honorer	*to honor*
honteux (honteuse)	*ashamed*
l'hôpital *m*	*hospital*
hors de	*out of*
le hors-d'œuvre	*hors d'œuvre, appetizer*
l'hôtesse *f*	*hostess*
l'hôtesse de l'air	*airline stewardess*
huitième	*eighth*
hypocrite *m, f*	*hypocrite*

I

ici	*here*
l'idéalisme *m*	*idealism*
l'idéaliste *m, f*	*idealist*
l'idée *f*	*idea*
identifier	*to identify*
il y a	*there is, there are*
il y a (cinq ans)	*(five years) ago*
Il y a deux ans que j'habite ici.	*I have been living here for two years.*
immédiatement	*immediately*
impatient(e)	*impatient*
impensable	*unthinkable*
l'imperméable *m*	*raincoat*
important(e)	*important*
rien d'important	*nothing important*
imposer	*to impose*
l'impôt *m*	*tax*
l'impressionisme *m*	*impressionism*
l'improvisation *f*	*extemporization, improvization*
l'indépendance *f*	*independence*
indépendant(e)	*independent*
l'indifférence *f*	*indifference*
l'individualiste *m, f*	*individualist*
l'infirmière *f*	*nurse*
l'ingénieur *m*	*engineer*
inquiéter	*to disturb, worry*
inspecter	*to inspect*
l'inspecteur *m* (l'inspectrice *f*)	*inspector*
l'installation *f*	*installation, plant*

l'instituteur *m* (l'institutrice *f*)	*teacher* (primary grades)
l'instructeur *m*	*instructor*
intellectuel(le)	*intellectual*
l'intelligence *f*	*intelligence*
intelligent(e)	*intelligent*
intéressant(e)	*interesting*
intéresser	*to interest*
l'interêt *m*	*interest*
international(e)	*international*
l'interprète *m, f*	*interpreter*
l'interrogatoire *m*	*interrogation*
interstellaire	*interstellar*
interviewer	*to interview*
inviter (à)	*to invite*
irriter	*to irritate*
l'Israël *m*	*Israel*
l'Italie *f*	*Italy*
italien(ne)	*Italian*

J

jamais	*never*
la jambe	*leg*
le jambon	*ham*
janvier *m*	*January*
le Japon	*Japan*
japonais(e)	*Japanese*
le jardin	*garden*
le jazz	*jazz*
je	*I*
jeter	*to throw*
le jeu (jeux *pl*)	*game*
les Jeux Olympiques	*Olympic Games*
le jeudi	*Thursday*
jeune	*young*
la jeune fille	*young lady*
le jeune homme	*young man*
la joie	*joy*
joli(e)	*pretty*
jouer	*to play; to trifle with*
jouer au (tennis)	*to play (tennis)*
jouer du (piano)	*to play (piano)*
jouir (de)	*to enjoy*
le jour	*day*
le Jour de l'An	*New Year's Day*
ces jours-là	*those days*
tous les jours	*every day*
le journal	*newspaper*
journaliste *m, f*	*journalist*
la journée	*day, whole day*
le juge	*judge*
juillet *m*	*July*
juin *m*	*June*
le jumeau (la jumelle)	*twin*
la jupe	*skirt*
jurer	*to swear*

le **jus**	*juice*	
jusqu'à ce que	*until*	
justement	*as it happens, as a matter of fact*	

K

le **kilomètre**	*kilometer*
le **kiosque**	*newsstand*

L

la	*the, her, it* (f)
le **laboratoire**	*laboratory*
la **laine**	*wool*
laisser	*to let, leave*
le **lait**	*milk*
la **laiterie**	*dairy*
la **langue**	*tongue, language*
le **lapin**	*rabbit*
*se **laver**	*to wash (oneself)*
le	*the, him, it* (m)
la **leçon**	*lesson*
le **lecteur** (la **lectrice**)	*reader*
la **lecture**	*reading*
le **légume**	*vegetable*
le **lendemain**	*the next day*
lentement	*slowly*
lequel (**laquelle**)	*which*
Lequel? (**Laquelle?**)	*Which one?*
les	*the* (pl), *them*
la **lessive**	*laundry*
faire la lessive	*to do the laundry*
la **lettre**	*letter*
*se **lever**	*to get up*
la **lèvre**	*lip*
libéral(e)	*liberal*
la **liberté**	*freedom*
le **lieu** (**lieux** *pl*)	*place*
avoir lieu	*to take place*
le **lièvre**	*hare*
limité(e)	*limited*
la **limonade**	*unflavored soda pop*
lire	*to read*
le **lit**	*bed*
garder le lit	*to stay in bed*
le **livre**	*book*
local(e)	*local*
logique	*logical*
loin	*far*
le **loisir**	*spare time*
long (**longue**)	*long*
longtemps	*for a long time*
lorsque	*when*
loyal(e)	*loyal*
lui	*him, to him, to her*
luire	*to shine*
le **lundi**	*Monday*

le **luxe**	*luxury*	
de luxe	*deluxe*	
le **lycée**	*French high school*	

M

ma	*my* (f)	
Madame	*Mrs., Madame*	
Mademoiselle	*Miss*	
le **magasin**	*store*	
le **grand magasin**	*department store*	
le **magazine**	*magazine*	
le **magnétisme**	*magnetism*	
mai *m*	*May*	
le **maillot de bain**	*bathing suit*	
la **main**	*hand*	
maintenant	*now*	
mais	*but*	
la **maison**	*house*	
maison mère	*head office*	
à la maison	*at home*	
*se **maintenir**	*to keep (oneself)*	
le **mal** (**maux** *pl*)	*hurt, evil, pain*	
avoir mal à la tête	*to have a headache*	
faire mal (à)	*to hurt*	
malade	*sick*	
malade *m, f*	*sick person*	
le **malheur**	*misfortune*	
malheureusement	*unfortunately*	
malheureux (**malheureuse**)	*unhappy*	
malicieux (**malicieuse**)	*malicious*	
la **maman**	*mother, Mom*	
manger	*to eat*	
le **manteau** (**manteaux** *pl*)	*coat*	
*se **maquiller**	*to put on makeup*	
le **marché**	*market*	
à bon marché	*at low prices; cheap, cheaply*	
marcher	*to walk*	
le **mardi**	*Tuesday*	
Mardi Gras	*Shrove Tuesday*	
le **mari**	*husband*	
le **mariage**	*marriage*	
marié(e)	*married*	
marron *invariable*	*brown*	
mars *m*	*March*	
masculin(e)	*masculine*	
le **match**	*game* (sports)	
la **maternité**	*motherhood*	
mathématiques *pl f*	*mathematics*	
la **matière**	*material*	
le **matin**	*morning, in the morning*	
la **matinée**	*morning, whole morning*	
dormir grasse matinée	*to sleep late*	

maussade	*grumpy*
mauvais(e)	*bad*
Il fait mauvais.	*The weather is bad.*
me	*me*
le médicament	*medicine, medication*
le médecin	*doctor*
meilleur(e)	*better*
le (la) meilleur(e)	*the best*
même	*even*
menacer	*to menace, threaten*
mener	*to lead*
mental(e)	*mental*
mentir	*to lie*
le menu	*menu*
merci	*thanks*
le mercredi	*Wednesday*
la mère	*mother*
mes	*my* pl
le message	*message*
messieurs *pl m*	*gentlemen*
messieurs-dames	*ladies and gentlemen*
le métier	*job*
le métro	*subway*
le metteur en scène	*director* (movie, play)
mettre	*to put, put on*
Mettez le moteur en marche.	*Start the engine.*
le Mexique	*Mexico*
midi *m*	*noon*
le Midi	*southern France*
le mien (la mienne)	*mine*
mieux *adv*	*better*
le mieux	*the best*
mignon(ne)	*darling, cute*
le mignon (la mignonne)	*darling*
minuit *m*	*midnight*
la minute	*minute*
la mode	*fashion*
le modèle	*model*
moderne	*modern*
moi	*me, I*
moi de même	*likewise*
moi-même	*myself*
moindre *m, f*	*lesser*
moins	*less*
moins...moins	*the less...the less*
le mois	*month*
le moment	*moment*
mon	*my* m
mon, ma, mes	*my*
le monde	*people; world*
tout le monde	*everybody*
le monsieur	*gentleman*
Monsieur	*Mr., sir*
la montagne	*mountain*
*monter	*to go up, get into* (bus)
montrer	*to show*
moral(e)	*moral*
la mort	*death*
mort(e)	*dead*
le mot	*word*
le moteur	*motor*
la moto	*motorcycle*
le mouchoir	*handkerchief*
*mourir	*to die*
la moustache	*mustache*
le mouton	*lamb*
le mouvement	*movement*
le mur	*wall*
le musée	*museum*
le musicien (la musicienne)	*musician*
la musique	*music*
faire de la musique	*to play music*

N

nager	*to swim*
*naître (né(e) past part)	*to be born*
la natation	*swimming*
la nationalité	*nationality*
naturellement	*naturally*
le navet	*turnip; "flop"* (movie, play)
le navigateur (la navigatrice)	*navigator*
ne: ne...jamais	*never*
ne...plus	*no longer*
ne...que	*only*
néanmoins	*nevertheless*
nécessaire	*necessary*
la négation	*negation*
négativement	*negatively*
la neige	*snow*
neiger	*to snow*
n'est-ce pas?	*isn't that so?*
neuf (neuve)	*brand new*
neuvième	*ninth*
le nez	*nose*
ni...ni	*neither...nor*
le nid	*nest*
le Niger	*Nigeria*
nigérien(ne)	*Nigerian*
la nocturne	*nocturne*
Noël *m*	*Christmas*
noir(e)	*black*
le nom	*name*
nombreux (nombreuse)	*numerous*
une famille nombreuse	*a large family* (parents, children)
nommer	*to name*

	non	no, not
le	**nord**	north
	nos	our (pl)
	notre	our
le (la)	**nôtre**	ours
la	**nourriture**	food
	nous	we, us
	nouveau (nouvelle)	new
	nouveau-né(e)	newborn
	nouvelles pl f	news
	novembre m	November
	nuageux (nuageuse)	cloudy
le	**numéro**	number
le	**nylon**	nylon

O

	obliger	to obligate, force
	observer	to observe
	obtenir (obtenu past part)	to obtain
	l'**occasion** f	opportunity
	occupé(e)	busy
*	**s'occuper**	to keep busy
	octobre m	October
	l'**odeur** f	odor
	l'**œuf** m (**œux** pl)	egg
	l'**œuvre** f	work
	offrir	to offer
	l'**oiseau** m	bird
	l'**oisiveté** f	idleness
	l'**omelette** f	omelet
	on(parle)	one (speaks), they (speak)
	l'**oncle** m	uncle
	l'**ongle** m	nail, fingernail
	onzième	eleventh
	l'**opérateur** m (l'**opératrice** f)	operator
	l'**opération** f	operation
	l'**opinion** f	opinion
	l'**optimisme** m	optimism
	l'**optimiste** m, f	optimist; (adj) optimistic
	l'**or** m	gold
	l'**orage** m	storm
	orange invariable	orange (color)
	l'**orange** f	orange
	l'**orangeade** f	orangeade
	l'**ordonnance** f	prescription
	l'**ordre** m	order
	l'**oreille** f	ear
	organiser	to organize
	l'**organiste** m, f	organist
	original(e)	original, eccentric
	l'**origine** f	origin
	ou	or
	ou...ou	either...or
	où	where
	oublier	to forget

	oui	yes
	l'**ours** m	bear
	l'**ouvreuse** f	usher
	l'**ouvrier** m (l'**ouvrière** f)	worker
	ouvrir	to open

P

le	**pain**	bread
la	**paire**	pair
le	**panaché**	mixed drink (beer and lemon-lime soda)
la	**panne**	breakdown (automobile)
	tomber en panne	to have a breakdown
le	**pantalon**	pants
le	**papa**	father, Dad
	Pâques pl f	Easter
	par	by, for
	par exemple	for example
	paraître	to appear, seem
le	**parc**	park
	parce que	because
	Pardon?	Pardon?
le	**pare-brise**	windshield
	parents pl m	parents; relatives
	parfait(e)	perfect
	parfaitement	perfectly
	parisien(ne)	Parisian
	parler	to speak
	parmi	among
la	**parole**	word
	adresser la parole (à)	to speak (to)
	partager	to share
le	**participant**	participant
	participer	to participate
	particulier (particulière)	private
la	**partie**	part
	faire partie de	to be part of, belong to
*	**partir**	to leave
	pas: pas du tout	not at all
	pas encore	not yet
	pas mal	not bad
	pas...ni	not...nor
	Pas possible!	No kidding!
le	**pas**	step
le	**passé**	past
	passer	to pass, go through
*	**se passer**	to happen
la	**passion**	passion
	passionnant(e)	thrilling, exciting
	passionné(e)	passionate
la	**patience**	patience
	patient(e)	patient
le	**patinage**	skating
la	**pâtisserie**	pastry

la **pâtissière**	*pastry shop owner*	la **piqûre**	*injection*
le **patron** (la **patronne**)	*boss*	**pire**	*worst*
la **pause**	*pause*	la **pizza**	*pizza*
paver	*to pave*	la **place**	*job, position; square; seat*
payer	*to pay, pay for*	**retenir une place**	*to reserve a seat*
le **pays**	*country, region, area*	la **plage**	*beach*
la **peau**	*skin*	**plaire** (**à**)	*to please*
la **pêche**	*fishing*	**Cela me plaît.**	*It pleases me.*
*aller à la pêche	*to go fishing*	**s'il vous plaît**	*please*
la **peine**	*sorrow*	le **plaisir**	*pleasure*
la **peinture**	*painting*	**se **planter**	*to entrench oneself; plant oneself firmly*
la **peinture murale**	*mural*		
pendant	*during*	le **plastique**	*plastic*
pendant que	*while*	le **plat**	*dish* (food)
la **pensée**	*thought*	le **plâtre**	*cast; plaster*
penser	*to think*	**plein**(**e**)	*full*
Je pense bien!	*You said it!*	**pleurer**	*to cry*
Penses-tu!	*That's what you think!*	**pleuvoir**	*to rain*
perché(**e**)	*perched*	**Il pleut.**	*It's raining.*
perdre	*to lose*	la **pluie**	*rain*
la **perdrix**	*partridge*	la **plupart**	*most*
le **père**	*father*	**pluriel**(**le**)	*plural*
le **père Noël**	*Santa Claus*	**plus**	*more*
permettre	*to permit*	**de plus**	*extra*
la **personnalité**	*personality*	**plus...plus**	*the more...the more*
la **personne**	*person*	**plus tard**	*later*
le **pessimisme**	*pessimism*	**plusieurs**	*several*
pessimiste *m, f*	*pessimist*	**plutôt**	*instead, rather*
la **pétanque**	game similar to bowling	le **pneu**	*tire*
petit(**e**)	*small, little*	la **poche**	*pocket*
la **petite-fille**	*granddaughter*	le **poème**	*poem*
le **petit-fils**	*grandson*	la **poignée**	*handful*
le **pétrochimiste**	*petrochemist*	la **poignée de main**	*handshake*
le **pétrole brut**	*crude oil*	la **pointure**	*size* (shoes)
peu	*little, few*	la **poire**	*pear*
la **peur**	*fear*	le **poisson**	*fish*
faire peur à	*to frighten*	la **police**	*police*
J'ai peur.	*I'm afraid.*	la **préfecture de police**	*police headquarters*
peut-être	*perhaps*		
le **phare**	*headlight*	**policier** (**policière**)	*detective* (story, film)
la **pharmacie**	*drugstore*	la **politique**	*politics*
le **pharmacien**	*pharmacist*	la **pompe**	*pump*
(la **pharmacienne**)		**pompeux** (**pompeuse**)	*pompous*
photographe *m, f*	*photographer*		
la **phrase**	*sentence*	**populaire**	*popular*
pianiste *m, f*	*pianist*	le **porc**	*pork*
le **piano**	*piano*	la **porte**	*door*
jouer (**faire**) **du piano**	*to play the piano*	le **porte-bagages**	*baggage rack*
		porter	*to carry; to wear*
la **pièce**	*part* (machinery)	la **portière**	*door* (car)
le **pied**	*foot*	le **portrait**	*portrait*
à pied	*on foot*	**portugais**(**e**)	*Portuguese*
la **pierre**	*stone*	le **Portugal**	*Portugal*
le **piéton**	*pedestrian*	**poser** (**une question**)	*to ask* (a question)
le **ping-pong**	*ping-pong*	**posséder**	*to possess*
la **pipe**	*pipe*	le **poulet**	*chicken*
le **pique-nique**	*picnic*	le **poupon**	*baby* (slang)

pour	for, in order to	**puis**	then
pour que	in order that	**puisque**	since
pourquoi	why	le **puits**	well
pourvu que	provided that	le **pull-over**	pullover, sweater
pouvoir	to be able	le **pyjama**	pajamas
pratique	practical		
la **pratique**	practice	**Q**	
pratiquer	to participate in (sports)	la **qualité**	quality
préférable	preferable	**quand**	when
préférer	to prefer	**quand même**	all the same
préliminaire	preliminary	le **quart**	quarter
premier (première)	first	le **quartier**	neighborhood
prendre	to take; to have (with food and drink)	**quatorzième**	fourteenth
		quatrième	fourth
Prenons le large.	Let's "take off", put out to sea, set sail.	**que**	that, which, whom, than
		quel(le)	which, what, what a
le **prénom**	first name	**Quelle famille nombreuse!**	What a large family!
préoccuper	to worry		
préparer	to prepare	**quelquefois**	sometimes
***se préparer**	to get ready	**quelques**	a few
près	near	**Qu'est-ce que (tu fais)?**	What (are you doing)?
près d'ici	near here		
le **président**	president	**qu'est-ce qui**	what
presque	almost	**Qu'est-ce qui se passe?**	What's happening?
pressé(e)	pressed, in a hurry		
prestigieux (prestigieuse)	prestigious	la **question**	question
		la **queue**	tail
prêt(e)	ready	**qui**	who, whom, whoever
prêter	to lend	la **quincaillerie**	hardware store
la **prévision météorologique**	weather forecast	**quinzième**	fifteenth
		quitter	to leave
prévoir	to forecast; to foresee	**quoi**	what
principal(e)	main, principal	**Quoi faire?**	What for?
en principe	in general	**quoique**	although
le **printemps**	spring		
le **problème**	problem	**R**	
prochain(e)	next	la **racine**	root
À la prochaine.	Until the next time.	**raconter**	to tell
procurer	to procure, get	la **radio**	radio
le **professeur**	professor, teacher	la **rage**	anger
la **profession**	profession	la **raison**	reason
professionnel(le)	professional	**avoir raison**	to be right
profond(e)	deep, profound	le **rallye**	(sports) rallye
le **programme**	program	**rapidement**	rapidly
la **promenade**	walk	***se rappeler**	to recall
faire une promenade	to take a walk	**rarement**	rarely
		***se raser**	to shave (oneself)
***se promener**	to take a walk	le **rasoir électrique**	electric razor
la **prononciation**	pronunciation	le **rayon**	section (of department store)
à propos	by the way		
protestant(e)	Protestant	**le rayon pour dames (hommes)**	women's (men's) section
provoquer	to provoke, incite, encourage		
la **prudence**	prudence	**réagir**	to react
psychiatre m, f	psychiatrist	**réaliser**	to produce (film)
psychologue m, f	psychologist	le **réalisme**	realism
le **public**	public	**réaliste** m, f	realist
publier	to publish	la **réception**	reception

recevoir (reçu to receive
 past part)
la recherche search; (pl) re search
 à la recherche de in search of
recueillir to collect
rédiger (le courrier) to answer (the mail)
regarder to look at
regretter to be sorry
la reine queen
la remarque note, observation
remplacer to replace
rempli(e) filled
le renard fox
rencontrer to meet
 lieu(x) de meeting place(s)
 rencontre
le rendez-vous date
la renommé fame
renseignements pl m information
*rentrer to come home, come back
le repas meal
répéter to repeat
répondre to answer
la réponse answer
*se reposer to rest
républicain(e) Republican
respirer to breathe
la responsabilité responsibility
*se ressembler to resemble
le restaurant restaurant
*rester to stay, remain
le retard delay
 être en retard to be late
le retour return
 être de retour to be back
*retourner to return
le rétroviseur rearview mirror
*se réunir to gather
*se réveiller to wake up
*revenir to come back
le rêve dream
rêver to dream
la révision review
revoir to see again
 au revoir good-bye
le rhume cold
la richesse riches
rien nothing
 rien d'important nothing important
rire to laugh
la robe dress
le roi king
le rôle role
le roman novel
romantique romantic
le romantisme romanticism
le rosbif roast beef

rose pink
le roseau reed
la roue wheel
rouge red
la route way
 en route on the way
roux red (hair)
la rue street
russe Russian
la Russie Russia
le rythme rhythm

S

sa his, her, its (f)
le sacrifice sacrifice
le Sahara the Sahara (desert)
le saint (la sainte) saint
 la Saint-Valentin Valentine's Day
*se saisir (de) to seize
la saison season
la salade salad
sale dirty
la salle room, hall
la salopette overalls
Salut! Hi!
la salutation greeting
le samedi Saturday
le sandwich sandwich
sans without
 sans que without
la santé health
 À votre santé! To your health!
satanique satanic
savoir to know, know how
le savon soap
la saynète skit
la science science
scientifique scientific
sèchement drily
le secours help
 Au secours! Help!
le secret secret
secrétaire m, f secretary
la section section
sédentaire sedentary
seizième sixteenth
le séjour stay, visit
selon according to
la semaine week
sembler to seem
le Sénégal Senegal
sensationnel(le) sensational, terrific
le sentiment feeling, sentiment
sentimental(e) sentimental
séparément separately
septembre m September
septième seventh

sérieux (sérieuse)	*serious*
sérieusement	*seriously*
la serveuse	*waitress*
la serviette	*towel, napkin; briefcase*
ses	*his, her, its* (pl)
seul(e)	*alone*
seulement	*only*
le shampooing	*shampoo*
Il va me passer	*He's going to chew me out.*
un shampooing.	
si	*if; yes*
s'il vous plaît	*please*
le siège	*seat* (car)
siffler	*to whistle*
singulier	*singular*
(singulière)	
sixième	*sixth*
le ski	*ski*
faire du ski	*to go skiing*
le ski nautique	*waterskiing*
le socialisme	*socialism*
socialiste	*socialist*
la sœur	*sister*
soi-disant	*so-called*
la soie	*silk*
la soif	*thirst*
J'ai soif.	*I'm thirsty.*
soigneusement	*carefully*
le soir	*evening, in the evening*
ce soir	*this evening*
la soirée	*evening, whole evening*
le soleil	*sun*
Il fait du soleil.	*It's sunny.*
prendre le soleil	*to sunbathe*
solide	*solid*
la solitude	*solitude*
la somme	*sum*
le sommeil	*sleep*
J'ai sommeil.	*I'm sleepy.*
son	*his, her, its* (m)
son, sa, ses	*his, her, its*
sonner	*to ring*
la Sorbonne	*Sorbonne*
*sortir	*to go out, come out*
le sou	*penny*
le souffleur	*prompter* (theater)
souhaiter	*to wish*
le soupçon	*suspicion*
la soupe	*soup*
sourire	*to smile*
Elle est souriante.	*She smiles a lot.*
sous	*under*
*se souvenir (de)	*to remember*
souvent	*often*
spécial(e)	*special*
la spécialité	*major* (subject)
spécialiste *m, f*	*specialist*

le spectateur	*spectator*
le sport	*sport*
sportif (sportive)	*fond of sports*
stupide	*stupid*
substituer	*to substitute*
la succursale	*branch* (office)
le sud	*south*
la Suisse	*Switzerland*
suivant(e)	*following*
suivre	*to follow*
le sujet	*subject*
supérieur(e)	*chief; superior*
le supermarché	*supermarket*
supplémentaire	*supplementary, additional*
sur	*on*
sûr(e)	*sure*
sûrement	*surely*
la sûreté	*safety*
surprendre	*to surprise*
surpris(e)	*surprised*
surtout	*especially*
sympathique	*nice, likable*
la symphonie	*symphony*

T

ta	*your* (f)
le talent	*talent*
la tante	*aunt*
tard	*late*
la tartine	*slice of bread with butter and/or jam*
la tasse	*cup*
le taxi	*taxi*
te	*you*
le technicien (la technicienne)	*technician*
le téléphone	*telephone*
téléphoner	*to telephone*
la télévision (télé)	*television (TV)*
la température	*temperature*
des températures minimales	*minimum temperatures*
le temps	*weather; time, enough time*
Je n'ai pas le temps.	*I don't have enough time.*
Quel temps fait-il?	*How is the weather?*
tout le temps	*all the time*
tendre	*tender*
tenir	*to hold*
le tennis	*tennis*
faire du tennis	*to play tennis*
la tente	*tent*
terminer	*to end*
la terrasse	*sidewalk*
le café à terrasse	*sidewalk café*
le terrain	*site, campsite*

	tes	*your* (pl)	
la	tête	*head*	
le	thé	*tea*	
le	théâtre	*theater*	
le	thermomètre	*thermometer*	
	Tiens!	*You don't say!*	
	timide	*timid*	
	timidement	*timidly*	
	tirer	*to pull, drag*	
le	toast	*toast*	
	toi	*you*	
la	toile de Nîmes	*denim*	
la	toilette	*washing up and dressing*	
le	toit	*roof*	
la	tomate	*tomato*	
	*tomber	*to fall*	
	ton, ta, tes	*your*	
le	tort	*wrong*	
	avoir tort	*to be wrong*	
la	tortue	*tortoise*	
	tôt	*early*	
	tôt ou tard	*sooner or later*	
	Touché!	*Touché!*	
	toujours	*always, still*	
le	tour	*tour*	
	faire un tour	*to make a tour*	
le	tourisme	*tourism*	
	touriste *m, f*	*tourist*	
	tourmenter	*to trouble, worry*	
la	tournée	*round (of drinks)*	
	tourner	*to turn*	
la	Toussaint	*All Saints' Day*	
	tousser	*to cough*	
	tout, tous	*all*	
	tout à l'heure	*just now; in a few minutes*	
	tout de suite	*right away*	
	tout d'un coup	*all of a sudden*	
la	trace	*pathway*	
la	tradition	*tradition*	
	traduire	*to translate*	
	tragique	*tragic*	
le	train	*train*	
	être en train de + *inf*	*to be in the process of (doing something)*	
la	tranche	*slice*	
	tranquille	*quiet, tranquil*	
	transmettre	*to transmit*	
le	transport	*transportation*	
le	travail	*work*	
	travailler	*to work*	
	à travers	*across*	
la	traversée	*crossing*	
	traverser	*to cross*	
	treizième	*thirteenth*	
	très	*very*	
	très heureux	*pleased to meet you*	

	tressaillir	*to shiver*	
le	tricot	*knitted garment*	
la	tripe	*tripe*	
	triste	*sad*	
	tristement	*sadly*	
	troisième	*third*	
le	trombone	*trombone*	
	*se tromper	*to be mistaken*	
	trop	*too, too much*	
	trotter	*to run*	
le	trou	*hole*	
	troubler	*to disturb, trouble*	
la	trousse à outils	*tool kit*	
	trouver	*to find*	
	*se trouver	*to be located*	
le	T-shirt	*T-shirt*	
	tuer	*to kill*	
	typique	*typical*	

U

	unique	*only*	
	fille unique	*only child (daughter)*	
l'	université *f*	*university*	
	utile	*useful*	
	utiliser	*to use*	

V

	vacances *pl f*	*vacation*	
	les grandes vacances	*summer vacation*	
	vaillant(e)	*valiant, courageous*	
la	vaisselle	*dishes*	
	faire la vaisselle	*to do the dishes*	
	valoir	*to be worth*	
	valoir mieux	*to be better*	
	il vaut mieux	*it is better*	
le	veau	*veal*	
la	vedette	*star* (movies, theater)	
le	vélo	*bicycle*	
	faire du vélo	*to go bike riding*	
le	vendeur (la vendeuse)	*salesman (saleswoman)*	
	vendre	*to sell*	
le	vendredi	*Friday*	
	*venir	*to come*	
	venir de + *inf*	*to have just (done something)*	
le	vent	*wind*	
	Il fait du vent.	*It's windy.*	
	Autant en emporte le vent	*Gone with the wind*	
la	vente	*sale*	
	vérifier	*to verify*	
la	vérité	*truth*	
le	verre	*glass*	
	prendre un verre	*to have a drink*	
	vers	*about*	

	vert(e)	*green*
le	**veston**	*jacket*
le	**vêtement**	*clothing, article of clothing*
	vêtir	*to dress*
	vêtu(e) de	*dressed in*
la	**viande**	*meat*
le	**vice**	*vice*
le	**vice-président**	*vice-president*
la	**vie**	*life*
	vieux (vieille)	*old*
	mon vieux	*buddy, pal, man* (slang)
la	**ville**	*city*
	en ville	*downtown*
le	**vin**	*wine*
le	**vinaigre**	*vinegar*
	vingtième	*twentieth*
	violet (violette)	*violet, light purple*
le	**violon**	*violin*
le	**visage**	*face*
la	**visite**	*visit*
	rendre visite à	*to visit* (someone)
	visiter	*to visit* (something, someplace)
la	**vitamine**	*vitamin*
	vite	*fast*
la	**vitesse**	*speed*
	à toute vitesse	*at full speed*
la	**vitre**	*window* (car)
	vivre	*to live*
	Vive la différence!	*Long live the difference!*

le	**vocabulaire**	*vocabulary*
	voici	*here is, there is*
	voilà	*there is, there are*
	La voilà.	*There she (it) is.*
	voir	*to see*
	On*se verra.	*We'll see each other.*
la	**voiture**	*car*
la	**voix**	*voice*
le	**volant**	*steering wheel*
le	**volley-ball**	*volleyball*
	vos	*your* (pl)
	voter	*to vote*
	votre, vos	*your*
	vouloir	*to want*
	vouloir dire	*to mean*
	vous	*you*
	voyager	*to travel*
	vrai(e)	*true*
	vraiment	*really*

Y

	y	*there, in that place*
le	**yaourt**	*yogurt*
	yeux *pl m* (**œil** *sing*)	*eyes*

Z

	Zut!	*Rats!*

Lexique Anglais–Français[1]

A

a, an	**un, une**
about	**vers, environ**
abroad	**à l'étranger, pour l'étranger**
absolutely	**absolument**
accelerator	**l'accélérateur** *m*
accent	**l'accent** *m*
accessory	**l'accessoire** *m*
accident	**l'accident** *m*
to accompany	**accompagner**
to accomplish	**accomplir**
according to	**selon**
accountant	**comptable** *m, f*
accounting	**la comptabilité**
acquaintance	**la connaissance**
to become acquainted	**faire connaissance**
to make the acquaintance of	**faire la connaissance de**
across	**à travers**
actively	**activement**
activism	**l'activisme** *m*
actor	**l'acteur** *m*
actress	**l'actrice** *f*
address	**l'adresse** *f*
administrative	**administratif (administrative)**
to admire	**admirer**
admiringly	**admirativement**
advance	**l'avance** *f*
to advance	**avancer**
adventure	**l'aventure** *f*
to advise	**conseiller**
afraid: I'm afraid.	**J'ai peur.**
Africa	**l'Afrique** *f*
after	**après**
afternoon, in the afternoon	**l'après-midi** *m*
good afternoon	**bonjour**
age	**l'âge** *m*
agency	**l'agence** *f*
ago	**il y a**
five years ago	**il y a cinq ans**
agreement	**l'accord** *m*
air	**l'air** *m*
air current	**le courant d'air**
to be in the open air	**être au grand air**
airplane	**l'avion** *m*
all	**tout (e), tous (toutes)**
all of a sudden	**tout d'un coup**
all the same	**quand même**
almost	**presque**
already	**déjà**
also	**aussi**
although	**bien que, quoique**
always	**toujours**
ambassador	**l'ambassadeur** *m* **(l'ambassadrice** *f***)**
ambitious	**ambitieux (ambitieuse)**
America	**l'Amérique** *f*
among	**parmi**
amusing	**amusant(e)**
to analyze	**analyser**
and	**et**
anger	**la rage**
angry	**fâché(e)**
animal	**l'animal** *m* **(animaux** *pl***)**

[1] Verbs marked with an asterisk are conjugated with **être**.

answer	la **réponse**
to answer	**répondre**
to answer the mail	**rédiger le courrier**
ant	la **fourmi**
apart from	**à part**
to appear	**paraître**
appendicitis	l'**appendicite** f
appetizer	le **hors-d'œuvre**
to apply oneself	*s'**appliquer**
to approach	*s'**approcher** (**de**)
April	**avril** m
architect	l'**architecte** m, f
area	le **pays**
arm	le **bras**
to arrange	**arranger**
to arrive	*arriver
art	l'**art** m
article	l'**article** m
artist	l'**artiste** m, f
artistic	**artistique**
as	**comme**
as it happens, as a matter	**justement**
of fact	
as...as	**aussi...que**
as much as	**autant que**
as much...as	**autant de...que**
ashamed	**honteux** (**honteuse**)
Asia	l'**Asie** f
to ask, ask for	**demander**
Ask (John).	**Demandez** (**à Jean**).
to ask (a question)	**poser une question**
asparagus	**asperges** pl f
astronaut	l'**astronaute** m, f
astronautics	l'**astronautique** f
at	**à, chez**
atmosphere	l'**ambiance** f
attention	l'**attention** f
to pay attention (to)	**faire attention** (**à**)
audacious	**audacieux** (**audacieuse**)
audience	l'**audience** f
aunt	la **tante**
August	**août** m
automobile	l'**automobile** f
autumn	l'**automne** m
aviator (aviatrix)	l'**aviateur** m
	(l'**aviatrice** f)

B

baby	le **bébé**, le **poupon** slang
back	le **dos**
to be back	**être de retour**
to come back	*revenir
bad	**mauvais**(**e**)
to become bad	*se **gâter**
It's too bad.	**C'est dommage.**
The weather is bad.	**Il fait mauvais.**
baggage rack	le **porte-bagages**

baker's wife	la **boulangère**
bakery	la **boulangerie**
banker	le **banquier**
barber	le **barbier**
baseball	le **baseball**
basketball	le **basket**(-**ball**)
bath	le **bain**
bathroom	la **salle de bains**
bathing suit	le **maillot de bain**
battery	la **batterie**
to be	**être**
to be able	**pouvoir**
to be in the process of	**être en train de** + inf
(doing something)	
to be located	*se **trouver**
to be lucky	**avoir de la chance**
He has been in France for	**Il est en France**
two weeks.	**depuis deux**
	semaines.
I have been living here for	**Il y a deux ans que**
two years.	**j'habite ici.**
I am twenty.	**J'ai vingt ans.**
it, he, she is	**c'est**
it, he, she was	**c'était**
they were	**c'étaient**
isn't that so?	**n'est-ce pas?**
beach	la **plage**
beak	le **bec**
bean	le **haricot**
green bean	le **haricot vert**
bear	l'**ours** m
beard	la **barbe**
beautiful	**beau** (**bel** before vowel),
	belle
The weather is beautiful.	**Il fait beau.**
because	**parce que**
because of	**à cause de**
to become	*devenir
to be becoming (to)	**aller bien** (**à**)
bed	le **lit**
to go to bed	*se **coucher**
to stay in bed	**garder le lit**
beer	la **bière**
before	**avant, avant que**
to begin	**commencer**
to begin a new job	**débuter**
behind	**derrière**
beige	**beige**
Belgian	**belge**
Belgian person	**Belge** m, f
Belgium	la **Belgique**
believable	**croyable**
to believe	**croire**
to belong (to)	**faire partie** (**de**)
belt	la **ceinture**
bench	le **banc**
besides	**à part**

best	le meilleur (la meilleure); le mieux *adv*	*"broke"*	fauché(e)
		brother	le frère
		brown	marron *invariable;* brun(e) *(eyes, hair)*
better	meilleur(e); mieux *adv*		
to be better	valoir mieux	*brush*	la brosse
It is better.	Il vaut mieux.	*to brush (one's teeth)*	*se brosser (les dents)
between	entre		
bicycle	la bicyclette, le vélo	*Brussels*	Bruxelles
by bicycle	à bicyclette	*brutal*	brutal(e)
to go bike riding	faire du vélo	*buddy*	mon vieux
bicycling	le cyclisme	*to build*	construire
big	grand(e)	*building*	l'établissement *m*
bilingual	bilingue	*to burst*	craquer
bird	l'oiseau *m*	*bus*	l'autobus *m*
birthday	l'anniversaire *m*	*businessman*	l'homme d'affaires *m*
black	noir(e)	*business matters*	affaires *pl f*
blacksmith	le forgeron	*to run business matters*	régler les affaires
blond	blond(e)	*busy*	occupé(e)
blouse	le chemisier	*to keep busy*	*s'occuper
blue	bleu(e)	*but*	mais
blue jeans	le blue-jean	*butcher shop*	la boucherie
on board	à bord	*to buy*	acheter
book	le livre	*by*	par
bookkeeper	comptable *m, f*	*by the way*	à propos
bookkeeping	la comptabilité		
boot	la botte		
to bore	ennuyer	**C**	
to be bored	*s'ennuyer	*cabbage*	le chou (choux *pl*)
boring	ennuyeux (ennuyeuse), barbant(e)	*café*	le café
		cake	le gâteau (gâteaux *pl*)
born	né(e)	*chocolate cake*	le gâteau au chocolat
newborn	nouveau-né(e)	*calendar*	le calendrier
to be born	*naître	*California*	la Californie
boss	le patron (la patronne)	*camping*	le camping
both . . . and	et . . . et	*to go camping*	faire du camping
to bother	ennuyer, embêter	*campsite*	le terrain
bothersome	embêtant(e)	*Canada*	le Canada
bottle	la bouteille	*Canadian*	canadien(ne)
boulevard	le boulevard	*candidate*	le candidat
bowling-like game	boules *pl f*, la pétanque	*car*	la voiture
boy	le garçon	*card*	la carte
brake	le frein	*greeting card*	la carte de vœux
branch (office)	la succursale	*identity card*	la carte d'identité
brandy	le cognac	*careful*	attentif (attentive)
Bravo!	Bravo!	*carefully*	attentivement, soigneusement
Brazil	le Brésil		
bread	le pain	*carrot*	la carotte
slice of bread with butter and/or jam	la tartine	*to carry*	porter
		case	le cas
to break	casser	*in any case*	en tout cas
to break one's leg	*se casser la jambe	*cast* (plaster)	le plâtre
breakdown (automobile)	la panne	*castle*	le château
to break down	*tomber en panne	*casual*	décontracté(e)
breakfast	le petit déjeuner	*catastrophe*	la catastrophe
to breathe	respirer	*to catch*	attraper
briefcase	la serviette	*to catch cold*	attraper un rhume
to bring	amener	*Catholic*	catholique

cause	la **cause**
to celebrate	**célébrer**
certain	**certain**(e)
champagne	le **champagne**
champion	le **champion** (la **championne**)
championship	le **championnat**
chance	le **hasard**
by chance	par **hasard**
to change	**changer**
to charm	**charmer**
charming	**charmant**(e)
to chase	**chasser**
chat	la **causerie**
cheap, cheaply	à bon **marché**
check	le **chèque**
cheese	le **fromage**
chemist	**chimiste** m, f
chicken	le **poulet**
chief (adj)	**supérieur**(e)
child	l'**enfant** m, f
only child (daughter)	**fille unique**
childhood	l'**enfance** f
China	la **Chine**
Chinese	**chinois**(e)
chocolate	le **chocolat**
choice	le **choix**
to choose	**choisir**
Christmas	**Noël** m
church	l'**église** f
circle	le **cercle**
to cite	**citer**
city	la **ville**
clarinet	la **clarinette**
class	la **classe**, le **cours**
in class	en **classe**
clever	**habile**
client	le **client** (la **cliente**)
climate	le **climat**
clinic	la **clinique**
clothing	**vêtements** pl m
article of clothing	le **vêtement**
cloudy	**nuageux** (**nuageuse**)
club	le **club**
coat	le **manteau** (**manteaux** pl)
Coca-Cola	le **Coca-Cola**
coffee	le **café**
cognac	le **cognac**
cold	**froid**(e); le **rhume**
to catch cold	**attraper un rhume**
I'm cold.	**J'ai froid.**
It's cold.	**Il fait froid.**
to collect	**recueillir**
college	le **collège**, la **faculté**
color	la **couleur**
to come	***venir**

to come back	***revenir**
to come home	***rentrer**
to come out	***sortir**
comedy	la **comédie**
comfort	le **confort**
to communicate	**communiquer**
communism	le **communisme**
communist	**communiste**
comparison	la **comparaison**
compassion	la **compassion**
to complete	**compléter**
complex (building)	l'**ensemble** m
concert	le **concert**
condition	la **condition**
to confront one another	***s'affronter**
content	**content**(e)
to continue	**continuer**
to convert	**convertir**
cooking	la **cuisine**
cool	**frais** (**fraîche**)
It's cool.	**Il fait frais.**
correct	**correct**(e)
correspondent (press)	le **correspondant de presse**
cotton	le **coton**
to cough	**tousser**
to count	**compter**
country	le **pays**; la **campagne** (countryside)
couple	le **couple**
courage	le **courage**
courageous	**vaillant**(e), **courageux** (**courageuse**)
course	le **cours**
to take a course	**suivre un cours**
cousin	le **cousin** (la **cousine**)
to cover	**couvrir**
cream	la **crème**
crescent-shaped roll	le **croissant**
criticism	la **critique**
to cross	**traverser**
crossing	la **traversée**
crow	le **corbeau**
crutch	la **béquille**
to cry	**pleurer**
cultural	**culturel**(le)
cup	la **tasse**; la **coupe**
cure	la **guérison**
current	**actuel**(le)

D

Dad	le **papa**
dairy	la **laiterie**
damage	le **dommage**
dance	le **bal** (**bals** pl)
to dance	**danser**

dancer	le **danseur** (la **danseuse**)	to direct	**diriger**
danger	le **danger**	director	le **directeur** (school); le **metteur en scène** (movies, theater)
dark (color)	**foncé(e)**	dirty	**sale**
darling	**mignon(ne)**	discotheque	la **discothèque**
date	le **rendez-vous**	discouraged	**découragé(e)**
daughter	la **fille**	to discover	**découvrir**
day	le **jour**	to discuss	**discuter**
All Saints' Day	la **Toussaint**	dish	l'**assiette** f; le **plat**
every day	**tous les jours**	dishes	la **vaisselle**
the next day	le **lendemain**	to do the dishes	**faire la vaisselle**
the whole day	la **journée**, **toute la journée**	distressed	**désolé(e)**
Father's Day	la **fête des Pères**	to disturb	**inquiéter**, **troubler**
Labor Day	la **fête du Travail**	ditch	le **fossé**
Mother's Day	la **fête des Mères**	to do	**faire**
New Year's Day	le **Jour de l'An**	It does one good.	**Cela fait du bien.**
those days	**ces jours-là**	to have something done	**faire** + inf
dead	**mort(e)**	doctor	le **docteur**, le **médecin**
dear	**cher** (**chère**); **chéri(e)**	dollar	le **dollar**
death	la **mort**	door	la **porte**; la **portière** (car)
December	**décembre** m	doubt	le **doute**
to decide	**décider**	without a doubt	**sans aucun doute**
decorator	le **décorateur** (la **décoratrice**)	to doubt	**douter**
		down: to go down	*****descendre**
to dedicate	**dédier**	downtown	**en ville**
deep	**profond(e)**	drama	le **drame**
deflated	**dégonflé(e)**	dream	le **rêve**
degree	le **brevet**; le **degré** (temperature)	to dream	**rêver**
		dress	la **robe**
delay	le **retard**	dressed	**habillé(e)**, **vêtu(e)**
delicious	**délicieux** (**délicieuse**)	to get dressed	*****s'habiller**
deluxe	**de luxe**	dressing and washing up	la **toilette**
to demand	**exiger**	drily	**sèchement**
demanding	**exigeant(e)**	to drink	**boire**
Democrat	**démocrate**	to have a drink	**prendre un verre**
denim	la **toile de Nîmes**	to drive	**conduire**
dentist	**dentiste** m, f	driver	le **chauffeur**
departure	le **départ**	drugstore	la **pharmacie**
in depth	**à fond**	during	**pendant**
to describe	**décrire**	dynamic	**dynamique**
to desire	**désirer**, **avoir envie (de)**	dynamism	le **dynamisme**
dessert	le **dessert**		
destination	la **destination**	**E**	
detail	le **détail**	each	**chaque**
detective	le **détective**; **policier** (**policière**) adj	each one	**chacun(e)**
		ear	l'**oreille** f
devilish	**satanique**	early	**de bonne heure**, **tôt**; **en avance**
dialogue	le **dialogue**		
dictionary	le **dictionnaire**	to earn	**gagner**
to die	*****mourir**	Easter	**Pâques** pl f
difficult	**difficile**	easy	**facile**
difficulty	la **difficulté**	to eat	**manger**, **casser la croûte**
dinner	le **dîner**		
to have dinner	**dîner**	eccentric	**original(e)**
diploma	le **brevet**, le **diplôme**	to economize	**économiser**

edge le **bout**
education l'**éducation** *f*
   to have a good education **faire de bonnes études**
to effect **effectuer**
egg l'**œuf** *m* (**œux** *pl*)
eighteenth **dix-huitième**
eighth **huitième**
either . . . or **ou . . . ou**
elegant **élégant(e)**
eleventh **onzième**
elsewhere **ailleurs**
to embark ***s'embarquer**
embarrassed **confus(e)**
employee l'**employé** *m* (l'**employée** *f*)
to encourage **provoquer**
end la **fin**; le **bout**
to end **terminer**
engineer l'**ingénieur** *m*
England l'**Angleterre** *f*
English **anglais(e)**
to enjoy **jouir** (**de**)
to enlarge **agrandir**
enough **assez**
to enrich **enrichir**
to enter ***entrer**
enthusiasm l'**enthousiasme** *m*
entrance l'**entrée** *f*
to entrench oneself ***se planter**
Eskimo l'**Esquimau** *m, f* (**Esquimaux** *pl*)
especially **surtout**
eternity l'**éternité** *f*
Europe l'**Europe** *f*
European **européen(ne)**
even **même**
evening, in the evening le **soir**
   good evening **bonsoir**
   this evening **ce soir**
   whole evening la **soirée**
everybody **tout le monde**
evil le **mal** (**maux** *pl*)
exactly **exactement**
examination l'**examen** *m*
example l'**exemple** *m*
   for example **par exemple**
excellent **excellent(e)**
exciting **passionnant(e)**
to excuse **excuser**
exercise l'**exercice** *m*
to exist **exister**
expensive **cher** (**chère**)
to explain **expliquer**
explanation l'**explication** *f*
explorer l'**explorateur** *m*
expression l'**expression** *f*

extemporization l'**improvisation** *f*
extra **de plus**
extraordinary **extraordinaire**
eyes **yeux** *m* (**œil** *sing*)

F

fable la **fable**
face la **figure**, le **visage**
faithful **fidèle**
faithfully **fidèlement**
fall l'**automne** *m*
to fall ***tomber**
family la **famille**
   a large family (parents, children) **une famille nombreuse**
   a large family (aunts, uncles, etc.) **une grande famille**
fantastic **formidable, fantastique**
far **loin**
farewell l'**adieu** *m* (**adieux** *pl*)
farm la **ferme**
farmer le **fermier**
fascinating **fascinant(e)**
fashion la **mode**
   high fashion la **haute couture**
fast **vite**
father le **papa**, le **père**
favorite **favori** (**favorite**)
fear la **peur**
February **février** *m*
to feel like **avoir envie** (**de**)
feeling le **sentiment**
feminine **féminin(e)**
fender le **garde-boue**
festival le **festival**; la **fête**
fever la **fièvre**
   to have a fever **avoir de la fièvre**
few **peu**
   a few **quelques**
fiance (*fiancee*) le **fiancé** (la **fiancée**)
fifteenth **quinzième**
fifth **cinquième**
file le **dossier**
to file **classer**
filled **rempli(e)**
film le **film**
finally **enfin**
to find **trouver**
finger le **doigt**
fingernail l'**ongle** *m*
to finish **finir**
fire le **feu** (**feux** *pl*)
fireplace la **cheminée**
first **premier** (**première**)
fish le **poisson**
fishing la **pêche**

to go fishing	***aller à la pêche**	*garage*	le **garage**
five	**cinq**	*garden*	le **jardin**
flat (tire)	**dégonflé(e)**	*garlic*	l'**ail** *m*
flatterer	le **flatteur**	*gas*	le **gaz**
flight	la **fuite**	*natural gas*	le **gaz naturel**
"flop" (movie, play)	le **navet**	*general*	**général(e)**
flu	la **grippe**	*in general*	**en général**
flute	la **flute**	*generally*	**généralement, en**
to fly away	***s'envoler**		**principe**
folk song	la **chanson folklorique**	*generation*	la **génération**
to follow	**suivre**	*generation gap*	le **fossé entre les**
following	**suivant(e)**		**générations**
food	la **nourriture**	*gentle*	**doux (douce)**
foot	le **pied**	*gentleman*	le **monsieur (messieurs**
on foot	**à pied**		*pl*)
football	le **football américain**	*geographic(al)*	**géographique**
for	**pour, par**	*German*	**allemand(e)**
for example	**par exemple**	*to get*	**obtenir, procurer**
to force	**obliger**	*to get dressed*	***s'habiller**
to forecast	**prévoir**	*to get into* (the bus)	***monter dans**
foreign	**étranger (étrangère)**		**(l'autobus)**
to forge	**forger**	*to get off* (the bus)	***descendre de**
to forget	**oublier**		**(l'autobus)**
form	la **forme**; le **formulaire**	*to get up*	***se lever**
	(*business*)	*gift*	le **cadeau**
the former	**celui-là (celle-là)**	*girl*	la **fille**
formidable	**formidable**	*to give*	**donner**
fortunately	**heureusement**	*to give each other*	***se donner**
fourteenth	**quatorzième**	*glass*	le **verre**
fourth	**quatrième**	*glutton*	le **gourmand**
France	la **France**	*to go*	***aller**
frank	**franc (franche)**	*to go away*	***s'en aller**
frankly	**franchement**	*to go out*	***sortir**
free	**libre**	*to go up*	***monter**
freedom	la **liberté**	*How is it going?*	**Ça va?**
French	**français(e)**	*It's going well.*	**Ça va.**
fresh	**frais (fraîche)**	*god*	le **dieu (dieux** *pl*)
Friday	le **vendredi**	*gold*	l'**or** *m*
friend	l'**ami** *m* (l'**amie** *f*)	*golden*	**doré(e)**
friendly	**amical(e)**	*golf*	le **golf**
friendship	l'**amitié** *f*	*good*	**bon (bonne)**
to frighten	**faire peur (à)**	*to look good* (on)	**aller bien (à)**
from	**de**	*what's the good of*	**à quoi bon**
from there	**en**	*good-bye*	**au revoir**
front	**avant**	*gooseflesh*	la **chair de poule**
in front of	**devant, en face de**	*gourmet*	le **gourmet**
fruit	le **fruit**	*governess*	la **gouvernante**
full	**plein(e)**	*grammar*	la **grammaire**
funny	**comique, amusant(e)**	*grandeur*	la **grandeur**
to furnish	**fournir**	*granddaughter*	la **petite-fille**
future	**futur(e)**	*grandfather*	le **grand-père**
		grandmother	la **grand-mère**
G		*grandson*	le **petit-fils**
to gain weight	**grossir**	*grave* adj	**grave**
game	le **match** (*sports event*);	*gray*	**gris(e)**
	le **jeu** (jeux *pl*)	*Great!*	**Chic alors!**
Olympic Games	**les Jeux Olympiques**	*greatness*	la **grandeur**

green	**vert(e)**	*her* possessive adj	**son, sa, ses**
greeting	la **salutation**	*to her*	**lui**
grocery store	l'**épicerie** *f*	*here*	**ici**
group	le **groupe**	*here is, here are*	**voici**
to grow	**grandir**	*hers*	le **sien** (la **sienne**)
grumpy	**maussade**	*Hey!*	**Hé!**
to guard	**garder**	*Hi!*	**Salut!**
guide	le **guide**	*him*	**le; lui**
to guide	**guider**	*to him*	**lui**
guitar	la **guitare**	*his*	**son, sa, ses; le sien**
to play the guitar	**jouer (faire) de la guitare**		**(la sienne)**
		history	l'**histoire** *f*
		to hit	**frapper, battre**
		hockey	le **hockey**
H		*to hold*	**tenir**
hair	**cheveux** *pl m*	*hole*	le **trou**
hairdresser	le **coiffeur**	*holiday*	la **fête**
half	**demi(e)**	*home, at home*	**à la maison**
hall (public)	la **salle**	*at, to the home of*	**chez**
ham	le **jambon**	*homework*	**devoirs** *pl m*
hand	la **main**	*honestly*	**honnêtement**
handful	la **poignée**	*"honey"*	**chéri(e)**
handshake	la **poignée de main**	*to honor*	**honorer**
handkerchief	le **mouchoir**	*hood* (car)	le **capot**
hangover : to have a hangover	**avoir mal aux cheveux**	*hope*	l'**espoir** *m*
to happen	***arriver, *se passer**	*to hope*	**espérer**
happiness	le **bonheur**	*hors d'œuvre*	le **hors-d'œuvre**
happy	**content(e), heureux (heureuse)**	*horse*	le **cheval** (**chevaux** *pl*)
		to go horseback riding	**faire du cheval**
Happy holiday!, Happy Saint's Day!	**Bonne fête!**	*hospital*	l'**hôpital** *m*
		hour	l'**heure** *f*
hard	**dur(e)**	*house*	la **maison**
hard to please	**exigeant(e)**	*how*	**comment**
hardware store	la **quincaillerie**	*how much, how many*	**combien**
hare	le **lièvre**	*hunger*	la **faim**
hat	le **chapeau** (**chapeaux** *pl*)	*I'm hungry.*	**J'ai faim.**
		I'm starving.	**J'ai une faim de loup.**
Hats off!	**Chapeau!**	*to hurry*	***se dépêcher**
to have	**avoir; prendre** (*food or drink*)	*hurt*	le **mal**
		to hurt	**faire mal (à)**
to have to	**devoir**	*husband*	le **mari**
head	la **tête**	*hypocrite*	**hypocrite** *m, f*
to have a headache	**avoir mal à la tête**	*hypocritical*	**hypocrite**
headlight	le **phare**		
to heal	**guérir**	**I**	
to heal oneself	***se guérir**	*ice cream*	la **glace**
health	la **santé**	*idea*	l'**idée** *f*
To your health!	**À votre santé!**	*idealism*	l'**idéalisme** *m*
heart	le **cœur**	*idealist*	l'**idéaliste** *m, f*
heat	la **chaleur**	*to identify*	**identifier**
heavy	**dur(e)**	*idleness*	l'**oisiveté** *f*
hell	l'**enfer** *m*	*if*	**si**
hello	**bonjour**	*immediately*	**immédiatement**
help	le **secours**	*impatient*	**impatient(e)**
Help!	**Au secours!**	*important*	**important(e)**
to help	**aider**	*nothing important*	**rien d'important**
her	**la; elle**		

to impose	**imposer**
impressionism	**l'impressionisme** *m*
in	**à; dans**
in order that	**afin que, pour que**
in order (*to*)	**pour**
to incite	**provoquer**
to include	**comprendre**
independence	**l'indépendance** *f*
independent	**indépendant**(e)
indifference	**l'indifférence** *f*
individualist	**l'individualiste** *m, f*
information	**renseignements** *pl m*
injection	**la piqûre**
injury	**le dommage**
to inspect	**inspecter**
inspector	**l'inspecteur** *m*
	(**l'inspectrice** *f*)
instead	**plutôt**
installation	**l'installation** *f*
instructor	**l'instructeur** *m*
insurance	**l'assurance** *f*
social insurance	**l'assurance sociale**
intellectual	**intellectuel**(le)
intelligence	**l'intelligence** *f*
intelligent	**intelligent**(e)
to intend	**avoir l'intention** (de)
interest	**l'intérêt** *m*
to interest	**intéresser**
interesting	**intéressant**(e)
international	**international**(e)
interpreter	**l'interprète** *m, f*
interrogation	**l'interrogatoire** *m*
to interview	**interviewer**
interstellar	**interstellaire**
investigation	**l'enquête** *f*
to invite	**inviter**
iron	**le fer**
to irritate	**irriter**
Israel	**l'Israël** *m*
it	**le, la; cela**
Italian	**italien**(ne)
Italy	**l'Italie** *f*
its	**son, sa, ses**
Ivory Coast	**la Côte-d'Ivoire**

J

jacket	**le veston; le blouson**
January	**janvier** *m*
Japan	**le Japon**
Japanese	**japonais**(e)
jazz	**le jazz**
job	**la place, le métier, la profession**
journalist	**journaliste** *m, f*
joy	**la joie**
judge	**le juge**
juice	**le jus**

July	**juillet** *m*
June	**juin** *m*
just (adv)	**juste**
just now	**tout à l'heure**
to have just (*done something*)	**venir de** + *inf*

K

to keep	**garder**
to keep oneself	***se maintenir**
to kill	**tuer**
kilometer	**le kilomètre**
kind	**aimable**
king	**le roi**
kitchen	**la cuisine**
knitted garment	**le tricot**
to knock	**frapper**
to knock on the door	**frapper à la porte**
to know	**connaître; savoir**
to know how	**savoir**
knowledge	**la connaissance**

L

label	**l'étiquette** *f*
laboratory	**le laboratoire**
to be lacking	**falloir**
lady	**la dame**
ladies and gentlemen	**messieurs-dames**
lamb	**le mouton**
language	**la langue**
last	**dernier** (**dernière**)
to last	**durer**
late	**en retard; tard**
to be late (for appointment)	**être en retard**
later	**plus tard**
the latter	**celui-ci** (**celle–là**)
to laugh	**rire**
laundry	**la lessive**
to do the laundry	**faire la lessive**
to lead	**mener**
to learn	**apprendre**
the least	**le** (**la**) **moindre**
leather	**le cuir**
to leave	***partir; laisser; quitter**
lecture	**la conférence**
left	**la gauche**
to the left	**à gauche**
leg	**la jambe**
lemon	**le citron**
lemonade	**la limonade**
less	**moins**
the less . . . the less	**moins…moins**
lesser	**moindre** *m, f*
lesson	**la leçon**
to let	**laisser**

letter	la **lettre**	*map*	la **carte**
liberal	**libéral**(e)	*March*	**mars** *m*
library	la **bibliothèque**	*market*	le **marché**
to lie	**mentir**	*marriage*	le **mariage**
life	la **vie**	*married*	**marié**(e)
light	**clair**(e) *(color)*; le **feu**	*masculine*	**masculin**(e)
	(**feux** *pl*) *(traffic)*	*material*	la **matière**
red light	le **feu rouge**	*mathematics*	**mathématiques** *pl f*
like	**comme**	*May*	**mai** *m*
to like	**aimer**	*me*	**me, moi**
likable	**sympathique**	*meal*	le **repas**
likewise	**moi de même**	*to mean*	**vouloir dire**
limited	**limité**(e)	*meat*	la **viande**
lip	la **lèvre**	*medication, medicine*	le **médicament**
to listen	**écouter**	*to meet*	**rencontrer**
little	**petit**(e); **peu** *adv*	*meeting place(s)*	**lieu**(x) **de rencontre**
to live	**demeurer, habiter,**	*to menace*	**menacer**
	vivre	*mental*	**mental**(e)
livelihood, living	le **gagne-pain**	*menu*	le **menu**
loan	l'**emprunt** *m*	*merchant*	le **commerçant**
local	**local**(e)	*message*	le **message**
logical	**logique**	*Mexico*	le **Mexique**
long	**long** (**longue**)	*mild*	**doux** (**douce**)
to look (happy)	**avoir l'air** [**content**(e)]	*It's mild.*	**Il fait doux.**
to look at	**regarder**	*milk*	le **lait**
to look for	**chercher**	*mine*	le **mien** (la **mienne**);
to lose	**perdre**		**à moi**
a lot	**beaucoup**	*mineral water*	l'**eau minérale** *f*
love	l'**amour** *m*	*minute*	la **minute**
in love	**amoureux**	*in a few minutes*	**tout à l'heure**
	(**amoureuse**)	*mirror*	le **miroir**
to love	**aimer**	*rearview mirror*	le **rétroviseur**
lover	l' **amoureux** *m*	*misfortune*	le **malheur**
	(l'**amoureuse** *f*)	*Miss*	**Mademoiselle**
loyal	**loyal**(e)	*to be mistaken*	*se **tromper**
luck	la **chance**	*model*	le **modèle**
to be lucky	**avoir de la chance**	*modern*	**moderne**
to try our luck	**tenter notre chance**	*moment*	le **moment**
lumber yard	le **chantier de bois**	*Monday*	le **lundi**
lunch	le **déjeuner**	*money*	l'**argent** *m*
to eat lunch	**dejeuner**	*month*	le **mois**
luxury	le **luxe**	*moral*	**moral**(e)
		more	**plus**
M		*the more...the more*	**plus...plus**
madame	la **madame**	*morning, in the morning*	le **matin**
magazine	le **magazine**	*good morning*	**bonjour**
magnetism	le **magnétisme**	*whole morning*	la **matinée**
mail	le **courrier**	*most*	la **plupart**
main	**principal**(e)	*mother, Mom*	la **maman, la mère**
to maintain	**entretenir**	*motherhood*	la **maternité**
major (subject)	la **spécialité**	*motor*	le **moteur**
to make	**faire**	*motorcycle*	la **moto**
to put on makeup	*se **maquiller**	*mountain*	la **montagne**
malicious	**malicieux** (**malicieuse**)	*mountain climbing*	l'**alpinisme** *m*
man	l'**homme** *m*; **mon**	*movement*	le **mouvement**
	vieux *slang*	*movies*	le **cinéma**
to manage (to do something)	*arriver **à** + *inf*	*Mr.*	**Monsieur**

Mrs.	**Madame**
much	**beaucoup**
mudguard	**le garde-boue**
museum	**le musée**
music	**la musique**
to play music	**faire de la musique**
musician	**le musicien (la musicienne)**
mustache	**la moustache**
my	**mon, ma, mes**
myself	**moi-meme**

N

nail	**l'ongle**
name	**le nom**
first name	**le prénom**
to be named	***s'appeler**
to name	**nommer**
napkin	**la serviette**
nationality	**la nationalité**
naturally	**naturellement**
to be nauseous	**avoir mal au cœur**
navigator	**le navigateur (la navigatrice)**
near	**près**
near here	**près d'ici**
necessary	**nécessaire**
to be necessary	**falloir**
neck	**le cou**
need	**le besoin**
in need	**au besoin**
to need	**avoir besoin (de)**
I need	**J'ai besoin (de); il me faut**
negation	**la négation**
negatively	**négativement**
neighborhood	**le quartier**
neither...nor	**ni...ni**
nest	**le nid**
never	**jamais, ne...jamais**
nevertheless	**néanmoins**
new, brand new	**neuf (neuve); nouveau (nouvelle)**
newborn	**nouveau-né(e)**
news	**nouvelles** *pl f*
newspaper	**le journal**
newsstand	**le kiosque**
next	**prochain(e); ensuite**
next to	**à côté de**
Until the next time.	**À la prochaine.**
nice	**aimable, sympathique**
The weather is nice.	**Il fait bon.**
Nigeria	**le Niger**
Nigerian	**nigérien(ne)**
nineteenth	**dix-neuvième**
ninth	**neuvième**
no	**non**

No kidding!	**Pas possible!**
no longer	**ne...plus**
nocturne	**la nocturne**
north	**le nord**
nose	**le nez**
not : not at all	**pas du tout**
not bad	**pas mal**
not...nor	**pas...ni**
not yet	**pas encore**
note	**la remarque**
nothing	**rien**
nothing important	**rien d'important**
to notice	**apercevoir**
novel	**le roman**
November	**novembre** *m*
now	**maintenant**
number	**le numéro**
numerous	**nombreux (nombreuse)**
nurse	**l'infirmière** *f*
nylon	**le nylon**

O

to obligate	**obliger**
to observe	**observer**
to obtain	**obtenir (obtenu** *past part***)**
October	**octobre** *m*
odor	**l'odeur** *f*
of	**de**
of course	**bien sûr**
of whom, of which	**dont**
to offer	**offrir**
office	**le bureau**
head office	**la maison mère**
often	**souvent**
oil	**le pétrole**
crude oil	**le pétrole brut**
O.K.	**d'accord**
old	**vieux (vieille)**
He is twenty years old.	**Il a vingt ans.**
How old are you?	**Quel âge avez-vous?**
oldest	**aîné(e)**
omelet	**l'omelette** *f*
on	**sur**
one	**on**
only	**unique; ne...que; seulement**
an only child (daughter)	**fille unique**
to open	**ouvrir**
operation	**l'opération** *f*
operator	**l'opérateur** *m* **(l'opératrice** *f***)**
opinion	**l'opinion** *f*
opportunity	**l'occasion** *f*
opposite	**en face de**
optimism	**l'optimisme** *m*

optimist; optimistic	optimiste *m, f*
or	ou
orange	orange (*color*) invariable; l'**orange** *f*
orangeade	l'**orangeade** *f*
order	l'**ordre** *m*
to order	**commander**
in order to	**pour**
organist	l'**organiste** *m, f*
to organize	**organiser**
origin	l'**origine** *f*
original	**original**(e)
other	**autre**
our	**notre, nos**
ours	**le (la) nôtre**
outing	l'**excursion** *f*
out of	**hors de**
overalls	la **salopette**
overcast	**couvert**(e)

P

pain	le **mal**
painting	la **peinture**
pair	la **paire**
pajamas	le **pyjama**
pal	le **copain** (la **copine**)
panaché	le **panaché** (*beer and lemon-lime soda*)
pants	le **pantalon**
pantyhose	le **collant**
Pardon?	**Pardon?**
parents	**parents** *pl m*
Parisian	**parisien**(ne)
park	le **parc**
part	le **partie**; la **pièce** (*machinery*)
to be part of	**faire partie de**
participant	le **participant**
to participate	**participer**
to participate in sports	**pratiquer les sports**
partridge	la **perdrix**
to pass	**passer**
passion	la **passion**
passionate	**passionné**(e)
past	le **passé**
pastry	la **pâtisserie**
pathway	la **trace**
patience	la **patience**
patient	**patient**(e)
pause	la **pause**
to pave	**paver**
to pay, pay for	**payer**
to pay attention (to)	**faire attention** (à)
pear	la **poire**
pedestrian	le **piéton**
penny	le **sou**
people	**gens** *pl m*, le **monde**

perched	**perché**(e)
perfect	**parfait**(e)
perfectly	**parfaitement**
perhaps	**peut-être**
to permit	**permettre**
person	la **personne**
personality	la **personnalité**
pessimism	le **pessimisme**
pessimist	**pessimiste** *m, f*
petrochemist	le **pétrochimiste**
pharmacist	le **pharmacien** (la **pharmacienne**)
pheasant	le **faisan**
photographer	**photographe** *m, f*
pianist	**pianiste** *m, f*
piano	le **piano**
to play the piano	**jouer (faire) du piano**
picnic	le **pique-nique**
to pick up (*person*)	**chercher**
picture	le **dessin**
piglet	le **cochonnet**
ping-pong	le **ping-pong**
pink	**rose**
pipe	la **pipe**
pizza	la **pizza**
place	l'**endroit** *m*, le **lieu** (**lieux** *pl*)
in that place	**y**
to take place	**avoir lieu**
to plan	**avoir l'intention (de)**
plant	l'**installation** *f*
to plant oneself firmly	*****se planter**
to play	**jouer**
to play the guitar	**jouer de la guitare**
to play tennis	**jouer au tennis**
pleasant	**agréable**
to please	**plaire** (à)
It pleases me.	**Cela me plaît.**
please	**s'il vous plaît**
pleased to meet you	**enchanté**(e); **très heureux** (**heureuse**)
pleasure	le **plaisir**
plural	**pluriel**(le)
poem	le **poème**
police	la **police**
police headquarters	la **préfecture de police**
policeman	l'**agent** *m* **de police**
politics	la **politique**
pompous	**pompeux** (**pompeuse**)
popular	**populaire, fréquenté**(e)
pork	le **porc**
portrait	le **portrait**
Portugal	le **Portugal**
Portuguese	**portugais**(e)
position (job)	la **place**

to possess	posséder	**R**	
possible	possible	rabbit	le **lapin**
potatoes	**pommes de terre** *pl f*	radio	la **radio**
French-fried potatoes	(**pommes**) **frites** *pl f*	rain	la **pluie**
practical	pratique	to rain	pleuvoir
to practice	pratiquer	It's raining.	Il pleut.
to prefer	préférer	raincoat	l'**imperméable** *m*
preferable	préférable	rallye (sports)	le **rallye**
preliminary	préliminaire	rapidly	rapidement
to prepare	préparer	rarely	rarement
prescription	l'**ordonnance** *f*	rather	assez; plutôt
present	le **cadeau**	Rats!	Zut!
present-day	actuel(**le**)	razor	le **rasoir**
president	le **président**	electric razor	le **rasoir électrique**
pressed	pressé(**e**)	to react	réagir
prestigious	prestigieux	to read	lire
	(**prestigieuse**)	reader	le **lecteur** (la **lectrice**)
pretty	joli(**e**)	reading	la **lecture**
principal	principal(**e**)	ready	prêt(**e**)
private	particulier	to get ready	*se préparer
	(**particulière**)	realism	le **réalisme**
probably	sans doute	realist	réaliste *m, f*
problem	le **problème**	really	vraiment
to procure	procurer	rear	arrière
to produce (film)	réaliser	reason	la **raison**
professor	le **professeur**	to recall	*se rappeler
profession	la **profession**	to receive	recevoir
professional	professionnel(**le**)	reception	la **réception**
profound	profond(**e**)	record	le **disque**
program	le **programme**	to record	enregistrer
in progress	en cours	recovery	la **guérison**
prompter (theater)	le **souffleur**	red	rouge; roux (*hair*)
pronunciation	la **prononciation**	reed	le **roseau**
Protestant	protestant(**e**)	regards, best regards	bien des choses
provided that	à condition que,	region	le **pays**
	pourvu que	relatives	parents *pl m*
to provoke	provoquer	to relax	*se détendre
prudence	la **prudence**	relaxed	détendu(**e**)
psychiatrist	psychiatre *m, f*	to remain	*rester
psychologist	psychologue *m, f*	to remember	*se souvenir (**de**)
public	le **public**	to repeat	répéter
to publish	publier	to replace	remplacer
to pull	tirer	Republican	républicain(**e**)
pullover	le **pull-over, pull**	to require	exiger
pump	la **pompe**	to resemble	*se ressembler
pupil	l'**élève** *m, f*	responsibility	la **responsabilité**
purchase	l'**emplette** *f*	responsible (*for*)	chargé (**de**)
to put, put on	mettre	to rest	*se reposer
		restaurant	le **restaurant**
		return	le **retour**
		to return	*retourner
Q		review	la **révision**
quality	la **qualité**	rhythm	le **rythme**
quarter	le **quart**	riches	la **richesse**
queen	la **reine**	right	droit(**e**)
question	la **question**	to be right	avoir raison
quiet	tranquille	Keep to the right.	Tenez votre droite.

That's right.	**C'est ça.**	*to sell*	**vendre**
to the right	**à droite**	*to send*	**envoyer**
right away	**tout de suite**	*Senegal*	**le Sénégal**
to ring	**sonner**	*sensational*	**sensationnel(le)**
French Riviera	**la côte d'Azur**	*sentence*	**la phrase**
roast beef	**le rosbif**	*sentiment*	**le sentiment**
role	**le rôle**	*sentimental*	**sentimental(e)**
roll (sweet)	**la brioche**	*separately*	**séparément**
romantic	**romantique**	*September*	**septembre** *m*
romanticism	**le romantisme**	*serious*	**grave, sérieux**
roof	**le toit**		**(sérieuse)**
round (of drinks)	**la tournée**	*seriously*	**sérieusement**
to run	**courir**	*to serve*	**servir**
Russia	**la Russie**	*they serve*	**on sert**
Russian	**russe**	*set* (movie)	**le décor**
		to set out	***s'embarquer**
S		*seventeenth*	**dix-septième**
sacrifice	**le sacrifice**	*seventh*	**septième**
sad	**triste**	*several*	**plusieurs**
sadly	**tristement**	*shampoo*	**le shampooing**
safety	**la sûreté**	*shape*	**la forme**
Sahara	**le Sahara**	*in good shape*	**en bonne forme**
saint	**le saint** (la **sainte**)	*to share*	**partager**
salad	**la salade**	*sharp*	**chic**
sale	**la vente**	*to shave* (oneself)	***se raser**
salesman (saleswoman)	**le vendeur**	*she*	**elle**
	(la vendeuse)	*to shine*	**luire**
sandwich	**le sandwich**	*shirt*	**la chemise**
Santa Claus	**le Père Noël**	*to shiver*	**tressaillir**
Saturday	**le samedi**	*shoe*	**la chaussure**
to save	**économiser**	*shoemaker*	**le cordonnier**
to say	**dire**	*shop*	**la boutique**
Say!	**Dis donc!**	*to shop, go shopping*	**faire des emplettes**
scenery (movie)	**le décor**		**(des courses)**
scholarship	**la bourse**	*to show*	**montrer**
school	**l'école** *f*, le **collège**, la	*shower*	**la douche**
	faculté	*sick, sick person*	**malade** *m, f*
science	**la science**	*side*	**le côté**
scientific	**scientifique**	*sidewalk*	**la terrasse**
search	**la recherche**	*sidewalk café*	**le café à terrasse**
in search of	**à la recherche de**	*silk*	**la soie**
season	**la saison**	*simple*	**frugal(e)**
seat	**la place; le siège** (car)	*since*	**comme; depuis;**
to reserve a seat	**retenir une place**		**puisque**
second	**deuxième**	*to sing*	**chanter**
secret	**le secret**	*singer*	**le chanteur** (la
secretary	**secrétaire** *m, f*		**chanteuse)**
section	**la section**	*singular*	**singulier** (**singulière**)
men's (women's) section	**le rayon pour**	*sir*	**Monsieur**
	hommes (**dames**)	*sister*	**la sœur**
sedentary	**sédentaire**	*to sit*	***s'asseoir**
to see	**voir**	*site*	**le terrain**
to see again	**revoir**	*sixteenth*	**seizième**
See you soon.	**À bientôt.**	*sixth*	**sixième**
We'll see each other.	**On *se verra.**	*size* (shoes)	**la pointure**
to seem	**paraître, sembler**	*skating*	**le patinage**
to seize	***se saisir (de)**	*ski*	**le ski**

to go skiing	**faire du ski**	*special*	**spécial(e)**
waterskiing	**le ski nautique**	*specialist*	**spécialiste** *m, f*
skin	la **peau**	*spectator*	le **spectateur**
skirt	la **jupe**	*speed*	la **vitesse**
skit	la **saynète**	*at full speed*	**à toute vitesse**
skull	le **crâne**	*to spoil*	**gâter**
sleep	le **sommeil**	*sport*	le **sport**
I'm sleepy.	**J'ai sommeil.**	*fond of sports*	**sportif (sportive)**
to sleep	**dormir**	*sports event*	**l'événement sportif** *m*
slice	la **tranche**	*spring*	le **printemps**
to slip	**glisser**	*in the spring*	**au printemps**
slowly	**lentement**	*square*	la **place**
small	**petit(e)**	*to stall* (car)	**caler**
to smile	**sourire**	*star* (movies, theater)	la **vedette**
She smiles a lot.	**Elle est souriante.**	*state*	**l'état** *m*
snack	le **goûter**	*station*	la **gare**
to take a snack	**goûter**	*stay*	le **séjour**
snow	la **neige**	*to stay*	***rester**
to snow	**neiger**	*steak*	le **bifteck**
soap	le **savon**	*steel*	**l'acier** *m*
so-called	**soi-disant**	*steering wheel*	le **volant**
soccer	le **football**	*step*	le **pas**
socialism	le **socialisme**	*stewardess*	**l'hôtesse** *f* **de l'air**
socialist	**socialiste**	*stick*	le **bâton**
sock	la **chaussette**	*still*	**encore, toujours**
soft	**doux (douce)**	*stock phrase*	**l'expression consacrée**
softly	**doucement**		*f*
solid	**solide**	*stomach*	**l'estomac** *m*
solitude	la **solitude**	*to have a stomachache*	**avoir mal à**
some	**du, de la, des; en**		**l'estomac**
something	**quelque chose**	*stone*	la **pierre**
something else	**quelque chose**	*to stop*	***s'arrêter**
	d'autre	*store*	le **magasin**
something interesting	**quelque chose**	*department store*	**le grand magasin**
	d'intéressant	*storm*	**l'orage** *m*
sometimes	**quelquefois**	*story*	**l'histoire** *f*
son	le **fils**	*straight ahead*	**tout droit**
song	la **chanson**	*strait*	le **détroit**
soon	**bientôt**	*street*	la **rue**
as soon as	**dès que**	*strength*	la **force**
sooner or later	**tôt ou tard**	*to strike*	**frapper, battre**
Sorbonne	la **Sorbonne**	*strong*	**fort(e)**
sorrow	la **peine**	*student*	**l'étudiant** *m*
(very) sorry	**désolé(e), fâché(e)**		**(l'étudiante** *f*),
I am sorry.	**Je *m'excuse.**		**l'élève** *m, f*
to be sorry	**regretter; être**	*study*	**l'étude** *f*
	désolé(e), être	*to study*	**étudier**
	fâché(e)	*stupid*	**bête, stupide**
so-so	**comme ci comme ça**	*stupidly*	**bêtement**
soup	la **soupe**	*stylish*	**chic**
sour	**aigre**	*subject*	le **sujet**
south	le **sud**	*to substitute*	**substituer**
space	**l'espace** *m*	*sum*	la **somme**
Spain	**l'Espagne** *f*	*summer*	**l'été** *m*
Spanish	**espagnol(e)**	*in the summer*	**en été**
to speak (to)	**parler; adresser la**	*sun*	le **soleil**
	parole (à)	*It's sunny.*	**Il fait du soleil.**

to sunbathe	**prendre le soleil**
Sunday	**le dimanche**
supermarket	**le supermarché**
supplementary	**supplémentaire**
sure	**sûr(e)**
surely	**sûrement**
to surprise	**surprendre**
surprised	**surpris(e)**
suspicion	**le soupçon**
to swear	**jurer**
sweetheart	**le chou (choux** *pl*)
	slang
Swell!	**Chic alors!**
to swim	**nager**
swimming	**la natation**
Switzerland	**la Suisse**
symphony	**la symphonie**

T

tail	**la queue**
to take	**prendre**
Let's "take off" (set sail).	**Prenons le large.**
to take off	***se découvrir**
talent	**le talent**
taste	**le goût**
tax	**l'impôt** *m*
taxi	**le taxi**
tea	**le thé**
to teach	**enseigner**
teacher	**le professeur;**
	l'instituteur *m*
	(l'institutrice *f*)
	(*primary grades*)
team	**l'équipe** *f*
technician	**le technicien (la**
	technicienne)
telephone	**le téléphone**
telephone call	**l'appel téléphonique**
	m
to telephone	**téléphoner**
television (TV)	**la télévision (télé)**
to tell	**dire; raconter**
temperature	**la température**
minimum temperatures	**des températures**
	minimales
tender	**tendre**
tennis	**le tennis**
to play tennis	**jouer au tennis;**
	faire du tennis
tent	**la tente**
tenth	**dixième**
terrific	**sensationnel(le)**
than	**que**
thanks	**merci**
that	**cela; ce (cet), cette;**
	celui, celle; que;
	ça

that one	**celui-là, celle-là**
that which	**ce que, ce qui**
the	**le, la, les**
the one(s)	**celui (ceux), celle**
	(celles)
theater	**le théâtre**
them	**les; eux, elles**
then	**alors, ensuite, puis**
there	**y**
there is (are)	**il y a; voilà**
There she (it) is.	**La voilà.**
therefore	**aussi** (*at beginning of*
	sentence), **donc**
thermometer	**le thermomètre**
these	**ces; ceux-ci, celles-ci**
they	**ils, eux, elles; on**
thing	**la chose**
to think	**penser**
That's what you think!	**Penses-tu!**
third	**troisième**
thirst	**la soif**
I'm thirsty.	**J'ai soif.**
thirteenth	**treizième**
this	**ce (cet), cette**
this one	**celui-ci, celle-ci**
those	**ces; ceux, celles**
thought	**la pensée**
to threaten	**menacer**
thrilling	**passionnant(e)**
throat	**la gorge**
to have a sore throat	**avoir mal à la gorge**
to throw	**jeter**
Thursday	**le jeudi**
ticket	**le billet**
time	**le temps; la fois;**
	l'heure *f*
all the time	**tout le temps**
at the same time	**en meme temps, à**
	la fois
enough time	**le temps, assez de**
	temps
for a long time	**longtemps**
to have a good time	***s'amuser**
on time	**à l'heure**
spare time	**le loisir**
Until next time.	**À la prochaine.**
What time is it?	**Quelle heure est-il?**
timid	**timide**
timidly	**timidement**
tip	**le bout**
tire	**le pneu**
tired	**fatigué(e)**
to	**à; chez**
toast	**le toast**
today	**aujourd'hui**
together	**ensemble**
tomato	**la tomate**

tomorrow	**demain**
Until tomorrow.	**À demain.**
tongue	la **langue**
too	**trop; aussi**
too much, too many	**trop de**
tool kit	la **trousse à outils**
tooth	la **dent**
to brush one's teeth	***se brosser les dents**
to have a toothache	**avoir mal aux dents**
tortoise	la **tortue**
Touché!	**Touché!**
tour	le **tour**
tourism	le **tourisme**
tourist	**touriste** *m, f*
towel	la **serviette**
tradition	la **tradition**
traffic	la **circulation**
traffic jam	**l'embouteillage** *m*
traffic light	le **feu (feux** *pl*)
tragic	**tragique**
train	le **train**
to train (sports)	***s'entraîner**
tranquil	**tranquille**
to translate	**traduire**
to transmit	**transmettre**
transportation	le **transport**
to travel	**voyager**
tree	**l'arbre** *m*
to trifle (with)	**jouer (avec)**
trip	**l'excursion** *f*
tripe	la **tripe**
trombone	le **trombone**
to trouble	**troubler**
true	**vrai**(e)**; fidèle**
trunk (car)	le **coffre**
truth	la **vérité**
to try to	**chercher à**
T-shirt	le **T-shirt**
Tuesday	le **mardi**
Shrove Tuesday	**Mardi Gras**
to turn	**tourner**
turnip	le **navet**
turn signal	le **clignotant**
twelfth	**douzième**
twentieth	**vingtième**
twin	le **jumeau** (la **jumelle**)
typical	**typique**

U

uncle	**l'oncle** *m*
under	**sous**
to understand	**comprendre**
unfortunately	**malheureusement**
unhappy	**malheureux (malheureuse)**
United States	**États-Unis** *pl m*
university	**l'université** *f*

unless	**à moins que**
unthinkable	**impensable**
until	**à; jusqu'à ce que**
Until tomorrow.	**À demain.**
to upset (emotionally)	**contrarier, énerver**
us	**nous**
to use	**utiliser, employer**
useful	**utile**
usher (female)	**l'ouvreuse** *f*
usual	**habituel(le)**

V

vacation	**vacances** *pl f*
summer vacation	**les grandes vacances**
Valentine's Day	la **Saint-Valentin**
valiant	**vaillant(e)**
various	**divers(e)**
veal	le **veau**
vegetable	le **légume**
to verify	**vérifier**
very	**très**
vest	le **gilet**
vice	le **vice**
vice-president	le **vice-président**
vinegar	le **vinaigre**
violet	**violet (violette)**
violin	le **violon**
visit	la **visite**, le **séjour**
to visit (someone)	**rendre visite à**
to visit (someplace, something)	**visiter**
vitamin	la **vitamine**
vocabulary	le **vocabulaire**
vocalist	le **chanteur** (la **chanteuse**)
voice	la **voix**
to vote	**voter**

W

to wait, wait for	**attendre**
waiter	le **garçon**
waitress	la **serveuse**
to wake up	***se réveiller**
walk	la **promenade**
to walk	**marcher**
to take a walk	***se promener, faire une promenade**
wall	le **mur**
to want	**vouloir**
warm	**chaud(e)**
I'm warm.	**J'ai chaud.**
It's warm.	**Il fait chaud.**
to wash oneself	***se laver**
washing up and dressing	la **toilette**
Watch out!	**Attention!**
water	**l'eau** *f*
mineral water	**l'eau minérale**

way	la **route**	*It's windy.*	Il fait du **vent.**
on the way	en **route**	*window*	la **fenêtre**; la **vitre** (*car*)
we	**nous**		
to wear	**porter**	*windshield*	le **pare-brise**
weather	le **temps**	*windshield wiper*	l'**essuie-glace** *m*
weather forecast	la **prévision météorologique**	*wine*	le **vin**
		winter	l'**hiver** *m*
Wednesday	le **mercredi**	*in winter*	en **hiver**
week	la **semaine**	*to wish*	**souhaiter**
last week	la **semaine dernière**	*with*	**avec**
next week	la **semaine prochaine**	*within*	**dans**
well	**bien**; **enfin**; le **puits**	*without*	**sans, sans que**
Well!	**Eh bien!**	*woman*	la **femme**
what	**que, qu'est-ce que; qu'est-ce qui; quoi; ce que, ce qui; quel(le)**	*to wonder*	*se **demander**
		wood	le **bois**
		wool	la **laine**
		word	la **parole**
What!	**Comment!**	*work*	le **travail**; l'**œuvre** *f*
What a (large family)!	**Quelle (famille nombreuse)!**	*to work*	**travailler**
What for?	**Quoi faire?**	*worker*	l'**ouvrier** *m* (l'**ouvrière** *f*)
What's happening?	**Qu'est-ce qui se passe?**	*world*	le **monde**
		to worry	**inquiéter, préoccuper, tourmenter**
wheat	le **blé**		
wheel	la **roue**	*worst*	**pire**
when	**quand, lorsque**	*to be worth*	**valoir**
where	**ou**	*to write*	**écrire**
which	**lequel (lesquels), laquelle (lesquelles); quel(s), quelle(s); que**	*wrong*	le **tort**
		to be wrong	**avoir tort**
which one(s)?	**lequel (lesquels), laquelle (lesquelles)?**		
		Y	
		yard	la **cour**
		year	l'**an** *m* (l'**année** *f*)
		school year	l'**année scolaire**
while	**pendant que**	*yes*	**oui**
to whistle	**siffler**	*yesterday*	**hier**
white	**blanc (blanche)**	*yet*	**encore**
who	**qui**	*yogurt*	le **yaourt**
whom	**qui, que**	*you*	**tu, toi; vous**
whoever	**qui**	*young*	**jeune**
whole	**entier (entière)**	*young lady*	la **jeune fille**
whose	**dont**	*young man*	le **jeune homme**
why	**pourquoi**	*your*	**ton, ta, tes; votre, vos**
wife	la **femme**	*yours*	le **tien (la tienne)**; le **vôtre (la vôtre)**
to win	**gagner**		
wind	le **vent**		
Gone with the wind	**Autant en emporte le vent**	**Z**	
		zing	l'**éclat** *m*

PHOTO CREDITS